《肇論》研究
的衍進與開展

修訂版

邱敏捷——著

目次 │ CONTENTS

再版序

　　本書是筆者博士論文《印順佛教思想研究》第四章〈印順緣起性空思想〉之「印順對《肇論》的批評」一小節的延伸，也是筆者國科會專題研究《從僧肇到印順──《肇論》研究史的回顧與檢討》（NSC90-2411-H-160-001）研究成果的再修改。本書除更正原作謬誤外，並增添許多新識，以補充原作之不足，且加強其廣度及深度。

　　從印順的「《肇論》觀」擴充成本書，緣起於江燦騰博士的指正。他認為拙著《印順佛教思想研究》一書中「印順對《肇論》的批評」，僅討論印順與湯用彤《肇論》觀的差別，尚有詳論的空間。此外，江博士也提供筆者塚本善隆編《肇論研究》一書，其中牧田諦亮〈肇論の流傳について〉把歷代的《肇論》註疏本羅列下來，有助於《肇論》研究史料的翻檢與搜尋。牧田氏該文先前承蒙依觀法師譯為中文，使筆者在研究上更為順利。

　　基本上，《肇論》在中國佛教史上及思想史上皆有其不可忽視的地位，從陳・慧達《肇論疏》以降，歷代皆有相關的註疏，在明末更引起大規模〈物不遷論〉的論戰。此外，近現代學者除了湯用彤是這方面的專家外，呂澂、馮友蘭、侯外廬與唐君毅諸前輩也都有關於《肇論》的研究。從這之中，可發現不同時代的僧眾、學者對於《肇論》各有不同的詮釋立場。

　　在研究過程中，對於歷代高僧大德，或以註解方式凸顯《肇論》，或以論辯方式臧否《肇論》，甚或近現代學者之盱衡《肇論》，筆者均深感佩服，尤其是印順法師的著作，使筆者在《肇

論》的解讀上得一入門蹊徑，從而對該書義理的掌握，更能切中
肯綮。

《肇論》研究史，除了義理上的解讀外，《肇論》之〈宗本
義〉與〈涅槃無名論〉的作者問題，也是研究史的一部分。筆者
以為，回應湯用彤有關〈涅槃無名論〉的質疑問題，最有貢獻的
論文要屬日本學者橫超慧日〈涅槃無名論とその背景〉一文。為
了方便研讀日本學者有關《肇論》的研究成果，筆者投下許多心
力、時間「補習」日文；感謝元亨佛學院日文講師黃文佳先生的
指導，使筆者能正確、明白、順暢的譯出橫超氏〈涅槃無名論と
その背景〉（詳見本書附錄）。

此外，本書之所以能完成，還要感謝妙心寺已故住持傳道
法師在《肇論》思想理解上，適時的給予我指點；賴鵬舉的〈中
國佛教義學的形成——東晉外國羅什「般若」與本土慧遠「涅
槃」之爭〉給我很多的資訊和啟發；中國學者洪修平教授自上海
匯寄而來、罕見的宋‧淨源《肇論集解令模鈔》，更有助於筆者
將《肇論》研究史清楚勾勒出來；筆者博士論文的指導教授國立
臺灣大學楊惠南教授，以及臺北城市科技大學江燦騰教授、國立
臺南大學康雲山副教授與林惠勝副教授、文藻外語大學施忠賢教
授、呂勝強先生等都提供不少卓見，在此一併致謝。

本書第三章已發表於國立嘉義大學主辦之「九十一學年度
師範院校教育學術論文發表會」（2002年10月；會中，獲國立臺
中教育大學黃盛雄教授熱心指正，使論述更加精確）；第四章
刊載於《南師學報》第三十六期（2002年10月）；附錄〈〈涅槃
無名論〉及其背景〉登於《正觀》第二十三期（2002年12月）；
第一、二章則發表於《佛學研究中心學報》第八期（2003年7
月）；第五章刊載於《南師學報》第三十七卷第二期（2003年10

月）；第六章發表於《正觀》第四十一期（2007年6月）。本書勾勒出《肇論》研究衍進的軌跡與開展的方向，並藉以探討《肇論》的義趣。

　　如今再版，有感於過去之研究，對歸屬華嚴宗之堯峰遵式（1041-1103）與天台宗的慈雲遵式（964-1032）沒有特別留意，以致混而為一，故特修訂之。宋・惟白編《建中靖國續燈錄》列為禪宗祖師，清・西懷了惪《賢首宗乘》是將堯峰遵式列為華嚴宗祖師，而堯峰遵式《注肇論疏》強調華嚴「一心」外，也引用天台「一心三觀」與「三諦圓融」之思想，由此可知他是位大通家。本修訂版，仍依佛教思想發展史先「天台」後「華嚴」而論述。其他疏漏與不當之處，在所難免，尚祈學者方家不吝指教、斧正。

國立臺南大學國語文學系教授

邱敏捷謹識

2023年2月於高雄

摘要

　　《肇論》約創作於一千六百年前；在之後的各歷史階段中，它對中國學術、文化及佛教諸領域，起了影響作用。本書旨在勾勒《肇論》研究史的軌跡，並希望藉由《肇論》「研究史」的探討，豁顯《肇論》的本義。本書之主要內容：除「緒論」與「結論」外，上篇兩章係《肇論》篇章作者問題的文獻考訂；下篇四章則是由古迄今《肇論》研究軌跡的梳理，從陳‧慧達的《肇論疏》到當代印順有關《肇論》的研究，共分為三個歷史時期、四個階段論述之。

　　有關《肇論》篇章作者問題的探討，始由湯用彤提出。湯氏從「目錄學」的角度，對《肇論》之〈宗本義〉與〈涅槃無名論〉的作者提出質疑。從湯氏門人石峻及其以降之學者，對於〈宗本義〉與〈涅槃無名論〉，不管是肯定或否定，基本上都關注於這兩篇文章的作者問題，企圖從各角度加以解決。

　　本書把〈宗本義〉所探討的課題，與僧肇《注維摩詰經》作對比研究，發現〈宗本義〉巧妙精扼地把大乘精神——「空有」、「三乘等觀空性得道」、「般若與方便」等思想作了切要的說明，與僧肇《注維摩詰經》闡發之思想一致。

　　湯用彤與石峻對於〈涅槃無名論〉作者問題的見解，引起多位學者的討論。其中對湯氏與石氏提出最強而有力之批判與論證者，要屬橫超慧日與賴鵬舉。其論述觀點，接續僧肇時代所探討的佛教思想問題，發現〈涅槃無名論〉所討論之佛教思想有其時代背景與承繼作用，推翻湯氏所提出的〈涅槃無名論〉是「宋

初頓、漸爭論時所作」的看法。本書亦著眼於此，就〈涅槃無名
論〉與〈遊行經〉之關係，以及〈涅槃無名論〉有關「頓漸」的
問題進行探究。這一研究成果除了為《肇論》之作者問題解密，
也拓展《肇論》研究史之橫切面的研議。

此外，《肇論》思想的討論，在中國學術思想史與中國佛
教史，不曾間斷。歷代都有佛教學者從事於《肇論》的註釋與研
究。從陳‧慧達《肇論疏》以降，唐‧元康《肇論疏》、宋‧
淨源（1011-1088）《肇論中吳集解》與《肇論集解令模鈔》、
宋‧遵式（1041-1103）《注肇論疏》、宋‧悟初道全集《夢庵
和尚節釋肇論》與元‧文才（1241-1302）《肇論新疏》等，都
是明代之前《肇論》的重要註疏本。筆者以為，隨著羅什與僧肇
相繼過世、龍樹思想後繼無人、三論宗的衰落、天台與華嚴的興
起，這些《肇論》註疏本在思想詮釋上有了變化：（一）陳‧
慧達與唐‧元康等「中觀思想」的詮釋，（二）宋‧遵式與宋‧
淨源、元‧文才「天台」、「華嚴」的論述。基本上，這是分
屬不同的思想系統，天台傾向「真空妙有」，華嚴偏重「真常唯
心」，而中觀則是「性空唯名」。註疏前人著作，每每不脫個人
之所學所習，以自己所持之觀點詮釋之，甚或由此建立自己的思
想系統，這之間也反應整個時代思潮的流變，以及各宗思想交
涉、融合的現象。

明末有關《肇論》的研究，雖未概括整本《肇論》，而集
中於〈物不遷論〉之論辯，然相較於明代以前靜態的《肇論》註
疏，明末〈物不遷論〉的論諍顯得更形熱絡，其現象乃因憨山與
鎮澄討論澄觀〈物不遷論〉之評論而起。鎮澄受澄觀之啟迪，進
而提出〈物不遷論〉「性住」不合大乘「性空」之說，而引起當
時高僧大德的反駁。雙方諍論的焦點是「性住」或「性空」的問

題。鎮澄引用《大品般若經》與《華嚴經》的經義,強調佛教的
精義是「性空」而非「性住」。密藏道開、雲棲袾宏、道衡、真
界、龍池幻有、憨山等人則不苟為同,他們探討〈物不遷論〉,
或指稱「不遷」為「真實義」;或引用《法華經》「法住法位,
世間相常住」之旨;或採取中觀學「緣生無性」的觀點;或主張
「性空為不了義經」,天台三諦乃「即真即俗」之真諦;或標舉
華嚴「動靜不二」論,呈現出「各宗思想」的辯證異采。明末
〈物不遷論〉之論辯,中觀、天台與華嚴思想盡出,可說是前人
《肇論》註疏觀的翻新與激化。

　　近現代學者對《肇論》最深入剖析、探究者,要屬湯用彤。
湯氏從「玄學」立場論評《肇論》,他認為《肇論》的重要理
論,如「齊是非」、「一動靜」,能取莊生之說,頗有別識,而
純粹運用之於本體論,對於體用之問題已談至「有無」、「體
用」問題之最高峰,為玄學派之一。這個立場有別於先前《肇
論》之註疏觀或〈物不遷論〉之論辯。其次,馮友蘭、侯外廬與
唐君毅分別以「存在」、「唯心主義」、「知識論」的思路肝衡
《肇論》。馮氏以「存在」的角度理解《肇論》,在他看來,
《肇論》討論的「有」、「無」,不是玄學的論述,是就「存
在」之真實情形而論。侯氏另採「唯心主義」評判《肇論》,認
定僧肇堅持「唯心主義世界觀」,《肇論》擷取龍樹中觀學說,
發揮中土般若學的玄學命題,「否認了客觀事物的真實性與可知
性」。唐氏則認為,〈物不遷論〉探討的是「人所認知者是否即
真實之問題」,所以〈物不遷論〉實是一「知識論」。這些思路
也都多少回應了《肇論》與「玄學」之關係問題。

　　呂澂與印順則回歸印度佛教解說《肇論》。呂澂從「般若」
加以詮釋,印順則溯源「龍樹中觀」,是為《肇論》研究史之重

要開展階段。呂氏不同於湯用彤的「玄學」立場，他認為《肇論》雖不乏玄學的陰影，但是其思想還在於「般若學」，故根據「般若」觀點詮釋之，點出《肇論》批判小乘的精神與觀點。他並以為《肇論》的思想以「般若」為中心，而且能從認識論角度去闡述，得著「龍樹學」的精神。印順《肇論》論的主要特色，可從兩方面論述之：（一）回歸「龍樹中觀學」，（二）從「緣起觀」立論。印順依據佛教經典，立足於其深廣的龍樹中觀學論衡《肇論》，並點出《肇論》有「一切有部」的影子，受到「一切有部」的影響。印順認為，「緣起」說明一切「此有故彼有」、「此滅故彼滅」。因此，從「緣起」開顯「動靜不二」、「即動即靜」之理，從「緣起」故說「空」，才算真正掌握龍樹學的正義。

要言之，本書上篇有關《肇論》的作者問題，除了討論《肇論》之〈宗本義〉與〈涅槃無名論〉的作者問題外，也凸顯《肇論》與其前後時代之佛教思想問題的交涉與承續。而下篇從陳·慧達的《肇論疏》到當代印順有關《肇論》的研究，經歷三個歷史時期、四個發展階段之縱貫的研究，可以發現，詮釋《肇論》的角度，不一而足，其中，「中觀」、「天台」、「華嚴」、「哲學」為其犖犖大者。而筆者以為，僧肇承受羅什所譯印度龍樹的中觀學，闡揚龍樹的中觀思想，因此，後人在理解《肇論》思想時，回歸龍樹中觀學應是必要之工夫。因此，印順回歸龍樹中觀學以評《肇論》，有其客觀和可取之處。

緒論

　　《肇論》約創作於一千六百年前；在之後的各歷史階段中，它對中國學術、文化及佛教諸領域，起了影響作用。本書旨在呈顯《肇論》研究史的軌跡，並希望藉由《肇論》「研究史」的探討，豁顯《肇論》的本義。此一課題的重要性與研究的價值性，要從有關的問題以及文獻談起。

一、問題敘述

　　僧肇（約384-414）是中國佛教史上重要的佛學理論家，早年因家貧，以傭書為業；因繕寫各種典籍，而飽讀經史，尤以老莊為好。後因喜愛《維摩詰經》而出家修道，慕鳩摩羅什[1]（以下簡

---

[1]　鳩摩羅什，龜茲人，是東晉時代重要的譯經師與僧教育家。幼年隨母親出家，精通佛教大小乘經典。根據梁・慧皎《高僧傳》卷二〈鳩摩羅什〉云：「時有莎車王子、參軍王子兄弟二人，委國請從而為沙門，兄字須利耶跋陀，弟字須利蘇摩。蘇摩才伎絕倫，專以大乘為化，其兄及諸學者皆共師焉，什亦宗而奉之。親好彌至，蘇摩後為什說阿耨達經，什聞陰界諸入皆空無相，怪而問曰：『此經更有何義而皆破壞諸法。』答曰：『眼等諸法非真實有。』什既執有眼根，彼據因成無實，於是研覈大小往復時移，什方知理有所歸，遂專務方等，乃歎曰：『吾昔學小乘，如人不識金，以鍮石為妙。』因廣求義要，受誦中、百二論及十二門等。」（《大正藏》第50冊，頁330下）。羅什所譯之經典甚多，根據梁・僧祐《出三藏記集》卷二載羅什所譯之經典有：《新大品經》、《新小品經》、《金剛般若經》、《中論》與《大智度論》等，共三十五部，二百九十四卷（《大正藏》第55冊，頁11上）。而羅什少有著述，其較有系統之著作為《實相論》也已佚（詳見湯用彤：《漢魏兩晉南北朝佛教史》，臺北：駱駝出版社，1987年8月出版，頁310-314）。

稱羅什）（約343-413）[2]之名，遠至姑臧而追隨之，旋入長安逍遙園協助羅什翻譯《大品般若經》、《維摩詰經》等經典，龍樹[3]

---

[2] 羅什卒年說法不一。根據唐・智昇（669-740）《開元釋教錄》卷四云：「什公卒時，諸記不定，《高僧傳》云弘始十一年（409）八月二十日卒於長安，或云七年，或云八年，傳取十一為正，此不然也。〈准成實論後記〉云：大秦弘始十三年（411），歲次豕韋九月八日，尚書令姚顯請出此論，至來年九月十五日訖，准此十四年末，什仍未卒，又准僧肇上秦主姚興〈涅槃無名論〉，表云：『肇在什公門下，十有餘載。』若什四年出經，十一年卒，始經八載，未滿十年，云何乃言十有餘載，故知但卒弘始中，不可定其年月也。」（《大正藏》第55冊，頁515中下）唐・圓照《貞元新定釋教目錄》卷六云：「什公卒時，諸記不定，《高僧傳》云弘始十一年八月二十日卒於長安，或云七年，或云八年，傳取十一為正，此不然也。〈准成實論後記〉云：大秦弘始十三年，歲次豕韋九月八日，尚書令姚顯請出此論，至來年九月十五日訖，准此十四年末什仍未卒，又准僧肇上秦主姚興〈涅槃無名論〉，表云：『肇在什公門下，十有餘載。』若什四年出經，十一年卒，始經八載，未滿十年，云何乃言十有餘載。今准什誄癸丑之年四月十三日薨，其癸丑歲即弘始十五年（413）也。」（同上，頁812中）。

[3] 龍樹是南天竺的婆羅門種姓，先後習得小乘三藏及大乘教，並到「龍宮」（地方名）參究各種方等深經，而證入無生法忍，是印度佛教史上的偉大論師，也是中觀學派的奠基者。關於龍樹的著作，依楊惠南《龍樹與中觀哲學》引《昭和法寶總目錄》（大藏經刊行會編《法寶總目錄》第1冊，697上下）共列有二十四種：（一）《大智度論》，（二）《十住毘婆沙論》，（三）《中論》，（四）《十二門論》，（五）《百字論》，（六）《壹輸盧迦論》，（七）《大乘破有論》，（八）《六十頌如理論》，（九）《大乘二十頌論》，（十）《十八空論》，（十一）《迴諍論》，（十二）《方便心論》，（十三）《大乘寶要義論》，（十四）《因緣心論頌因緣心論釋》，（十五）《寶行王正論》，（十六）《菩提資糧論》，（十七）《菩提心離相論》，（十八）《菩提行經》，（十九）《釋摩訶衍論》，（二十）《福蓋正行所集經》，（二一）《龍樹菩薩為禪陀迦王說法要偈》，（二二）《讚法界頌》，（二三）《廣大發願頌》，（二四）《龍樹五明論》。其中《十八空論》、《方便心論》、《菩提行經》、《釋摩訶衍論》與《龍樹五明論》，依日本學者望月信亨等人之見，已經確定不是龍樹的作品（見氏著：《龍樹與中觀哲學》，臺北：東大圖書公司，1988年10月初版，頁13-14）。

（150-250左右）《中論》、《十二門論》[4]，與龍樹弟子提婆的《百論》等重要論著。

僧肇才思幽玄，對於經典之理解，敏捷聰慧，因此，《大品般若經》譯出後，即撰寫〈般若無知論〉[5]，凡二千餘言[6]。羅什稱善曰：「吾解不謝子，辭當相挹。」[7]此後，僧肇又著作〈物不遷論〉、〈不真空論〉闡發佛理，其〈不真空論〉更為凸顯佛教「空」義，而批駁當時「六家七宗」[8]的般若思想。此外，被

4　龍樹《十二門論》，「門」以開通無滯，「論」以窮源盡理。其始自觀因緣門，終至生門，總有十二門，故稱《十二門論》。

5　僧肇先為「般若」下定義，再以解答九個問題的方式來說明聖人的境界。何謂「般若」，僧肇徵引《放光般若經》說：「般若無所有相，無生滅相。」又引《道行般若經》說：「般若無知，無所見。」（《大正藏》第45冊，頁153上）「有所知」就「有所不知」，這是屬於經驗層次的「惑取之知」（同上，頁153下），非「般若之知」。僧肇為說明佛學所言聖人境界，透過九個問題來回答。例如第一個問題，聖人智慧超群，洞照萬物，遍知一切，怎能說聖人無知？（同上，頁153中）僧肇回答，般若是清淨虛空，無知無見，無作無緣，不可用「知」稱之，故稱「無知」（同上，頁153下）。故聖人不是「無知」，但不能以「知」稱之罷了。

6　梁・慧皎：《高僧傳》卷六（《大正藏》第50冊，頁365上）。

7　《大正藏》第50冊，頁365上。而陳廣芬《慧遠思想中般若學與毗曇學之關涉》則云：「鳩摩羅什在看過〈般若無知論〉之後的反應是，他問僧肇：『吾解否？』」（中山大學中文所碩士論文，1993年1月，頁128）。不知其所本自？

8　關於「六家七宗」，僧叡（約351-418）〈毗摩羅詰堤經義疏序〉云：「自慧風東扇，法言流詠以（原作「已」）來，雖曰講肆，格義迂而乖本，六家偏而不即，性空之宗，以今驗之，最得其實。」（梁・僧祐：《出三藏記集》卷八，《大正藏》第55冊，頁59上）僧叡有「六家偏而不即」之說，然六家說法不一，一般都認為是宋・莊嚴寺釋曇濟《六家七宗論》之六家。梁・寶唱《名僧傳抄》第十七〈曇濟傳〉提到曇濟著《七宗論》云：「第一本無立宗曰：……無在元化之先，空為眾形之始，故稱本無。非謂虛豁之中能生萬有也。」（梁・寶唱：《名僧傳抄》第十七，《卍續藏經》第134冊，頁18上）然而曇濟《六家七宗論》已佚，日本安澄（763-814）《中論疏記》指梁・寶唱《續法論》曾引用之。《續法論》亦已散佚，安澄《中論疏記》則保留了這段文字：「論

質疑不是僧肇所作之〈涅槃無名論〉乃闡明佛教理想境界——「涅槃」之相關問題，而見於通行本之〈宗本義〉一文，雖也被質疑不是僧肇所作，但其思想內涵仍受重視。

僧肇這些作品為後人集結成《肇論》一書[9]，為中國佛教史上第一本有關龍樹中觀學的著作。可以說，龍樹中觀學因羅什的大量譯作，以及僧肇的闡發，使龍樹《中論》、《十二門論》及其弟子提婆《百論》之大乘佛法，能在中國佛教界推動開來。明·蕅益認為僧肇之學說「醇乎其醇」[10]，為「此土大乘宗經論」第一[11]，而僧肇也因繼承羅什發揚龍樹中觀思想被奉為「三論宗」的第二祖，其《肇論》對中國三論宗[12]與禪宗[13]皆產生一定的影響。

有六家，分成七宗。第一本無宗，第二本無異宗，第三即色宗，第四心無宗，第五識含宗，第六幻化宗，第七緣會宗。」（《大正藏》第56冊，頁93上）可見七宗者為「本無宗」、「本無異宗」、「即色宗」、「心無宗」、「識含宗」、「幻化宗」與「緣會宗」，至於六家則是除了「本無宗」或「本無異宗」以外的六家。

9　僧肇的作品，除了《肇論》外，有《注維摩詰經》、〈維摩詰經序〉、〈長阿含經序〉、〈百論序〉、〈梵網經序〉等著作。

10　明·蕅益：《閱藏知津》之「凡例」（大藏經刊行會編：《法寶總目錄》第3冊，臺北：新文豐出版公司，1983年1月修訂版，頁1008）。

11　明·蕅益：《閱藏知津》之「凡例」，頁1225。

12　劉貴傑認為，僧肇思想開吉藏思想之先河。吉藏為三論宗第六祖，撰有《中觀論疏》、《百論疏》、《十二門論疏》、《三論玄義》、《淨名玄論》與《維摩經義疏》等書，為三論宗之集大成者。其論疏中大量引用《肇論》原文，例如：《中觀論疏》卷第四本云：「肇師〈物不遷論〉云：『觀方知彼去，去者不至方。又云：江河競注而不流，日月歷天而不周。』」《維摩經義疏》云：「釋僧肇云：『欲言其有，有不自生；欲言其無，緣會則形。會形非謂無，非無非謂有。故云說法不有亦不無。故肇公又云：且有有故有無，無有何所無，有無故有有，若無無何所有，然則，自有則不有，自無則不無。』」（見氏著：《僧肇思想研究》，臺北：文史哲出版社，1985年8月初版，頁145-146）。

13　《肇論》與禪宗有關。例如，雍正把《肇論》列入《御選語錄》之首，並在〈御製序〉云：「晉有遠公，秦有僧肇，言淨土者，推遠公，言講經者，推僧肇，宗徒皆視為小乘，謂是菩提達摩以前時人，震旦未聞教外

　　僧肇生值羅什來中國之際，羅什所譯之般若系經典及龍樹著作，與道安（約312-385）時代相較，已不可同日而語。在羅什之前入中國的譯經師[14]，由於交通因素，多半取道西域。他們之中，較為重要的譯師是漢末的安世高[15]、支婁迦讖[16]、支

別傳之旨，不得入祖席焉。朕閱肇法師所作般若無知，涅槃無名，空有不遷，形山祕寶諸論，非深明宗旨，何能了了如斯？……豈得謂菩提達摩未來以前，震旦無宗旨哉？故刪輯其要文，序而刊行之。」（清・清世宗《御選語錄》，《卍續藏經》第119冊，頁361上）對於僧肇〈不真空論〉云：「是以聖人乘千化而不變，履萬惑而常通者，以其即萬物之自虛，不假虛而虛物也。」呂澂以為，這種「萬物自虛」的思想，對後來中國佛學的發展有巨大的影響，特別是禪宗主張「立處即真（空）」，即發揮此精神（見氏著：《中國佛學源流略講》，臺北：里仁書局，1985年1月初版，頁113）。劉貴傑以為，中國初期禪家每以「橋流水不流」之句為公案，而僧肇〈物不遷論〉之觀點實為其先導。（見氏著：《僧肇思想研究》，臺北：文史哲出版社，1985年8月初版，頁167）。印順認為，禪宗「觸物指明」之禪風是受到《肇論》的影響。他說：「慧可的『觸物指明』，應就是『指事問義』。『就事而徵』，不是注入式的開示，而是啟發式的使人契悟。不是專向內心去觀察體會，而要從一切事上去領會。不是深玄的理論，而是當前的事物。這一禪風，應與僧肇的思想有關，如《肇論》說：『苟能契神於即物，斯不遠而可知矣』，『道遠乎哉！觸事而真。聖遠乎哉！體之即神』。」（見氏著：《中國禪宗史》，臺北：正聞出版社，1987年4月四版，頁169）印順認為，石頭希遷作《參同契》，也受僧肇〈涅槃無名論〉的影響（同上，頁406）。而道不只從自家身心去體會，而要「觸事而真」，也就是「觸目會道」。這種接引悟入的態度，是僧肇的，牛頭的，不是曹溪的（同上，頁407）。

14　相對於鳩摩羅什「新譯時代」而言，在這之前的「古譯時代」之譯經是零散的。

15　安世高，安息國人，漢桓帝（147-167在位）初入中夏，未久即通漢語，譯《安般守意》、《陰持入經》與《大小十二門》等數十部。主要傳播小乘佛教說一切有部之毘曇學和禪定理論。中國早期佛學之流布，由其奠定基礎，是將禪觀帶入中國的第一人。

16　支婁迦讖又稱「支讖」，大月氏人。漢末桓帝年間至洛陽，從事譯經，共譯出《道行般若經》、《般舟三昧經》與《雜譬喻經》等，其中以《道行般若經》最為重要，乃般若系各種經典中最早的譯本，促進魏晉時代玄學清談之風，而《般舟三昧經》也為慧遠之廬山東林寺等念佛社之主要經典。

謙[17]與竺法護[18]（約265-313）等人。安世高所譯，以小乘上座部的禪法典籍為主；支婁迦讖所譯，則偏重大乘禪法與般若系經典，諸如《道行般若經》[19]與《般舟三昧經》等經；支謙所譯，以《大明度無極經》[20]（即《道行般若經》之異譯）為著；竺法護所譯，則有《光讚般若經》聞名。至於華人譯經，要推朱士行[21]為最早，他曾到西域覓取《般若經》原本，送回中土，由竺叔蘭譯出，即後來梓刻的《放光般若經》[22]。

　　相對於羅什而言，這些早期的譯經是零散的。在初期譯經的時代，經典翻譯尚未完整，甚或殘缺不全，佛教「般若思想」往往未能被充分掌握。當時又值「玄學」盛行，因此在譯語方面也多採用玄學術語，例如：以「無」解「空」、以「本無」譯「真如」等，故有所謂「格義[23]佛教」之稱。那一時期，般若學者既

---

[17] 支謙，大月氏人，為三國吳之譯經家，於吳黃武元年至建興年中（222-253），致力於佛典漢譯工作，主要譯出《維摩詰經》、《大明度經》等經。

[18] 竺法護乃西晉譯經僧，祖先月支人，世居敦煌，師事竺高座，遂以竺為姓。主要之譯經有《光讚般若》、《正法華經》等。

[19] 或云《摩訶般若波羅經》，在漢靈帝光和二年（179）譯出（梁‧僧祐：《出三藏記集》卷二，《大正藏》第55冊，頁6中）。

[20] 梁‧僧祐：《出三藏記集》卷二（《大正藏》第55冊），頁7上。

[21] 梁‧僧祐：《出三藏記集》卷十三〈朱士行傳〉云：「士行嘗於洛陽講小品，往往不通。每歎此經大乘之要，而譯理不盡。誓志捐身，遠迎大品。遂於魏甘露五年，發跡雍州，西渡流沙。既至于闐，果寫得正品梵書，胡本九十章（品），六十萬餘言。遣弟子不如檀，晉言法饒，凡十人，送經胡本還洛陽。送至陳留倉垣水南寺。河南居士竺叔蘭，善解方言，譯出（為）《放光經》二十卷。」（《大正藏》第55冊，頁97上-中）。

[22] 《放光般若經》與《道行般若經》就是古人所稱的「大品」與「小品」。關於般若經部類的次第集成，有「二部」、「三部」、「四部」、「八部」與「十六會」之發展，可參見印順：《初期大乘佛教之起源與開展》第十章〈般若波羅蜜法門〉（臺北：正聞出版社，1988年1月四版，頁591-598）。

[23] 梁‧慧皎：《高僧傳》卷四〈竺法雅傳〉云：「時依門徒，並世典有功，

多[24]，或各抒己意，或比較異同，或相互評品，以致派別林立，形成中國佛教史所稱「六家七宗」之格局。

僧肇試圖凸顯佛教「空」的本義，故撰述〈不真空論〉破斥「本無」、「即色」與「心無」之三家說[25]。僧肇可說是中國本土第一位闡發龍樹中觀學的僧人，而其《肇論》是否真正脫離「玄學」以闡發龍樹中觀思想學說，如蕅益所說的「醇乎其醇」，這是可以再探討的。

羅什、僧肇以後，龍樹大乘中觀思想未能永續發展，依三論而得名的三論宗式微，天台、華嚴思想相繼而興，這種現象影響後人如何闡述龍樹中觀，以及如何理解《肇論》的問題。可以說，《肇論》不但攸關印度龍樹中觀思想如何在中國發展的歷史真相，而且牽連到後人對龍樹中觀思想如何理解或繼承，以及玄學與佛學如何互動或分辨的問題。

《肇論》思想的討論，在中國學術思想史或中國佛教史，不曾間斷。歷代都有佛教學者從事於《肇論》的註釋與研究。從陳・慧達《肇論疏》以降，唐・元康《肇論疏》、宋・淨源（1011-1088）《肇論中吳集解》與《肇論集解令模鈔》、宋・遵式[26]（1041-1103）《注肇論疏》[27]、宋・悟初道全集《夢庵和

---

[24] 自朱士行提倡般若以來，般若為當時佛教教義之大宗，參與者不下數十人。參見湯用彤：《漢魏兩晉南北朝佛教史》（臺北：駱駝出版社，1987年8月出版），頁155-157。

[25] 侯外盧說：「這六家中，除本無、心無二家各自成為獨立的一派外，即色、識含、幻化、緣會四宗復可歸結為即色一派。」（侯外盧主編：《中國思想通史》（三），北京：人民出版社，1957年5月第一版，頁426）。

[26] 劉貴傑〈宋元時代華嚴宗人的般若思想〉：「堯峰遵式與慈雲遵式（964-1032），並非同一僧人，然自明代以來，世人多將二者等同視之，而日本亦受此影響，直至近年尚混淆不清。據董世寧編的《烏青鎮志》卷35《釋老》（《中國地方志集成》鄉鎮志專輯23，上海：上海書店出版社，1992），以及《湖州府志》卷48所錄《圓義禪師塔銘》（北京：國家圖書館出版社，2011），即知華嚴宗堯峰遵式並非天台宗慈雲遵式。」（《哲學與文化》第49卷4期，2022年4月），頁24。

[27] 李國玲編著《宋僧錄》：「遵式，號圓義，俗姓顧氏，姑蘇人。慕道出家

尚節釋肇論》與元・文才（1241-1302）《肇論新疏》等，都是明代之前《肇論》的重要註疏本。這些《肇論》註疏家因為時代的不同與個人素養之差異，他們如何理解《肇論》，是觀察《肇論》研究史重要的環節。

　　而明末有關《肇論》的探究，則表現於〈物不遷論〉之論辯，可說是有關《肇論》研究的另一開展。相較於明代以前靜態的《肇論》註疏，明末〈物不遷論〉的論諍顯得熱絡多了，其現象包括：（一）當時的高僧大德幾乎都參與了這場論戰，（二）論諍的焦點集中在「物不遷」議題上。〈物不遷論〉為何引起討論？明末這些高僧大德如何論辯〈物不遷論〉之思想？這種現象反應了該時代理解、看待《肇論》的特殊面貌，實值得探究。

　　此外，近現代佛教史專家湯用彤（1893-1964）《漢魏兩晉南北朝佛教史》，佛學專家呂澂（1896-1989）《中國佛學源流略講》之〈關河所傳大乘龍樹學〉、哲學史家馮友蘭（1895-1990）《中國哲學史新編》之〈僧肇及其著作〉、哲學史家侯外廬（1903-1987）《中國思想通史》之〈晉宋間的般若學與涅槃學〉，以及哲學家唐君毅（1909-1978）《中國哲學原論原性篇》之〈僧肇之物性義，及般若體性義，與老莊之致虛〉，他們對於《肇論》亦有其不同的解讀方式，這些理解角度究竟凸顯《肇論》一書的那些性質？其中湯用彤對〈涅槃無名論〉與〈宗本義〉作者的質疑，後人又持何種態度？其研究方向又如何？這也是屬於《肇論》研究史的一部分，有待釐清。

具戒。未幾，首學毗尼，次習大經，洞明淵奧。緣契圓照，傳道印心，行解冰霜，宗教兼濟。熙寧間住姑蘇堯峰，後主定慧院，世稱定慧式。三遍叢席，四眾歸依，師範有規，訓學無倦。都尉張侯敦禮奏以師號。有《注肇論疏》六卷。」（北京：線裝書局，2001年12月初版），頁991。

　　另者，當代印順（1906-2005）[28]，是我國第一位「博士法師」，被稱為「大小共貫的性空論者」[29]、「全面而有條理地對『阿含』、『般若』、『中觀』的空義加以綜貫闡揚的第一人」[30]；對龍樹中觀學有其深入之研究[31]。印順對《肇論》是否有其不同於前人之見解，尚待研究。

　　職是之故，本書以「《肇論》研究的衍進與開展」為主題，進行全面探討，期能彌補過去研究之不足。本書之架構，除「緒論」、「結論」外，主要分上、下兩篇。上篇「文獻考訂」，旨在釐清《肇論》之〈宗本義〉與〈涅槃無名論〉的作者問題。大體而言，有關《肇論》之研究，《肇論》「思想」的剖析、闡發向來為其主流，雖然自湯用彤從「目錄學」的角度，對《肇論》之〈宗本義〉與〈涅槃無名論〉的作者提出質疑，但從其門人石峻以下的學者，對於〈宗本義〉與〈涅槃無名論〉，不管是肯定或否定，基本上都關注於這兩篇文章的思想疑點，企圖從「思想」的層面解決其作者問題。本書擬從「思想比較」方法起軔——分別對比〈宗本義〉與《注維摩詰經》以及〈涅槃無名論〉與《長阿含經・遊行經》，探討這兩篇文章是不是僧肇所作。

　　下篇為「思想推衍」。關於《肇論》思想的探究，向為中國佛教界與學術界所重視。可以說，歷代都有佛教學者從事於《肇論》的詮釋，從陳・慧達《肇論疏》以降，至元・文才《肇論新疏》，

---

[28] 印順生於浙江海寧縣，俗姓張，名鹿芹。其生平可參見印順：《平凡的一生》（增訂本）（臺北：正聞出版社，1994年7月初版）。

[29] 釋聖嚴：〈近代中國佛教史上的四位思想家〉（載印順編：《法海微波》，臺北：正聞出版社，1988年6月二版，頁320）。

[30] 游祥洲：〈從印順導師對空義闡揚談起〉（載藍吉富編：《印順導師的思想與學問》，臺北：正聞出版社，1986年6月重版，頁29）。

[31] 印順有關龍樹中觀學之著作主要有《中觀論頌講記》、《中觀今論》與《空之探究》等書。

都是明代之前《肇論》研究的重要註本；而明代有關《肇論》的討論，更集中於〈物不遷論〉的論辯。時代向前推進，近現代學者與佛教界人物，在撰述中國思想史或討論中國佛教思想等問題時，也多少涉及《肇論》義理的決疑與發明，雖然其「量」不多，但「質」卻不容小覷，隻字片語，皆彌足珍貴。本書概分三個歷史時期、四個衍進階段（第三期──「近現代」析分為兩條路脈）而梳理之：第一、陳‧慧達以降《肇論》註疏觀的演變──從「中觀」到「天台」、「華嚴」的詮釋；第二、明末《肇論》〈物不遷論〉之爭──融攝「各宗思想」的論辯；第三、近現代學者之《肇論》研究──採取「哲學角度」的論述；第四、近現代佛教界之《肇論》觀──回歸「般若」與「中觀」的判攝。

要言之，上篇是《肇論》研究史「橫切面」的連繫；而下篇從早期歷代由「中觀」到「天台」、「華嚴」的詮釋，中經明末「各宗思想」的靜辯，再到近現代學者「哲學式」的探究，以至回歸「般若」與「中觀」的判攝，則是「縱貫面」的銜接。

本書冀望透過這些課題的討論，對《肇論》研究史作一系統之回顧與檢討，期能勾勒出一千多年來學界註解、探討《肇論》的主要脈絡與觀點之衍進，並呈顯《肇論》之本義。

二、文獻探討

《肇論》研究的演進與開展，首先要討論的是《肇論》一書的版本問題。這關係《肇論》一書之內容是否全為僧肇所作。

現存的《肇論》，大約成書於南朝梁、陳時[32]。而《肇論》

---

[32] 現存最早之《肇論》註疏本為陳‧慧達《肇論疏》，故《肇論》之成書最晚當在陳時。

的註疏本現存最早者為陳・慧達[33]《肇論疏》。慧達《肇論疏》共分上、中、下三卷，惟收於《卍續藏經》中的《肇論疏》下卷今已不存[34]。該書目次分別為：（一）〈涅槃無名論義記〉，包括〈表上秦主姚興〉；（二）〈不真空論〉；（三）〈般若無知論義私記〉；（四）〈隱士劉遺民書問無知論〉，包括〈肇法師答劉隱士書〉；（五）〈物不遷論〉等篇章[35]。

　　唐・元康《肇論疏》，除增加小招提寺慧達〈序〉外，也分上、中、下三卷。其目次為：（一）〈宗本義〉，（二）〈物不遷論〉，（三）〈不真空論〉，（四）〈般若無知論〉，（五）〈隱士劉遺民書問〉，（六）〈答劉隱士書〉及（七）〈涅槃無名論并表上秦主姚興〉。唐・元康以下之宋・遵式《注肇論疏》[36]與元・文才《肇論新疏》[37]之目次，即同元康《肇論疏》。而今見於《大

---

[33] 其目次則標名為「晉・慧達」，應該是「陳・慧達」才是。按「晉・慧達」，根據梁・慧皎《高僧傳》卷十三云：「釋慧達，姓劉，本名薩河，并州西河離石人，少好田獵，年三十一，忽如暫死，經日還蘇，備見地獄苦報，見一道人云，是其前世師，為其說法訓誨，令出家往丹陽會稽吳郡覓阿育王塔像，禮拜悔過以懺先罪，既覺即出家學道，改名慧達，精勤福業，唯以禮懺為先。晉康寧中至京師。」（《大正藏》第50冊，頁409中）年代較僧肇為早，當不得作《肇論疏》。此外，寫作《肇論疏》之陳・慧達，亦非撰述〈肇論序〉之小招提寺慧達（詳見本書上篇「文獻考訂」）。

[34] 湯用彤云：「日人新作目錄謂只上中二卷，缺下卷，實誤。」（見氏著：《漢魏兩晉南北朝佛教史》，臺北：駱駝出版社，1987年8月出版，頁232）。

[35] 陳・慧達：《肇論疏》（《卍續藏經》第96冊），頁833上-下。

[36] 宋・遵式：《注肇論疏》，全書除〈疏序〉外，共分六卷。其目次如下（一）〈宗本義〉，（二）〈物不遷論〉，（三）〈不真空論〉，（四）〈般若無知論〉，（五〈劉公致問〉，（六）〈法師釋答〉，（七）〈上涅槃論表〉，（八）〈涅槃無名論〉（《卍續藏經》第96冊，頁198上-下）。

[37] 元・文才：《肇論新疏》全書，除〈序〉外，共分上、中、下三卷。其目次如下：（一）〈宗本義〉，（二）〈物不遷論〉，（三）〈不真空論〉，

正藏》第四十五冊之《肇論》版本，亦即《肇論》之通行本，與唐‧元康《肇論疏》一致，除慧達之〈肇論序〉外，其篇目依次亦為〈宗本義〉、〈物不遷論〉、〈不真空論〉、〈般若無知論〉、〈劉遺民書問附〉、〈答劉遺民書〉與〈涅槃無名論〉。

由於陳‧慧達《肇論疏》與唐‧元康《肇論疏》編輯次序的不同[38]，因此引發湯用彤對《肇論》之〈宗本義〉作者的質疑。唐‧元康《肇論疏》以下，宋‧遵式《注肇論疏》，元‧文才《肇論新疏》等論疏，都列有〈宗本義〉一文，並未對〈宗本義〉提出質疑。晚明龍池幻有（1549-1614）《駁語》中指出：「今肇師先建宗本，至後乃有四論，四論之作未敢違宗本。」[39]又說：

> 《肇論》所依大乘般若之旨，先建立宗本義則，曰本無、實相、法性、法空、緣會一義耳，如水之有源，木之有本。據一宗本，豈惟通諸四論，即始、終、圓、頓之教，華嚴、楞嚴、法華、圓覺，其精神命脈未嘗不該貫也。[40]

龍池幻有也以為僧肇先立「宗本」，而後有「四論」，且「宗

（四）〈般若無知論〉，（五）〈劉公致問〉，（六）〈八月十五日釋僧肇疏答〉，（七）〈涅槃無名論〉（《大正藏》第45冊），頁201下-243中。

38 對於編輯次序的不同，孫炳哲以為呈顯出兩種不同的意義：（一）陳‧慧達《肇論疏》首重〈涅槃無名論〉，次重〈般若無知論〉。這種匯集並不注意四論之間的內在結構，且可見在東晉以後到陳代，中國佛教僧人重視「涅槃」思想甚於「般若」思想。（二）唐‧元康《肇論疏》是按照四篇論文之內容結構而排列，與〈宗本義〉所述次序完全一致。反映人們對《肇論》思想的理解不同（見氏著：《《肇論》通解及研究》，高雄：佛光山文教基金會，2001年3月初版，頁33-35）。

39 明‧龍池幻有：《龍池幻有禪師語錄》卷十一（藍吉富主編：《禪宗全書》第53冊，臺北：文殊出版社，1989年12月初版），頁401上。

40 明‧龍池幻有：《龍池幻有禪師語錄》卷十一，頁398上。

本」與「四論」之精神一貫。可以說，除慧達《肇論疏》未見
〈宗本義〉外，歷代註疏本或《肇論》之研究者皆以〈宗本義〉
為僧肇所作。

　　湯用彤《漢魏兩晉南北朝佛教史》第十章有關「僧肇傳略」
部分，以及其門人石峻〈讀慧達「肇論疏」述所見〉一文，對於
〈宗本義〉為僧肇所撰的一般看法，提出質疑。對於湯氏師生的
質疑，任繼愈與洪修平則認為〈宗本義〉與僧肇思想一致，無庸
置疑。但是他們皆未進一步論證，值得再研究。

　　另者，〈涅槃無名論〉見於現存最早的陳・慧達《肇論疏》
中，且從唐・元康《肇論疏》以下，宋・遵式《注肇論疏》，
元・文才《肇論新疏》等，都列有〈涅槃無名論〉一文。針對
〈涅槃無名論〉作者提出疑點最多的要屬湯用彤《漢魏兩晉南北
朝佛教史》第十六章「竺道生」部分，以及石峻〈讀慧達「肇論
疏」述所見〉一文。

　　湯用彤的質疑引起學者的關注、研究。對湯用彤與石峻提
出強而有力之批判，且具有說服力者，可推日本學者橫超慧日[41]
（1906-1995）與賴鵬舉（1950-）兩人。橫超慧日〈〈涅槃無
名論〉及其背景〉[42]，係針對湯用彤、石峻之「質疑論」以及
W.Liebenthal之「折衷論」，提出他的看法，旁徵博引，義富理
饒，有摧陷廓清之功；賴鵬舉〈中國佛教義學的形成──東晉外
國羅什「般若」與本土慧遠「涅槃」之爭〉一文[43]，則扣緊慧遠

---

[41] 橫超慧日，日本佛教學者，主要研究六朝佛教思想，為日本佛教界中研
　　究中國佛教的權威學者之一，著有《中國佛教の研究》、《涅槃經》、
　　《法華思想》與《法華思想の研究》等。

[42] 橫超慧日：〈涅槃無名論とその背景〉（塚本善隆編：《肇論研究》
　　（京都：法藏館，昭和29年，頁167-199）。

[43] 賴鵬舉：〈中國佛教義學的形成──東晉外國羅什「般若」與本土慧遠

問、羅什答《鳩摩羅什法師大義》與〈涅槃無名論〉之思想內在連繫討論之，更引人注意，但仍有其不足，值得再深論。

再者，關於《肇論》之註疏，牧田諦亮〈關於肇論的流傳〉一文有關《肇論》註疏之研究，統計《肇論》之註疏本，凡二十三種，目前可見者有十種，分別是：陳・慧達《肇論疏》、唐・元康《肇論疏》、宋・遵式《注肇論疏》、宋・淨源《肇論中吳集解》與《肇論集解令模鈔》、宋・悟初道全集《夢庵和尚節釋肇論》、元・文才《肇論新疏》與《肇論新疏游刃》、明・憨山《肇論略註》，以及日本人所著《肇論聞書》[44]。另外，宋・遵式《肇論疏科》[45]以圖表為主，非論述之作；而宋・曉月[46]《夾科肇論序注》[47]，誠如牧田諦亮所言：「宋・泐潭禪師曉月，幾乎依元康疏而成《夾科肇論序》。」[48]僅是註「小招提寺慧達序」，且依元康疏而成，故亦不在註疏本之列。

至於佚失者有：唐・慧證《肇論抄》與《肇論文句圖》、唐・東山矩《肇論略疏》、唐・靈興《肇論略出要義兼注附焉並序》、佚名《肇論科文》、佚名《肇論私記》、佚名（或云叡法師）《肇論註》、光瑤《肇論註》、瑤等《肇論註》、好直《肇論註》、唐・修廣《肇論註》（假題）、唐・雲靄《肇論註》

「涅槃」之爭〉（《中華佛學學報》第13期，2000年5月），349-391。

[44] 牧田諦亮：〈肇論の流傳について〉之「肇論の末疏について」（塚本善隆編《肇論研究》，京都：法藏館，昭和29年，頁276-281）。

[45] 宋・遵式：《肇論疏科》（《卍續藏經》第96冊），頁173-188。

[46] 洪州泐潭曉月禪師，為滁州瑯琊山惠覺廣照禪師法嗣，豫章人（宋・惟白禪師編：《建中靖國續燈錄》卷七，載藍吉富主編：《禪宗全書》第4冊，臺北：文殊出版社，1988年4月初版，頁124）。

[47] 宋・曉月：《夾科肇論序注》（《卍續藏經》第96冊），頁189-197。

[48] 牧田諦亮：〈肇論の流傳について〉（塚本善隆編：《肇論研究》，京都：法藏館，昭和29年），頁277。

（假題）、日本安澄《肇論述義》[49]。可以說，牧田諦亮已網羅了多數有關《肇論》之註疏本。

然而，明末道衡《物不遷正量論證》、鎮澄《物不遷正量論》與真界《物不遷論辯解》等，有關僧肇〈物不遷論〉的論著，似乎不在牧田諦亮論述的範圍。實際上，明末對僧肇〈物不遷論〉精彩之論著，是《肇論》研究史上的另一高峰，是中國佛教史上的大公案，有其重要性，不應被摒棄。從明末高僧大德對〈物不遷論〉之理解，又可見《肇論》研究史之另一面貌。這種論辯與明代前之靜態《肇論》註疏方式，自是不同。

從陳・慧達以來之《肇論》註疏觀點如何，至今未有學者予以梳理，不免有憾。而關於明末〈物不遷論〉論辯之研究，江燦騰[50]《晚明佛教叢林改革與佛學諍辯之研究——以憨山德清的改革生涯為中心》一書中，有關明代〈物不遷論〉的諍辯，資料之蒐集與運用，至為完整，相關之歷史事件與問題發展，論述詳盡，是掘發明末〈物不遷論〉論辯的第一人。江氏在問題的討論上運用印順對大乘三系的判攝，這對於明代〈物不遷論〉之探討，有其開啟之功。本書這部分即在江氏之研究成果上進一步深究之。

從明末過渡到近現代，有關《肇論》之研究，筆者的博士論文《印順佛教思想研究》僅討論湯用彤與印順部分，而忽略呂澂、馮友蘭、侯外廬與唐君毅等大家，尚不完整。黃百儀《僧肇

---

[49] 牧田諦亮：〈肇論の流傳について〉，頁281-283。

[50] 江燦騰（1946-）是明清佛教史與臺灣佛教史的研究者，其著作有《臺灣佛教百年史之研究》、《明清民國佛教思想史論》、《中國近代佛教思想的諍辯與發展》、《臺灣當代佛教》、《人間淨土的追尋——中國近世佛教思想研究》與《晚明佛教叢林改革與佛學諍辯之研究——以憨山德清的改革生涯為中心》等書。

〈物不遷論〉思想研究》第二章，把陳‧慧達、明‧憨山與鎮
澄，同民國的學者湯用彤與唐君毅等人對《肇論》的理解，作了
對比討論，是目前有關《肇論》研究史之回顧與檢討較豐富的著
作。但黃文仍有些不足，例如：唐‧元康、宋‧遵式、元‧文才
都值得討論，黃文卻省略不談；而明代〈物不遷論〉之論辯，除
黃文論及的憨山與鎮澄外，還另有真界、道衡與龍池幻有等人；
同時，近現代學者與僧人，如佛學專家呂澂與印順，均有這方面
的論述，且頗為精采，不宜遺漏。

　　本書即立足於上述前人之研究成果上，著力於《肇論》研究
史的發展脈絡，並期冀由此凸顯《肇論》的義涵。

上篇 | 文獻考訂

第一章 《肇論》之〈宗本義〉的作者問題

現行《肇論》一書中，〈宗本義〉被編置於〈物不遷論〉、〈不真空論〉、〈般若無知論〉與〈涅槃無名論〉之前，被視為《肇論》之「綱領」、「宗本」。然自湯用彤對〈宗本義〉之作者提出質疑後，〈宗本義〉與僧肇的關係引起了學者的關注。

〈宗本義〉雖不見於現存最早的陳・慧達《肇論疏》中，但就小招提寺慧達之〈肇論序〉所云：「長安釋僧肇法師所作宗本，物不遷等四論」[1]，小招提寺之慧達似以為〈宗本義〉為僧肇所作[2]，而從唐・元康《肇論疏》以下，宋・遵式《注肇論疏》，元・文才《肇論新疏》等論疏，都列有〈宗本義〉一文，且被視為是〈物不遷論〉、〈不真空論〉、〈般若無知論〉與〈涅槃無名論〉的「宗本」、「綱要」。但自湯用彤提出質疑後，〈宗本義〉非僧肇所作幾成定論。

---

[1] 後秦・僧肇：《肇論》（《大正藏》第45冊），頁150上。

[2] 關於小招提寺慧達所云：「長安釋僧肇法師所作宗本，物不遷等四論。」筆者以為慧達肯定〈宗本義〉為僧肇所作。許抗生也有相同的見解，他說：「慧達所見的《肇論》編次，與現今通行本是一致的，他（慧達）並肯定了〈宗本義〉是僧肇所作。」（見氏著：《僧肇評傳》，南京大學出版社，2001年12月再版，頁19）。但涂豔秋卻另有解讀，他認為，「在他（慧達）所著的《肇論疏》中，並未列入〈宗本義〉，也未為它義疏，當然此處慧達也沒有肯定的說僧肇作了〈宗本義〉。」（見氏著：《僧肇思想探究》，臺北：東大圖書公司，1995年9月初版，頁19）。涂氏又進一步說：「『長安釋僧肇法師所作宗本，物不遷等四論』，一般以為乃指〈宗本義〉與〈物不遷〉等四論均為僧肇所作，然而似乎也可以說是〈物不遷〉等四論均是宗本之作。」（同上，頁20）

　　李潤生依湯用彤之論證，以為「〈宗本義〉非僧肇所撰，可無疑義」[3]。涂豔秋也遵從湯用彤的說法，以為「〈宗本義〉一文非僧肇手法，似已確認」[4]。許抗生除依循湯用彤的觀點外，並以為「〈宗本義〉的思想並不完全符合僧肇的思想」[5]。進一步研究之學者並不多，馮友蘭僅說〈宗本義〉是僧肇所作，且樹立其「根本觀點」[6]。任繼愈、洪修平認為〈宗本義〉與僧肇思想一致，無庸置疑（詳後）。顯然學界對〈宗本義〉作者的歧見仍深，值得再探。

　　基本上，欲考證一種史料的真偽，採取「史料之互相校勘」是有效方法之一。由於前輩較著重於〈宗本義〉與《肇論》其他篇章的對比，因此，本書期將〈宗本義〉與僧肇《注維摩詰經》相比較，以豁顯兩者思想上之關係，盼有助於〈宗本義〉之作者問題的釐清。

第一節　學界有關〈宗本義〉作者之歧見

　　歷來從未有人對〈宗本義〉作者是僧肇產生疑問，直到湯用彤才首先發難，他說：

　　　冠以〈宗本義〉，不知始於何時？舊錄僅載四論，而〈宗本義〉未著錄，殊可致疑。惟陳朝當已加入〈宗本義〉。

---

[3] 李潤生：《僧肇》（臺北：東大圖書公司，1989年6月初版），頁45。

[4] 涂豔秋：《僧肇思想探究》（臺北：東大圖書公司，1995年9月初版），頁21。

[5] 許抗生：《僧肇評傳》（南京大學出版社，2001年12月再版），頁17。

[6] 馮友蘭：《中國哲學史新編》（四）（臺北：藍燈文化公司，1991年12月初版），頁235。

蓋小招提寺慧達序中曾言及也。又據現存日本《續藏經》
中所謂之慧達《肇論疏》，四論次序與通行者不同。而且
似闕〈宗本義〉。日本僧人稱其為慧達所作，但不悉即小
招提寺僧否。[7]

湯氏從目錄學與版本學的角度提出之意見，可歸納為四點：
（一）〈宗本義〉舊錄未著錄，（二）〈宗本義〉可能在陳時加
入，（三）現存於《續藏經》之慧達《肇論疏》[8]無〈宗本義〉，
且次序與《大正藏》通行本之《肇論》不同，（四）日本僧人稱
〈宗本義〉為慧達所作，但不知是否為小招提之寺僧慧達。

　　上述湯氏這些看法，尚待進一步釐清：

　　其一，所謂舊錄是指僧祐《出三藏記集》、道宣《大唐內典
錄》、智昇《大唐開元釋教錄》與圓照《貞元新定釋教目錄》等
書。這些目錄著作都未載錄〈宗本義〉。

　　其二，〈宗本義〉只能推測「可能是陳時所加」。然現存最
早的陳・慧達《肇論疏》並未有此〈肇論序〉，小招提寺之慧達
〈肇論序〉是否作於陳時，尚待研究。

　　其三，現存慧達《肇論疏》分為「卷上」、「卷中」，但缺
「卷下」[9]，其目次分別為：〈涅槃無名論義記上〉（包括〈表
上秦主姚興〉）、〈不真空論〉、〈般若無知論義私記下〉（包

7　湯用彤：《漢魏兩晉南北朝佛教史》（臺北：駱駝出版社，1987年8月出
　　版），頁330-331。

8　現存於《卍續藏經》之慧達《肇論疏》，其年代標為「晉」，是「陳」
　　之誤。

9　湯用彤云：「日本《續藏二編乙第二十三袟》載有《肇論疏》三卷，日
　　人新作目錄謂只上中二卷，缺下卷，實誤。」（見氏著：《漢魏兩晉南
　　北朝佛教史》，頁232）。

括〈隱士劉遺民問無知論〉、〈肇法師答劉隱士書〉）與〈物不遷論〉四篇，與現行通行本《肇論》編次有別。

通行本《肇論》除〈慧達序〉外，其目次為〈宗本義〉、〈物不遷論第一〉、〈不真空論第二〉、〈般若無知論第三〉（附劉遺民書問，答劉遺民書）、〈涅槃無名論第四〉（包括〈表上秦主姚興〉）。這個通行本即是唐・元康《肇論疏》、宋・遵式《注肇論疏》與元・文才《肇論新疏》等所用的版本。可見《肇論》曾有不同的編輯。

其四，日本僧人以為〈宗本義〉可能是慧達所作，但應非湯氏所不敢確認的「小招提寺慧達」。今所見之《肇論》有題為「小招提寺沙門慧達作」之〈肇論序〉。其文云：

> 慧達率愚，通序長安釋僧肇法師所作宗本，物不遷等四論。……達留連講肆二十餘年，頗逢重席，末睹斯論，聊寄一序，託悟在中，同我賢余，請俟來哲。……彰在翰牘，但宗本蕭然，莫能致詰。不遷等四論，事開接引，問答析微，所以稱論。[10]

在〈序〉中，慧達即言：「長安釋僧肇法師所作宗本，物不遷等四論」，又言「宗本蕭然」，可見慧達時已見〈宗本義〉。而依據〈序〉言，應可推論非「小招提寺沙門慧達作」才是。

石峻繼承其師湯用彤之見，把〈宗本義〉、〈不真空論〉與〈般若無知論〉作對比，指出其「思想」上之差異。他認為〈宗本義〉非僧肇所作，以其似同僧肇〈不真空論〉所斥破之慧遠的

---

[10]　後秦・僧肇：《肇論》，頁150上-下。

「本無義」[11]。石氏之理由摘述如下：

第一，〈宗本義〉之思想體系，雜揉各家之談，於名相之辨實不精，其「本無」、「緣會」為「不真空論」所呵斥。

第二，〈宗本義〉之稱實相本無，明為「待緣而後無」者，豈不與僧肇不真空義相違。

第三，〈宗本義〉以無相為相，聖人則是能宅心本無者，蓋去有存無，與僧肇之〈般若無知論〉明至人不捨有無者，根本不同[12]。

---

[11] 石峻：〈讀慧達「肇論疏」述所見〉（張曼濤主編：《三論典籍研究》，《現代佛教學術叢刊》第48冊，臺北：大乘文化出版社，1979年5月初版，頁298）。關於僧肇〈不真空論〉所斥破之「本無宗」為何人，歷來有不同的說法。陳‧慧達《肇論疏》認為僧肇所批判之本無宗為道安與慧遠，其文云：「第三解本無者，彌天釋道安法師本無論云：『明本無者，稱如來興世，以本無弘教，故方等深經皆云：五陰本無。本無之論由來尚矣！須得彼義為是。本無明如來興世只以本無化物，若能苟解無本，即思異息矣！但不能悟諸法本來是無，所以名本無為真，末有為俗耳。』廬山遠法師本無義云：『因緣之所有者，本無之所無。本無之所無者，謂之本無。本無與法性同實而異名也。性異於無者，察於性也。無異於性者，察於無也。察性者不知（原作多一「知」字）無，察（原作「除」字）無者不知性。知性（原作多一「知性」二字）無性者，其唯無察（原作「除」字）也。』破三家說如文解也。」（陳‧慧達：《肇論疏》卷上，《卍續藏經》第150冊，頁866上-下）。湯用彤以為，從慧遠所說「本無與法性同實而異名」，而稱為「本無宗」亦無不可。（見氏著：《漢魏兩晉南北朝佛教史》，頁239）湯氏門下石峻亦以為，從慧達所引慧遠之「因緣之所有者，本無之所無；本無之所無者，謂之本無」，以及慧遠〈大智度論抄序〉所言：「無性之性，謂之法性，法性無性，因緣以之生。生緣無自相，雖有而常無。」（梁‧僧祐：《出三藏記集》卷十一，《大正藏》第55冊，頁76上）可知，其立言或均依二諦以釋有無，故命遠公之學為「本無宗」亦未始不可（石峻：〈讀慧達「肇論疏」述所見〉，張曼濤主編：《三論典籍研究》，《現代佛教學術叢刊》第48冊，臺北：大乘文化出版社，1979年5月初版，頁299）。

[12] 石峻：〈讀慧達「肇論疏」述所見〉，頁296-298。

　　石峻之觀點，還是有可議之處：

（一）「本無」、「緣會」本可以指佛教思想特質──「空」。
　　　「實相本無」，實相自性空，故以「本無」稱之，有何
　　　不可？「緣會」指一切諸法「因緣和合」，當然可用。
　　　且「緣會」[13]二字，僧肇《注維摩詰經》卷一即引用之，
　　　其文云：「欲言其有，有不自生；欲言其無，緣會即
　　　形。」[14]此說明佛教所謂的「有」，不是自有、自性有，
　　　然雖非自性有，但「因緣會合（緣會）」即有。

（二）〈宗本義〉之稱實相本無，明「待緣而後有」，是指一切
　　　諸法因緣和合而後「有」，不是「自性有」，非如石氏所
　　　理解之「待緣而後無」，故與〈不真空論〉所言「不真故
　　　空」之強調「自性空」理同。

（三）〈宗本義〉之「言不有不無」，指一切法不是真實
　　　「有」，也不是真實「無」，故至人不執著為「實有或實
　　　無」，而〈般若無知論〉之「是以至人處有而不有，居無
　　　而不無，雖不取於有無，然亦不捨於有無」，即宣揚此
　　　理，故兩文前後同揆。

　　除了上述湯氏與石氏這些反對意見外，任繼愈則持另類之看
法。任氏認為〈宗本義〉思想體系以「權慧」二字歸納《肇論》
的基本內容，「完全相應」於僧肇般若思想。他說：

---

[13] 僧肇之「緣會」與六家七宗之「緣會宗」，自是不同。關於「緣會
　　宗」，隋‧吉藏《中觀論疏》云：「第七于道邃明緣會故有，名為世
　　諦；緣散故即無，稱第一義諦。」（《大正藏》第42冊，頁29中）吉藏
　　以為于道邃為六家七宗之「緣會宗」。然，這方面的資料散佚，湯用彤
　　也僅說：「于道邃偏重緣會，後人解為分析空。」（見氏著：《漢魏兩
　　晉南北朝佛教史》，頁272）。

[14] 後秦‧僧肇：《注維摩詰經》卷一（《大正藏》第38冊），頁332下
　　-333上。

《肇論》開首是〈宗本義〉。不論是否為僧肇本人所作，但思想體系是屬于僧肇的般若觀點的。此章的中心，在于將般若和「智巧」（漚和）統一起來。……這種思想在任何般若經類中都有，但把它講得如此明確，則出于鳩摩羅什的門下。僧叡以「權智」概括般若，曇影用二諦解釋「中道」，其宗旨相同。而〈宗本義〉以「權慧」二字歸納《肇論》的基本內容，同僧肇的整個思想也是完全相應的。[15]

任氏並引用僧肇《注維摩詰經》卷五〈問疾品〉云：「權智，此經之關要。」[16]又云：「夫有不思議之跡顯於外，必有不思議之德著於內。覆尋其本，權智而已。」[17]但他並未逐一論證，且又批評〈宗本義〉未把《肇論》理論的主要特性表達出來。他說：

〈宗本義〉沒有脫離《肇論》的基本思想，但未能把《肇論》在理論上的主要特性表達出來。比如講到涅槃的地方，即過於簡單：「泥洹盡諦者，直結盡而已。則生死永滅，故謂盡耳，無復別有一盡耳。」……卻遠不能概括〈涅槃無名論〉的豐富性。[18]

---

[15] 任繼愈：《中國佛教史》（二）（北京：中國社會科學出版社，1985年11月初版），頁472-474。

[16] 任繼愈：《中國佛教史》（二），頁473。此文見於僧肇：《注維摩詰經》卷五，頁379下。

[17] 任繼愈：《中國佛教史》（二），頁473-474。此文見於僧肇：《注維摩詰經》卷六，頁382上-中。

[18] 任繼愈：《中國佛教史》（二），頁474。

任繼愈認為〈宗本義〉「遠不能概括〈涅槃無名論〉的豐富性」。實際上，「泥洹盡諦者，直結盡而已」，是精要之言，「涅槃」乃「結盡」，即貪、瞋、癡與一切諸煩惱永滅的真義。〈宗本義〉是一書之「綱要」，對於「涅槃」當然僅能作概要式的說明。

　　與任氏的見解相近，洪修平也認為〈宗本義〉把「般若智慧」和「方便善巧」結合起來，以概括中觀般若學的主要思想，與僧肇思想一致。其文云：

> 〈宗本義〉是《肇論》一書的綱領性篇章，不知何時被列於《肇論》的卷首。有人認為這篇文章的思想內容不同於《肇論》中的其他各篇，因而判定其為偽作，我們不這樣看。我們認為，〈宗本義〉的中心思想是將般若智慧和方便善巧結合起來，並以此來概括中觀般若學的主要思想，這與僧肇的整個思想基本上是一致的。[19]

洪氏僅作結論式的說明，並未加以推演、深論。

　　〈宗本義〉是否為僧肇所作，除了湯氏從目錄學角度「考證」，石氏以內證法將〈宗本義〉與〈不真空論〉、〈般若無知論〉作比較而否定之外，任氏與洪氏在「思想」論證亦嫌簡陋，欲探此一問題，有必要從〈宗本義〉的旨趣再切入，而與僧肇《注維摩詰經》作對比是本書觀察角度之一。

---

[19] 洪修平：《肇論》（高雄：佛光出版社，1996年8月初版），頁29。

第二節　從《注維摩詰經》衡定〈宗本義〉

羅什於弘始八年（406）譯出《維摩詰經》[20]後，僧肇即註解《維摩詰經》，並為之序。僧肇〈注維摩詰經序〉云：

> 以弘始八年（406），歲次鶉火，一命大將軍常山公、右將軍安成侯，與義學沙門千二百人，於長安大寺，請羅什法師重譯正本。……余以闇短，時預聽次，雖思乏參玄，然麤得文意，輒順所聞為之注解。略記成言，述而無作，庶將來君子異世同聞焉。[21]

現存之《注維摩詰經》既有羅什的註，又有僧肇與道生的註[22]。僧肇在〈維摩詰經序〉並說明《維摩詰經》之大要，他說：「此

---

[20] 關於《維摩詰經》之翻譯，根據唐・智昇《開元釋教錄》卷一記載，嚴佛調在東漢靈帝中平五年（188）於洛陽譯出，稱《古維摩詰經》（《大正藏》第55冊，頁483上），但僧祐《出三藏記集》所列嚴佛調之作品中，並未提及此譯作（《大正藏》第55冊，頁6下）。且此譯本已佚，現存最早之譯本為吳・支謙在黃武年間（222-229）於南京譯出（隋・法經等撰：《眾經目錄》卷一，《大正藏》第55冊，頁119上），現今最流通的本子是羅什於弘始八年（406，即東晉安帝義熙二年）在長安譯出稱《新維摩詰經》（僧祐：《出三藏記集》卷二，《大正藏》第55冊，頁10下），後有玄奘之翻譯本。

[21] 後秦・僧肇：《注維摩詰經》卷一，頁327中。

[22] 今收於《大正藏》第八五冊之唐・道掖集《淨名經集解關中疏》，又名《淨名經關中疏》、《關中集解》、《淨名經疏》、《淨名集解關中疏》，係道掖對僧肇《注維摩詰經》進行刪補之作，文中保留了《注維摩詰經》中羅什、僧肇、道生的一部分註解，又增補了《注維摩詰經》中未收的僧叡、天台湛然之解釋，以及道掖自己的註釋與科文，是研究中國佛教思想的重要參考著作。大陸學者方廣錩云：「《大正藏》所收該疏缺乏精審的校勘，並從第五品後半部分到第七品前半部分，脫漏一萬多字。」（見氏主編：《藏外佛教文獻》（二），北京：宗教文化出

經所明，統萬行則以權智為主，樹德本則以六度為根，濟蒙惑則以慈悲為首，語宗極則以不二言。」[23]《維摩詰經》是研究僧肇般若思想不可或缺的重要材料[24]，從《注維摩詰經》衡定〈宗本義〉是可行的研究取向。這個研究方法不同於湯用彤之目錄學研究，亦與石峻之內證法有別。以下分別就〈宗本義〉有關大乘龍樹中觀學的三個要題：（一）「有」、「無」，（二）三乘等觀空性，（三）「般若」與「方便」等問題，與僧肇《注維摩詰經》相比較。

第一，「有無」問題，即佛教「空有」問題。

〈宗本義〉一開始即討論「有無」的問題，其文云：

> 一切諸法，緣會而生。緣會而生，則未生無有，緣離則滅。如其真有，有則無滅。……言不有不無者，不如有見常見之有，邪見斷見之無耳。[25]

一切諸法因緣生，緣生故有，緣滅故無，所以說：「不有不無」，此「有無」非世俗常見之「有」或斷見之「無」，而是緣起故「有」、緣滅故「無」的「有無」。

版社，1996年8月，頁2）

[23] 後秦‧僧肇：《注維摩詰經》卷一，頁327上-中。

[24] 林朝成〈《注維摩詰經》方便義析論──僧肇般若學性格的釐定〉說：「《注維摩詰經》是瞭解僧肇中觀思想不可或缺的材料，尤其是有關『方便』的論述，《肇論》並未論及，而《維摩詰經》卻是『方便』觀念最動人的演出與闡釋。因此，忽視了羅什、僧肇師生的《注維摩詰經》，便有可能誤解僧肇的中觀學。」（國立成功大學中文系主編：《魏晉南北朝文學與思想學術研討會論文集》第四輯，臺北：文津出版社，2001年10月初版，頁673）。

[25] 後秦‧僧肇：《肇論》，頁150下。

　　這是佛教「此有故彼有，此生故彼生；此無故彼無，此滅故彼滅」[26]的緣起觀，說明一切依待而存在的法則。「此」是泛指一切因緣，「有」是存在，「生」是現起，「彼」是泛指一切果。所以「此有故彼有，此生故彼生」是說一切因的存在、現起，再加上緣的促成，所以一切果才存在，因存在所以果存在，因現起所以果現起。「此無故彼無，此滅故彼滅」，說明所謂「無此故彼不起」，所以「雖觀有而無所取相」[27]，有而不執著為真有。〈宗本義〉點出佛法「緣起有」、「自性空」的思想特質。

　　僧肇《注維摩詰經》關於「有無」問題，多所著墨。《維摩詰經》卷一：「深入緣起，斷諸邪見，有無二邊，無復餘習。」以為深觀緣起，則可斷諸邪見。僧肇註云：「解法從緣起，則邪見無由生，有無二見，群迷多惑，大士久盡，故無餘習。」[28]僧肇正說明佛教所謂「一切法」之「有無」乃從「緣起」說，「有」是因緣之「有」，「無」是因緣之「無」，不是邪見之常見的「有」，或邪見之斷見的「無」。

　　《維摩詰經》卷一：「說法不『有』亦不『無』，以因緣故諸法生。」此不「有」亦不「無」之「有」、「無」是「實有」與「實無」。僧肇註云：

　　　　欲言其「有」，「有」不自生；欲言其「無」，緣會即形。會形，非謂「無」；非自，非謂「有」。且有

26　劉宋・求那跋陀羅譯《雜阿含經》云：「所謂此有故彼有，此生故彼生，謂緣無明有行，乃至生、老、病、死、憂、悲、惱苦集。所謂此無故彼無，此滅故彼滅，謂無明滅則行滅，乃至生、老、病、死、憂、悲、惱苦滅。」（《大正藏》第2冊，頁67上）

27　後秦・僧肇：《肇論》，頁150下。

28　後秦・僧肇：《注維摩詰經》卷一，頁330上。

> 「有」，故有「無」；無「有」，何所「無」。有
> 「無」，故有「有」；無「無」，何所「有」。然則自
> 「有」，則不有；自「無」，則不無，此法王之正說
> 也。「有」亦不由緣，「無」亦不由緣。以法非「有」
> 「無」，故由因緣生。[29]

要說宇宙萬物是「存在」，這「存在」不是自生的；要說宇宙
萬物「不存在」，可是因緣和合就形成。因緣和合就「有」
（存在），不能說「沒有」（不存在）；不是「自生」，故不
能說「實有」。且說有「存在」，才說有「不存在」；沒有「存
在」，何來「不存在」？說「沒有」，才說「有」；沒有「沒
有」，哪來「有」？而且如果說它「實有」，那是「沒有」的；
說它「實無」，那也是「沒有」的。

「實有」表示不是因緣和合的，說「實無」也表示不是因
緣和合的。一切諸法不是「實有」，亦不是「實無」，是因緣和
合而生的。這種思想與〈宗本義〉所討論之「有無問題」相合。
且其所用「緣會」二字，〈宗本義〉開宗明義所云：「本無、實
相、法性、性空、緣會，一義耳！」[30]即引用之。

關於《維摩詰經》卷六：「雖過魔行而現降伏眾魔，是菩薩
行。」僧肇註云：

> 不可得而有，不可得而無者，其唯大乘行乎？何則？欲言
> 其有，無相無名，欲言其無，萬德斯行。萬德斯行故，雖
> 無而有；無相無名故，雖有而無。然則言有不乖無，言無

29　後秦・僧肇：《注維摩詰經》卷一，頁332下-333上。
30　後秦・僧肇：《肇論》，頁150上。

> 不乖有，是以此章或說有行，或說無行，有無雖殊，其致
> 不異也。魔行四魔行也，久已超度而現降魔者示有所過
> 耳。[31]

按經文之意，即所謂「應現何身得度者，即現何身度之」。此乃
「七地菩薩」才可為之。僧肇此段註文說明大乘行之說「有」或
言「無」之角度，亦可見其「有無」的思想。

第二，三乘等觀空性。

〈宗本義〉云：

> 夫不存無以觀法者，可謂識法實相矣。雖觀有而無所取
> 相。然則法相為無相之相，聖人之心，為住無所住矣，
> 三乘等觀性空而得道也。性空者，謂諸法實相也。見法實
> 相，故云正觀，若其異者，便為邪觀，設二乘不見此理，
> 則顛倒也，是以三乘觀法無異，但心有大小為差耳。[32]

「不有不無」即是「空」、「實相」。所謂「聲聞、緣覺、菩
薩」三乘，雖有分別，但「三乘等觀性空而得道」，說明三乘觀
法無異，「但心有大小為差耳」[33]。

三乘共觀「空」而證道，由於「悲心」大小不同，才有「三
乘」的分別，龍樹《大智度論》即有此觀念。龍樹《大智度論》
卷三五說：

---

[31] 後秦・僧肇：《注維摩詰經》卷五，頁380上。

[32] 後秦・僧肇：《肇論》，頁150下。

[33] 後秦・僧肇：《肇論》，頁150下。

> 佛及弟子智慧，體性法中無有差別者，以諸賢聖智慧皆是
> 諸法實相慧，皆是四諦及三十七品慧，皆是出三界、入三
> 脫門，成三乘果慧，以是故說無有差別。[34]

三乘皆體「實相」。《大智度論》卷十八又說：

> 諸阿羅漢、辟支佛初發心時，無大願，無大慈大悲，不求
> 一切諸功德，不供養一切三世十方佛，……諸菩薩從初發
> 心，宏大誓願，有大慈悲，求一切諸功德，供養一切三世
> 十方諸佛。[35]

說明「三乘」之分，悲心之大小是其差別之一。

實際上，為何觸及「三乘」的問題，這與「涅槃是一」為
何有「三乘」分別的問題有關。這個問題也為僧肇之前的僧眾所
熱烈討論。考察宋‧陸澄《法論目錄》法論第六帙的教門集所載
之內容為：「辯三乘論（支道林）無三乘統略（釋慧遠）問釋道
安三乘并書（竺法汰）問三乘一乘（什答）問得三乘（王稚遠法
師答）問辟支佛（王稚遠法師答）。」[36]從這些目次可見，支道
林、道安、竺法汰、慧遠、羅什等，對於三乘問題的討論，這也
是「三乘一乘」難解的課題。〈宗本義〉即以為三乘一乘相同者
在於同樣都是「觀空得道」。

關於「三乘等觀空性而得道」，《維摩詰經》雖然論述不
多，但也有所涉獵。《維摩詰經》卷五：「雖觀諸法不生而不入

[34] 龍樹：《大智度論》（《大正藏》第25冊），頁320下-321上。
[35] 龍樹：《大智度論》，頁195下-196上。
[36] 梁‧僧祐：《出三藏記集》卷六（《大正藏》第55冊），頁83下。

正位是菩薩行。」所謂「觀諸法不生而不入正位」，即是「忍而不證」以免落入二乘的工夫。僧肇註云：「正位，取證之位也。三乘同觀無生，慧力弱者不能自出，慧力強者超而不證也。」[37] 其中「慧力強者」與「慧力弱者」，即就三乘「觀境」的大小而言。這也是「大小乘」的差別之一。至於「三乘同觀無生」，即是指三乘觀空得道。

第三，「般若與方便（漚和）」關係的問題。

大乘法常說到的兩種智慧，異名極多。一般所熟悉的，即《般若經》裡的「般若」（慧）與「漚和」（方便）[38]。關於這兩種智慧的關係，〈宗本義〉云：

> 漚和般若者，大慧之稱也，諸法實相，謂之般若；能不形證，漚和功也，適化眾生，謂之漚和，不染塵累，般若力也。然則般若之門觀空，漚和之門涉有。涉有未始迷虛，故常處有而不染。不厭有而觀空，故觀空而不證。是謂一念之力，權慧具矣。[39]

---

[37] 後秦・僧肇：《注維摩詰經》卷五，頁380上。《維摩詰經》卷六：「舍利弗問天汝於三乘何志求？」生注云：「三乘同以無得為懷。」（《大正藏》第38冊，頁388下）

[38] 這兩種智慧，般若經又稱為「道智」、「道種智」；唯識家每稱為「根本智」、「後得智」。也有稱為「慧」與「智」的；有稱「實智」、「權智」的；……由此說菩薩的智慧，便有「般若」（慧）與「漚和」（方便）之二種。菩薩所具有的二智，如約理事、真俗說，如上所說，一「證真如法性」，一「照萬法現象」。如約自他覺證說，一是「自證空性」，一是「方便化他」。這都是大乘智慧的二面勝用。然在絕待法性中，法唯是不二真法，或稱一真法界，本無真俗、理事的隔別相；因之，智慧也唯有一般若，「方便」或「後得智」，都不過是般若後起的善巧妙用（參見印順：《學佛三要》，臺北：正聞出版社，1994年12月重版，頁172）。

[39] 後秦・僧肇：《肇論》，頁150下-151。

「方便」與「般若」是般若經典宣說的道理之一。這種說法與龍樹《大智度論》卷七一：「般若波羅蜜能滅諸邪見煩惱戲論，將至畢竟空中，方便將出畢竟空」[40]相合[41]。隋·吉藏註解此文，謂為：「波若將入畢竟空，無諸戲論；漚和將出畢竟空，嚴土化人。」[42]也歸結說：「釋僧肇大同此意。」[43]〈宗本義〉即發揮這種思想。般若「性空見的悟入」是「凡聖關」；方便度化眾生的悲心大小是「大小關」。般若智是度眾的「方法」，是一種「無我」的方便技巧，有如此之技巧才能「常處有而不染，不厭有而觀空。」此即菩薩道的兩個次第：「般若道」與「方便道」。可以說，「般若道」與「方便道」是菩薩從初發心到成佛過程中的兩個階段，般若是道體，方便是般若所起的巧用[44]。

　　《般若經》所提「般若」（慧）與「漚和」（方便），《維摩詰經》即譯作「慧」與「方便」。「般若」與「方便」之關係，是《維摩詰經》重要課題之一。

---

[40] 龍樹：《大智度論》，頁556中。

[41] 這個觀念，魏·曇鸞《往生論》卷下亦曾云：「般若者，達如之慧名；方便者，通權之智稱，達如則心行寂滅，通權則備省眾機，……然則智慧方便，相緣而動，相緣而靜，動不失靜，智慧之功也；靜不廢動，方便之力也，是故智慧慈悲方便攝取般若，般若攝取方便。」（《卍續藏經》第71冊，頁260上），此資料由賴鵬舉先生提供。

[42] 隋·吉藏：《中觀論疏》（《大正藏》第42冊），頁21上。印順曾揉合龍樹《大智度論》卷七一：「般若波羅蜜能滅諸邪見煩惱戲論，將至畢竟空中，方便將出畢竟空」（《大正藏》第25冊，頁556中）與吉藏《中觀論疏》註解《大智度論》此文所言：「波若將入畢竟空，無諸戲論；漚和將出畢竟空，嚴土化人」（《大正藏》第42冊，頁21上），為「般若將入畢竟空，絕諸戲論；方便將出畢竟空，嚴土熟生」，以充分表達龍樹義。

[43] 隋·吉藏：《中觀論疏》，頁21上。

[44] 印順：《般若經講記》（臺北：正聞出版社，1992年3月修訂一版），頁16。

《維摩詰經》卷四：「護持正法起方便力，以度眾生起四攝法。」僧肇註云：「非方便無以護正法，非四攝無以濟群生。」[45]所謂「四攝」即是：布施、愛語、利他、同事，這是攝眾的「方便善巧」。

慧與方便，二者須相互依成，相互攝導，才能發揮離縛解脫的殊勝妙用，《維摩詰經》卷五：「無方便慧縛，有方便慧解，無慧方便縛，有慧方便解。」[46]即在闡明兩者相互為用、相輔相成之關係。僧肇註云：

> 巧積眾德謂之方便，直達法相謂之慧，二行俱備，然後為解耳。若無方便而有慧，未免於縛，若無慧而有方便，亦未免於縛。[47]

般若與方便是成佛的兩大因素，而且相助相成。

《維摩詰經》卷五：「何謂無方便慧縛，謂菩薩以愛見心莊嚴佛土成就眾生，於空、無相、無作法中而自調伏，是名無方便慧縛。」僧肇註云：

---

[45] 後秦·僧肇：《注維摩詰經》卷四，頁369中。

[46] 吳·支謙譯《佛說維摩詰經》卷中譯為：「無方便慧縛，有方便慧解；無慧方便縛，有慧方便解。」（《大正藏》第14冊，頁545中）。隋·吉藏《二諦義》卷下云：「大論云：七地菩薩，得無生忍。大品云：等定慧地也。所以七地並觀者，攝前六地，並為順忍故未並，七地得無生忍故並也。十地皆無生，前無生淺，故為順忍。七地無生深故，為無生忍也。又約行論，初地檀波羅蜜，六地般若波羅蜜，未得方便，七地得方便。慧無方便縛，方便無慧縛，七地得方便。慧有方便解，方便有慧解，具二慧故並觀。前六地非不並觀。但二慧一慧，如兩輪一輪，故未得好並。若七地二慧皆勝，二輪並強故並也。」（《大正藏》第45冊，頁110上）。

[47] 後秦·僧肇：《注維摩詰經》卷五，頁378下。

> 六住以下，心未純一，在有則捨空，在空則捨有，未能以
> 平等真心，有無俱涉，所以嚴土化人，則雜以愛見，此非
> 巧便修德之謂，故無方便，而以三空自調，故有慧也。[48]

僧肇以為「六住以下」者，未有平等真心，有無俱涉，故無方
便力。

　　另外，《維摩詰經》卷五：「是名有方便慧解。」僧肇
註云：「七住以上，二行俱備，遊歷生死而不疲厭，所以為
解。」[49]七住以上之菩薩才有方便力。又，《維摩詰經》卷五：
「何謂無慧方便縛，謂菩薩住貪欲、瞋恚、邪見等諸煩惱而植眾
德本，是名無慧方便縛。」僧肇註云：「不修空慧以除煩惱，是
為慧也，而勸積眾德有方便也。」[50]此「不修空慧」即不執著於
「空慧」，方為「修空慧」，而「不住空慧」，即不執著於「空
慧」，亦「無住亦無得」之意，「無所得」之意。

　　還有，《維摩詰經》卷五：「是病是身非新非故，是名為
慧；設身有疾而不永滅，是名方便。」僧肇註云：

> 新故之名，出於先後，然離身無病，離病無身，眾緣所
> 成，誰後誰先。既無先後，則無新故，新故既無，即入實
> 相，故名為慧也。既有此慧，而與彼同疾，不取涅槃謂之
> 方便。[51]

---

[48] 後秦・僧肇：《注維摩詰經》卷五，頁379上。

[49] 後秦・僧肇：《注維摩詰經》卷五，頁379上。

[50] 後秦・僧肇：《注維摩詰經》卷五，頁379上。

[51] 後秦・僧肇：《注維摩詰經》卷五，頁379下。羅什註云：「不取可滅之
相，故能不滅，是方便力也；涉有應取相而不取相，不取相則理與有絕，
而能涉有巧於難事，故名方便也。」（《大正藏》第38冊，頁379下）。

以入實相名為「慧」，以不取涅槃名為「方便」。再者，《維摩詰經》卷六：「於是維摩詰以偈答曰：『智度菩薩母，方便以為父。』」僧肇註云：「智為內照，權為外用，萬行所由生，諸佛之所因，故菩薩以智為母，以權為父。」[52]顯而易見，「般若」與「方便」是《維摩詰經》所討論的重要課題。

僧肇〈宗本義〉所探討的問題，毋寧是僧肇《注維摩詰經》思想的縮影，且巧妙精扼地把大乘精神──「空有」、「三乘等觀空性得道」、「般若與方便」等思想作了切要的說明，這些都是佛教大乘思想，也是龍樹《大智度論》與《中論》極力闡發的論題，與僧肇《注維摩詰經》闡發之思想一致。

要言之，從湯用彤提出「因現存最早的陳・慧達《肇論疏》未列入〈宗本義〉一文，故〈宗本義〉非僧肇所作」後，學界幾乎未有學者透過論證再肯定僧肇為〈宗本義〉的作者。本文所作的也僅是一種旁證，雖不能直言〈宗本義〉的作者即為僧肇，但透過僧肇《注維摩詰經》與〈宗本義〉的比對，找到其思想相一致的線索，相信有助於作者問題的再釐清。

---

[52] 後秦・僧肇：《注維摩詰經》卷七，頁393上。

第二章　《肇論》之〈涅槃無名論〉的作者問題

　　《肇論》篇章之作者問題，〈宗本義〉之外，〈涅槃無名論〉也引起學者熱烈論究。

　　〈涅槃無名論〉見於現存最早的陳・慧達《肇論疏》中，歷代註釋家都以為〈涅槃無名論〉是僧肇所作。湯用彤首先對〈涅槃無名論〉提出疑點，他從目錄學與譯經史等角度提出其觀點，其門人石峻〈讀慧達「肇論疏」述所見〉一文，沿著湯氏的質問，以內證法論證之。

　　湯氏與石氏對〈涅槃無名論〉作者問題的見解，引起多位學者的討論[1]。這些人之中，對湯用彤與石峻提出強而有力之批判與論證者，要屬日本學者橫超慧日與賴鵬舉兩人。橫超慧日

---

[1]　持保留態度或以〈涅槃無名論〉確為僧肇所作者有下列諸人：侯外廬（1903-1987）持平說道：「這一問題尚須作進一步的考證。」（見氏主編：《中國思想通史》（三），北京：人民出版社，1957年5月初版，頁457）呂澂（1896-1989）以為是後人對原著改動，並非全屬偽託（見氏著：《中國佛學源流略講》，臺北：里仁書局，1985年1月初版，頁109）。任繼愈（1916-2009）十分肯定的指出：「〈涅槃無名論〉是對整個《肇論》的歸納，也是僧肇一生學說的總結。」（見氏著：《中國佛教史》（二），北京：中國社會科學出版社，1985年11月初版，頁511）。郭朋（1920-2004）認為「這種懷疑（僧肇〈涅槃無名論〉）是缺少根據的。」（見氏著：《隋唐佛教》，山東：齊魯書社，1980年，頁204）。洪修平（1954-）依據該論的思想內容與論證方式，認定該篇是僧肇的作品（參見氏著：《肇論》，高雄：佛光出版社，1996年8月初版，頁150-151）。學者W.Liebenthal採取「折衷說」（參見日本學者橫超慧日：〈涅槃無名論とその背景〉，塚本善隆編：《肇論研究》，京都：法藏館，昭和29年，頁196）。

〈〈涅槃無名論〉及其背景〉[2]，從〈涅槃無名論〉創作的背景談起，批判湯用彤、石峻之「質疑論」以及W.Liebenthal之「折衷論」，進而提出他的看法；賴鵬舉〈中國佛教義學的形成——東晉外國羅什「般若」與本土慧遠「涅槃」之爭〉一文[3]，則扣緊慧遠問、羅什答之《鳩摩羅什法師大義》[4]與〈涅槃無名論〉兩者內在思想連繫的問題，加以討論，引人注意。可以說，不管是橫超慧日或賴鵬舉都試圖從「思想」的詮釋，解決〈涅槃無名論〉的作者問題。本文亦延續這種精神，先說明學界對〈涅槃無名論〉之異見，再進一步從思想的角度深論此問題，以期釐清〈涅槃無名論〉的作者問題。

第一節　學界有關〈涅槃無名論〉作者之異見

湯用彤認為，「如〈涅槃無名論〉為僧肇所作，則為『持漸以駁頓』之最早者。但此論文筆力與〈不真空論〉等不相似，且頗有疑點，或非僧肇所作。」[5]其理由可歸納為六點，簡述如下：

第一，據《肇論疏》等，均謂此論中引及《涅槃經》，而《涅槃經》譯出年代（421年或417-418年），卻在僧肇逝世（414年）之後。

---

[2]　橫超慧日：〈涅槃無名論とその背景〉（塚本善隆編：《肇論研究》（京都：法藏館，昭和29年），頁167-199。

[3]　賴鵬舉：〈中國佛教義學的形成——東晉外國羅什「般若」與本土慧遠「涅槃」之爭〉（《中華佛學學報》第13期，2000年5月），頁349-391。

[4]　又名《大乘大義章》，共三卷。晉安帝隆安五年（401），羅什至長安。其後慧遠致書通好，且作書問大乘大義，後人結集成此書。

[5]　湯用彤：《漢魏兩晉南北朝佛教史》（臺北：駱駝出版社，1987年8月出版），頁670。

第二，僧肇在羅什逝後一年而亡，而其〈上秦王表〉中引及姚興（366-416）〈與安成侯書〉（即〈姚興答〉），按彼書所言，似羅什去世已久。

第三，此論中之「九折十演」斥大頓悟說，應是竺道生之思想，但道生之頓悟說卻在僧肇死後才提出。

第四，大唐《內典錄》已有人懷疑此論非僧肇之作品。

第五，〈涅槃無名論〉雖不出僧肇手筆，然要亦劉宋初年頓、漸爭論時所作。「難差」以下六章分別反覆陳述頓漸，唯闡述理本無差，差別在人，此外了無精意。取與諸漸家如王弘[6]等所陳比較，辭力實浮薄，似非僧肇所作。

第六，反對頓悟的名僧是慧觀，他從關中回到江南後，作漸悟論對抗竺道生與謝靈運。在《名僧傳抄》介紹〈三乘漸解實相〉一文，應是慧觀所作，該文所說相當於〈涅槃無名論〉的第八、第九、第十的三節。實相之理是一，差別原因是由於人而產生，因為慧觀所說的方法切實，比〈涅槃無名論〉更進一層。慧達的《肇論疏》引用慧觀之言一段，那是駁斥謝靈運〈辨宗論〉中「背南停北」的比喻[7]。

相同立場，石峻亦以為〈涅槃無名論〉非僧肇所作，其見解如後：

第一，僧肇跟隨羅什學習般若的經歷和〈奏秦王表〉中「在什公門下十有餘載，雖眾經殊致，勝趣非一，然涅槃一義，常以

6　竺道生提倡頓悟說，當時支持者首推謝靈運，謝氏著有〈辨宗論〉，此後法勗、僧維、慧驎、竺法綱、慧琳與王弘等主張漸悟者，與謝靈運之間有書信往返。今有王弘〈問謝永嘉〉、謝靈運〈答王衛軍問〉、王弘〈重答謝永嘉書〉與竺道生〈答王衛軍書〉等文載於唐・道宣編《廣弘明集》卷十八（《大正藏》第52冊，頁227上-228上）。

7　湯用彤：《漢魏兩晉南北朝佛教史》，頁670-672。

聽習為先」相矛盾。

第二，〈涅槃無名論〉為翼助秦王而作，僧肇之學與秦王之說應該相契。然而秦王排斥「廓然空寂，沒有聖人」之說，「墮有得義」。故此稱曰「實如明詔」之文，非僧肇所作。

第三，〈涅槃無名論〉所言「神而無功」、「應而不為」與「六境之內，非涅槃之宅」與僧肇〈般若無知論〉等思想不合[8]。

石氏之意見乃是承續湯用彤的觀點而來，師徒一唱一和，懷疑〈涅槃無名論〉並非僧肇所創作。

橫超慧日〈〈涅槃無名論〉及其背景〉幾乎是針對湯用彤與石峻而發。為解決〈涅槃無名論〉的問題，橫超慧日追溯〈涅槃無名論〉創作的由來，討論姚興與姚嵩的往返書信，進一步釐清僧肇〈涅槃無名論〉與姚興之間的關係，甚而探究〈涅槃無名論〉的先驅者道安有關「涅槃」的觀點，並從「三乘十地」條理「涅槃與三乘」的問題，而後歸納〈涅槃無名論〉的大要，終而總結〈涅槃無名論〉撰者的問題[9]。詳細內容請參見本書「附錄」、由筆者譯註之橫超慧日〈〈涅槃無名論〉及其背景〉一文。

對於上述湯用彤所提出的六個理由，橫超慧日〈〈涅槃無名論〉及其背景〉反駁之意見，摘述如後：

其一，唐・元康以為〈涅槃無名論〉引用《涅槃經》這不是事實。這些經文不侷限於《涅槃經》。

---

[8] 石峻：〈讀慧達「肇論疏」述所見〉（張曼濤主編：《三論典籍研究》，《現代佛教學術叢刊》第48冊，臺北：大乘文化出版社，1979年5月初版），頁306-307。

[9] 此文除「序說」外，分別處理「本書創作的由來」、「〈涅槃無名論〉的先驅」、「三乘十地的課題」、「本書的大要」等部分，再進而討論「〈涅槃無名論〉的撰者」。詳見本書附錄。

　　其二，雖然僧肇在羅什逝後一年去世，是立論的基礎，但這個年代是根據僧肇的歿年。但即使羅什卒於僧肇前一年，這也不能當成是決定本問題的關鍵。

　　其三，從〈涅槃無名論〉呵彈道生的大頓悟，認為此書不是僧肇的論據，此乃根據慧達《肇論疏》頓悟義之兩解——道生的大頓悟與支道林等的小頓悟。

　　其四，《大唐內典錄》題為無名子之作的《無名論》，所謂無名子是寄以烏有之名的意思。然而，以「辭力浮誇」說不像是僧肇的作品，這也只是註疏者對〈涅槃無名論〉作者能力的懷疑。

　　其五，〈涅槃無名論〉的頓漸論議，比王弘等人所陳辭力浮誇。其實，責備其辭力浮薄，實在是先入為主的觀念，即是把此書當作與竺道生頓悟說論爭的書來看待。可以說，這是受到潛在意識的支配而作的評述。

　　其六，反對頓悟義的慧觀的論述，相當於〈涅槃無名論〉中的一部分。慧達的《肇論疏》引用慧觀之言，便把慧觀的「漸悟說」與〈涅槃無名論〉的「漸悟說」對照考察，據此直接推定〈涅槃無名論〉受慧觀的影響，是不當的[10]。

　　橫超慧日批駁湯用彤的六個意見，可歸納為兩個結論：（一）唐・元康《肇論疏》以僧肇〈涅槃無名論〉引用《涅槃經》，此乃錯誤觀點，而湯用彤受其影響，自亦謬誤。（二）〈涅槃無名論〉頓漸之說，在道生與慧觀之前。

　　橫超慧日之論證，雖強而有力，唯對於〈涅槃無名論〉與《涅槃經》之關係以及頓漸問題的說明，亦稍嫌薄弱。

---

[10] 橫超慧日：〈涅槃無名論とその背景〉，頁191-194。

　　對於石峻之意見，橫超慧日在〈〈涅槃無名論〉及其背景〉
也提出反駁，其要點如下：

　　其一，僧叡、僧肇的著作中沒有有關涅槃義之論述，然僧肇
在《注維摩詰經》之中，往往論及涅槃。

　　其二，秦王排斥廓然空寂，是淺薄有所得之說，因此認為此
贊辭當然不是僧肇所作。以這些理由懷疑僧肇所作，是不當的
見解。

　　其三，最後對照〈涅槃無名論〉與〈般若無知論〉等，發
現兩者之間思想的不一致，這著眼點確實是值得注意的方法。然
而，這些語言假如不廣泛地前後統觀，以此等三、四段文字作為
〈涅槃無名論〉全體的立場，簡單的論斷〈涅槃無名論〉與其他
三篇論文思想不一致，這是不當的[11]。

　　對於石峻的內證法，橫超慧日的回應，頗切要害，且皆就思
想論思想。

　　賴鵬舉〈中國佛教義學的形成──東晉外國羅什「般若」
與本土慧遠「涅槃」之爭〉之研究主軸，鎖定在當時思想界的氛
圍。賴氏解讀的角度有二：其一是〈涅槃無名論〉破當時《成
實論》學者的小乘涅槃說；其二是〈涅槃無名論〉對廬山涅槃之
論破。

　　賴氏以為「〈涅槃無名論〉破當時《成實論》學者的小乘涅
槃說」，蓋當時中國義學論及涅槃的，除廬山外，尚有關中以慧
導為首的《成實論》學者。《成實論》雖言空義，但義近小乘之
偏空，其論中有七處批判一切有部之《阿毘曇》，在姚興、羅什
之世，《成實論》學者並提出「無有三世」與「廓然空寂，無有

---

[11] 橫超慧日：〈涅槃無名論とその背景〉，頁195-196。

聖人」[12]的論點。

　　羅什所言大乘涅槃義：「為利根者，說一切法從本以來，不生不滅、畢竟空，如泥洹相。」[13]不同於《成實論》者之涅槃見解，而僧肇即順著秦王姚興與姚嵩的對話，闡揚羅什所提「不偏空、不偏有」之大乘涅槃實相義，一來對治「偏空」之關中《成實論》一派，二來也對治「偏有」之廬山「法性論」者。

　　賴氏進一步以為「〈涅槃無名論〉對廬山涅槃之論破」，即〈涅槃無名論〉自「難差」第八以下係針對廬山的涅槃義而發。「難差」是採取法性論者的角度，以為至極之法不變，故不得有二。且此關河之「辯差」不同於劉宋時期建康「頓漸」之辯的「漸家」。僧肇所言三乘之漸，乃「人三而三於無為，非無為有三」，故「漸」非實法。而〈涅槃無名論〉之「詰漸」與「明漸」乃討論慧遠法性論之頓悟觀點，不是後來道生之頓悟，故僧

---

[12] 唐・道宣編：《廣弘明集》卷十八（《大正藏》第52冊），頁230上。

[13] 羅什在《鳩摩羅什法師大義》中言及「涅槃」不僅如賴鵬舉所言六次而已。且賴氏所列第六條無「涅槃」或「泥洹」二字（見氏著：〈中國佛教義學的形成——東晉外國羅什「般若」與本土慧遠「涅槃」之爭〉，《中華佛學學報》第13期，2000年5月，頁372）。《鳩摩羅什法師大義》多次言及「涅槃」義，簡列數條如下：

（1）「若處處說者，《法華經》不名為秘要之藏，又亦不能令人多修習涅槃道，盡諸漏結。」（《大正藏》第45冊，頁126下）。

（2）「一切阿羅漢，雖得有餘涅槃，……是人入無餘涅槃時。……又涅槃法，無有決定不相應焦羅漢耳。」（同上，頁133中-下）。

（3）「與禪定、智慧和合行者，得入涅槃。」（同上，頁134上）。

（4）「為利根者，說一切法從本以來，不生不滅、畢竟空，如泥洹相。」（同上，頁137上）。

（5）「又聲聞言，入泥洹時，以空空三昧等，捨於八聖道分，以是故言盡諦，為真無上之法。」（同上，頁139上）。

（6）「菩薩先以二因緣故，不取其證也。一者深心貪樂阿耨多羅三藐三菩提，二者於眾生中，大悲徹於骨髓，不欲獨取涅槃。」（同上，頁140上）。

肇的論辯主要是延續羅什與慧遠的問難而來[14]。

要言之，賴氏之論證特色有二：（一）回到僧肇當時所面對的佛教思想問題，認為僧肇〈涅槃無名論〉某部分是對「成實家」提出批判；（二）把僧肇〈涅槃無名論〉與慧遠所論之「頓漸問題」相提而論，並點出道生與慧遠的不同。賴氏在研究上有其突破性，唯佛教「頓漸問題」之發展尚待進一步說明。

平心而論，橫超慧日與賴鵬舉的研究，突破了傳統湯用彤目錄學的角度與石峻的內證法，從〈涅槃無名論〉所涉及之思想內涵與其當時之佛教課題作連結與呼應[15]，為〈涅槃無名論〉之作者問題的研究開出新的視角。

第二節　〈涅槃無名論〉作者問題的再論

由上節可知，湯用彤與石峻的觀點，不管是目錄學或思想角度，皆為橫超慧日所駁斥。而賴鵬舉從原典思想之比較結果，也頗有說服力。此處擬就：（一）〈涅槃無名論〉與《長阿含經·遊行經》之關係，（二）「頓漸」問題等兩方面，進一步深論之，以彌補橫超慧日與賴鵬舉論述之不足[16]。

---

[14] 賴鵬舉：〈中國佛教義學的形成——東晉外國羅什「般若」與本土慧遠「涅槃」之爭〉，頁371-382。

[15] 僧肇〈涅槃無名論〉亦針對玄學與小乘佛教思想者對般若思想難以理解之問題而發，主要討論：（一）涅槃之有無，（二）三乘之差別，（三）得無生法忍之菩薩如何進修，（四）頓漸等問題。其「涅槃之有無」、「三乘之差別」與「得無生法忍之菩薩如何進修」，與〈宗本義〉、《注維摩詰經》思想相一致，點出般若思想之特色。

[16] 其他之問題，關於湯用彤所言僧肇卒於羅什去世後一年，而〈上秦王表〉中似言羅什「去世已久」的質疑。〈上秦王表〉中引及姚興〈與安成侯書〉（即〈姚興答〉）的問題，〈涅槃無名論〉如此記載：「不幸什公去世，諮參無所，以為永慨，而陛下聖德不孤，獨與什公神契，目

一、〈涅槃無名論〉與《長阿含經・遊行經》的關係

　　〈涅槃無名論〉與《涅槃經》究有何關連，湯用彤以為〈涅槃無名論〉據元康《肇論疏》所言，曾引及《涅槃經》，而《涅槃經》譯出年代（421年或417-418年）[17]，卻在僧肇逝世（414年）之後，似非僧肇所作。關於湯氏的觀點，橫超慧日的文章已經作了回應，其論證方法，筆者的見解與之同揆，只是在引證上為「貼近」僧肇與〈涅槃無名論〉的關係，故比對〈涅槃無名論〉與僧肇所熟稔的《長阿含經・遊行經》[18]，進而論證〈涅槃

擊道存。」筆者以為，從這幾句話，實在得不出「似什公去世已久」之論。〈涅槃無名論〉其中之一段內容──「何者？夫眾生所以久流轉生死者，皆由著欲故也，若欲止於心，即無復於生死，既無生死，潛神玄默，與虛空合其德，是名涅槃矣！既曰涅槃，復何容有名於其間哉？」即是引自姚興〈與安成侯書〉（唐・道宣編：《廣弘明集》卷十八，《大正藏》第52冊，頁229下-230上）。從此文也看不出有「似什公去世已久」的意謂。再者，審查關於《大唐內典錄》對〈涅槃無名論〉之質疑。道宣（596-667）《大唐內典錄》所載不一。其卷三云：「〈般若無知論〉、〈不真空論〉、〈物不遷論〉與〈涅槃無名論〉，……沙門釋僧肇作。」（唐・道宣編：《大唐內典錄》卷三，《大正藏》第55冊，頁254中）卷十亦云：「〈涅槃無名論〉釋僧肇。」（同上，頁327上）這都明白指出〈涅槃無名論〉是僧肇所作。但同卷十又云：「涅槃無名，九折十演，無名子（今有此論云是肇作，然詞力浮薄，寄名烏有）。」（同上，頁330下）道宣的說法自相矛盾，而湯用彤僅引用後一說而已。且較早之僧祐（445-518）《出三藏記集》卷十二云：「〈涅槃無名論〉釋僧肇。」（梁・僧祐：《出三藏記集》卷十二，《大正藏》第55冊，頁83上）；法經等撰《眾經目錄》卷六：「〈涅槃無名論〉一卷釋僧肇。」（唐・法經等撰：《眾經目錄》卷六，《大正藏》第55冊，頁148中），兩本目錄皆載〈涅槃無名論〉為僧肇所作。

[17] 《涅槃經》之譯出，乃東晉法顯（約337-約422）在中印華氏城寫得《大般涅槃經》初分的梵本，返國後，於東晉・義熙十三年（417）至十四年（418）間，在建康道場寺和佛陀跋陀羅（359-429）共同譯出，題名《大般泥洹經》，凡六卷，世稱「六卷《泥洹》」。

[18] 僧肇曾於弘始十五年（413）為《長阿含經》作序，他自言：「余以嘉遇猥參聽次，雖無翼善之功，而預親承之末，故略記時事。」（《大正

無名論〉作者確為僧肇無誤。

　　以下就元康所指出自《涅槃經》者，以〈遊行經〉印證之，以示僧肇原有這些觀點，〈涅槃無名論〉並非《涅槃經》譯出後所作。

　　其一，〈涅槃無名論〉之〈覈體第二〉云：「憩七覺於茂林。」元康疏云：「以七覺為茂林而憩息也，擇法覺分、精進覺分、念覺分、定覺分、喜覺分、捨覺分、除覺分[19]為七，亦出大品涅槃等經。」[20]元康以為「七覺支」出自《大品涅槃經》。

　　其實「七覺支」，在《長阿含經》卷二〈遊行經〉即有之，其文云：

> 佛告比丘，復有七法，則法增長，無有損耗。何謂為七：一者修念覺意，閑靜無欲，出要無為。二者修法覺意。三者修精進覺意。四者修喜覺意。五者修猗覺意。六者修定覺意，七者修護覺意。[21]

藏》第1冊，頁1上-中）可見僧肇熟悉於《長阿含經》之〈遊行經〉。當然，其中「七覺支」、「八正道」等名相，乃屬於三十七道品的內容，而最早提及「三十七道品」，當屬後漢‧安世高所出的一系列經典，在《佛說大安般守意經》即已見「三十七道品」的名目，而在《陰持入經》中，即已對「四意足」、「四意斷」、「四神足」、「五根」、「五力」、「七覺意」（即「七覺支」）、「八種道行」（即「八正道」）等「三十七道品」有詳細的介紹。有關「三十七道品」的論述，亦多散見於《般若經》中。而這些經典的譯出，又比《長阿含經‧遊行經》更早。此外，東晉‧瞿曇僧伽提婆譯《中阿含經》之〈周那經〉、〈七寶經〉與《增一阿含經》之〈阿修倫經〉，以及後秦‧佛陀耶舍與竺佛念譯《長阿含經》之〈小緣經〉，亦均有相關的敘述。
19　「除覺分」即「除覺支」，指能斷除諸見煩惱。
20　唐‧元康：《肇論疏》（《大正藏》第45冊），頁193下。
21　《長阿含經》卷二（《大正藏》第1冊），頁12上。

此「念覺意」、「法覺意」、「精進覺意」、「喜覺意」、「猗覺意」[22]、「定覺意」與「護覺意」[23]，即「七覺支」。可見〈遊行經〉早已有「七覺」之說。

　　其二，〈涅槃無名論〉之〈覈體第二〉云：「啟八正之平路，坦眾庶之夷塗。」元康疏云：「啟，開，開八正耳！正見、正思惟、正語、正業、正命、正精進、正念、正定為八也，出大品涅槃等經耳。」[24]元康以為「八正道」出於《大品涅槃經》。

　　此「八正道」，在《長阿含經》卷三〈遊行經〉即有之。其文云：

> 爾時世尊即詣講堂，就座而坐，告諸比丘：汝等當知，我以此法自身作證，成最正覺，謂四念處、四意斷、四神足、四禪、五根、五力、七覺意、賢聖八道。汝等宜當於此法中和同敬順，勿生諍訟。[25]

此「賢聖八道」即指正見、正思惟、正語、正業、正命、正精進、正念、正定之「八正道」。在卷四〈遊行經〉中記載，釋迦佛對於須跋所提「釋迦佛之教與外道之不同何在」的問題，釋迦佛即以「無八聖道者則無第一沙門果等」與「外道異眾無沙門果」[26]等回應之。

---

[22] 又作「輕安覺支」，指身心輕快安穩。
[23] 又作「捨覺支」，即捨離所見念著之境時，能覺了而永不追憶虛偽不實之法。
[24] 唐・元康：《肇論疏》，頁193下。
[25] 《長阿含經》卷二，頁16下。
[26] 《長阿含經》卷二，頁25上。

其三，〈涅槃無名論〉之〈位體第三〉云：「所以智周萬物而不勞，形充八極而無患，益不可盈，損不可虧，寧復痾癘中逵，壽極雙樹。」元康疏云：

> 雙卷《泥洹經》[27]云，佛將涅槃，向拘尸國，中路患痢，後至雙樹，遂即涅槃。今言何有斯理也。《涅槃經》云：佛正說法，至第十卷，中途現病，此亦痾癘中逵也。靈竭天棺，體無焚燎。佛涅槃後，疊纏綿裹，入金銀槨，次銅次鏡，盛滿香油，以火焚之。此是轉輪聖王之法。[28]

元康引雙卷《泥洹經》與《涅槃經》說佛涅槃後如何入葬之事。實際上，佛如何入葬的說法，在《長阿含經》卷三、四之〈遊行經〉已有記載。其文云：

> 阿難即從座起，前白佛言，佛滅度後，葬法云何？……佛言，欲知葬法者，當如轉輪聖王。阿難又白，轉輪聖王葬法云何？……阿難，汝欲葬我，先以香湯洗浴，用新劫貝周遍纏身，以五百張疊次如纏之，內身金棺灌以麻油畢，舉金棺置於第二大鐵槨中，栴檀香槨次重於外，積眾名香，厚衣其上而闍維之，訖收舍利，於四衢道起立塔廟，表剎懸繒，使諸行人皆見佛塔，思慕如來法王道化，生獲福利，死得上天。[29]

---

[27] 湯用彤說：「方等經（支謙、竺法護所譯）稱為『雙卷《泥洹》』。」（見氏著：《漢魏兩晉南北朝佛教史》，頁605）。

[28] 唐・元康：《肇論疏》，頁195下。

[29] 《長阿含經》卷二，頁20上-中。

可見在〈遊行經〉即有之。

此外，〈涅槃無名論〉之〈開宗第一〉云：「真解脫者，離於言數。」元康疏云：「此等諸文，是《涅槃經》中解脫大意，非全文也。」[30]這「真解脫者，離於言數」，也是諸經所常言，不必《涅槃經》為然。〈涅槃無名論〉之〈覈體第二〉云：「其猶燈盡火滅，膏明俱竭，此無餘涅槃也。經曰：五陰永盡，譬如燈滅。」元康疏云：「《涅槃》第九卷云：一闡提人見於如來畢竟涅槃，猶如燈滅，膏油俱盡也。」[31]以為「經曰」即出自《涅槃經》第九卷，實際上「人死如燈滅」乃諸經常見。而〈涅槃無名論〉之〈位體第三〉云：「入於涅槃而不般涅槃。」元康疏云：「此《涅槃經》文也。」[32]事實上，此與《維摩詰經》卷五云：「住於涅槃而不永滅度。」[33]相契。

由上舉可見，元康忽略經典翻譯之時代先後，而主觀認定之，這是不客觀的。湯用彤不加考證的徵引、應用，因而對〈涅槃無名論〉的作者產生質疑，其誤判自然也易形成。可以說，〈涅槃無名論〉所引用之經文在僧肇之時代已有之，尤其是出自僧肇本人曾為之撰〈序〉之《長阿含經·遊行經》者為多。

二、「頓漸之爭」的問題

湯用彤以為〈涅槃無名論〉中之「九折十演」斥大頓悟說，應是道生之思想。但道生之頓悟說卻在僧肇死後才提出，故此論是劉宋初年頓、漸之爭時的作品。湯用彤這個說法，乃根據慧達

---

[30] 唐·元康：《肇論疏》，頁193上。
[31] 唐·元康：《肇論疏》，頁194中。
[32] 唐·元康：《肇論疏》，頁195中。
[33] 僧肇《注維摩詰經》云：「欲言住涅槃而不復滅度，是以處中道而行者，非在生死非住涅槃。」（《大正藏》第38冊，頁380上）。

《肇論疏》而來。橫超慧日之回應在上文已述之。賴鵬舉則認為〈涅槃無名論〉之第十二〈詰漸〉與第十三〈明漸〉乃針對慧遠法性論之「頓悟觀點」而發，係延續羅什與慧遠的「問答」而來。且，「中國佛教頓、漸問題的產生，既不始於道生，也不始於慧遠，而是遠在道安時代就開始了」[34]。

賴氏論證的方法不同於橫超慧日，但亦僅止於羅什與慧遠《鳩摩羅什法師大義》的運用與說明，沒有再就佛教思想史上「頓漸」之發展，往前推究。實際上，羅什與慧遠頓漸思想的源頭是不一樣的。

「頓漸之爭」一直是佛教修行重要的課題。《阿含經》有「漸次無間」與「一頓無間」之爭，發展到部派佛教則有「漸現觀」與「頓現觀」之爭。雖然現存漢譯《雜阿含經》沒有主張「一頓無間」的經文[35]，但依《阿毗達磨大毗婆沙論》而言，

---

[34] 賴鵬舉：〈中國佛教義學的形成——東晉外國羅什「般若」與本土慧遠「涅槃」之爭〉，頁377。

[35] 《雜阿含經》第四三五經記載了有關「漸次無間」與「一頓無間」之爭。其文云：「如是我聞，一時佛住舍衛國祇樹給孤獨園，時須達長者往詣佛所，稽首佛足，於一面坐，白佛言，世尊，此四聖諦為漸次無間等，為一頓無間等。佛告長者，此四聖諦漸次無間，非頓無間等。佛告長者，若有說言於苦聖諦未無間等，而於彼苦集聖諦、苦滅聖諦、苦滅道跡聖諦無間等者，此說不應。所以者何？若於苦聖諦未無間等，而欲於苦集聖諦、苦滅聖無間等者，此說不應。所以者何？若於苦聖諦未無間等，而欲於苦集聖諦、苦滅聖諦、苦滅道跡聖諦無間等者，無有是處。猶如有人，兩細樹葉連合為器，盛水持行，無有是處。如是，於苦聖諦未無間等，而欲於苦集聖諦、苦滅聖諦、苦滅道跡聖諦無間等者，無有是處。譬如有人，取蓮華葉連合為器，盛水遊行，斯有是處。如是，長者，於苦聖諦無間等已，而欲於苦集聖諦、苦滅聖諦、苦滅道跡聖諦無間等者，斯有是處。是故，長者，於四聖諦未無間等者，當勤方便，起增上欲，學無間等。」（《雜阿含經》，《大正藏》第2冊，頁112下-113上）這是主張「漸次無間」的經文，而「一頓無間」的經文在漢譯《阿含經》未保留下來。

「說一切有部」與「分別論者」有關「漸現觀」與「頓現觀」之爭，雙方各有經典之依據。「說一切有部」主張「漸現觀」，評斥「大眾、分別說部」所主張之「頓現觀」[36]。可以說，頓漸兩派之爭由來已久[37]，後代「頓漸」思想之爭其來有自。

　　頓漸相爭一直持續著，在西域佛教同時代之「達磨多羅」與「佛大先」[38]（？-410）之頓漸亦是「部派佛教」之延續。達磨

---

[36] 《阿毘達磨大毘婆沙論》卷第五二云：「五部煩惱者，謂見苦所斷乃至修所斷。五部對治者，謂苦忍苦智是見苦所斷對治，乃至道忍道智是見道所斷對治，苦集滅道及世俗智是修所斷對治。」（《大正藏》第27冊，頁268上）「苦忍苦智」是見苦所斷對治，「道忍道智」是見道所斷對治，「苦集滅道及世俗智」是修所斷對治，是有層次。此外，《阿毘達磨大毘婆沙論》卷七八又云：「問，先因後果隨順次第，何故行者先現觀苦後現觀集？答，知苦斷集次第順故。問，知苦斷集順何次第？答，此順世間伐樹次第，謂伐樹者先斷枝等然後拔根，伐生死樹次第亦爾，先知苦者如斷枝等，後斷集者如拔樹根。問，先道後滅隨順次第，何故行者先現觀滅後現觀道？答，證滅修道次第順故。……如是現觀若對諸諦名自相觀，若對諸蘊名共相觀。由對諸蘊名共相觀，故現觀時名觀共相，由對諸諦名自相觀，故於四諦不頓現觀，復次一諦非四，四諦非一，故於四諦不頓現觀。……先別觀欲界滅，後合觀色無色界滅，先別觀欲界道，後合觀色無色界道，故無頓觀四聖諦義。」（同上，頁405上中下）此「伐樹之喻」，先枝後根，修行之道次第亦然。又《阿毘達磨大毘婆沙論》卷一百零三，為破「分別論者」亦有經典依據之說：「謂或有說，於四聖諦一時現觀如分別論者，問彼何故作是說，答彼依契經，如世尊說，若於苦諦無有疑惑，於集滅道諦亦無疑惑，既於四諦頓無疑惑，故知現觀定頓非漸。……佛告居士，諸瑜伽師，於四聖諦定漸現觀，如漸登上四桄梯法。」（同上，頁533上中）以此「佛言」批「分別論者」（即大眾、分別說部）之頓現觀。

[37] 印順以為：「怎樣的修行，才能見諦理，不是從論理中得來，而是修行者以自身的修驗教人，漸形成不同的修行次第。對於這兩派，我以為都是可行的。」（見氏著：《印度佛教思想史》，臺北：正聞出版社，1988年9月二版，頁72）。也就是說，這是修行經驗的不同，所以有不同的主張，沒有對錯之別。

[38] 按「佛大先」非「覺賢」（即佛陀跋陀羅），陳松柏以為「佛大先」是「覺賢」（見氏著：《竺道生頓悟思想之研究》，1989年，國立高雄師範大學國文研究所碩士論文，頁76）。「佛大先」又譯為「佛陀斯

多羅，即晉譯之「曇摩多羅」、唐譯之「達磨邏怛」，就是「法救」之音譯[39]，為說一切有部之論師。據《出三藏記集》卷九載，達摩多羅於富若密羅之後出世，與佛陀斯那（佛大先）共於罽賓地方弘宣大乘禪法，並合著《達摩多羅禪經》[40]。

又依《梁高僧傳》卷三〈智嚴傳〉，智嚴到罽賓，於摩天陀羅精舍親受佛大先禪法，由此推知東晉隆安年間（397-401）佛大先仍健在。達摩多羅是菩薩，是天竺而不是罽賓，是頓禪而不是漸禪[41]。似乎「達摩多羅」主張「頓悟」，而「佛大先」主張「漸悟」。印順指出：

> 頓禪，由曇磨（多）羅從天竺（南印或中印）傳來罽賓，經婆陀羅而傳與佛陀斯那（即佛大先）。曇磨多羅（即達摩多羅）又從佛陀斯那受漸禪，彼此成相互承學的關係。[42]

達摩多羅與佛大先兩人有交互師承之關係，佛大先以漸入為主[43]，而達摩多羅則主頓入。

那」，是「覺賢」的老師。印順說：「漸禪，是罽賓舊有的，遠宗僧伽羅叉，到不若密多倫（又作富若密羅）而大成。經富若密羅、佛陀斯那，而傳與覺賢。」（見氏著：《以佛法研究佛法》，臺北：正聞出版社，民81年2月修訂一版，頁209），兩人為師生關係。

[39] 印順：《說一切有部為主的論書與論師之研究》（臺北：正聞出版社，1987年2月四版），頁246。

[40] 東晉・佛陀跋陀羅譯：《達摩多羅禪經》（《大正藏》第15冊，頁300下-325下）。丁福保編著《修訂新版大藏經總目錄》把「佛陀跋陀羅」誤寫為「佛陀跋跋羅」（臺北：新文豐出版公司，1983年1月再版，頁68）。

[41] 印順：《中國禪宗史》（臺北：正聞出版社，1987年4月四版），頁254。

[42] 印順：《以佛法研究佛法》（臺北：正聞出版社，1992年2月修訂一版），頁209。

[43] 印順：《印度之佛教》（臺北：正聞出版社，1987年9月二版），頁243。

　　到中國來的覺賢（359-429），即是繼承佛大先的禪法，是有部近於論師的聲聞瑜伽[44]，與同樣到中國來的羅什所傳之禪法不同，羅什之禪法是北印譬喻系的禪法[45]。由於理念不同，因此發生覺賢被擯斥的事件[46]。覺賢先在長安，遭羅什門下之抵排，乃與其弟子慧觀（約382-約453）等四十餘人俱發廬岳。慧遠久服覺賢之風名，且慧觀乃慧遠之弟子，故覺賢乃往就之。慧遠請覺賢譯出達摩多羅與佛大先所著之《達摩多羅禪經》。書成，慧遠為之作序。因此，從中國佛教史的觀點而言，頓悟與漸悟的對峙爭議，早在晉末達摩多羅和覺賢的禪經論點中，就已開啟端倪。達摩多羅與覺賢的禪法，揭開中國佛教頓漸之爭的序幕，以下則有羅什與慧遠的討論，而僧肇〈涅槃無名論〉之「頓漸」乃與此接榫。

　　關於達摩多羅與佛大先所合著之《達摩多羅禪經》，慧遠〈廬山出修行方便禪經統序〉云：

　　　　自達磨多羅與佛大先，其人西域之俊，禪訓之宗，搜集經要，勸發大乘，弘教不同，故有詳略之異。達磨多羅闔眾

---

[44] 印順：《說一切有部為主的論書與論師之研究》，頁616。

[45] 印順：《說一切有部為主的論書與論師之研究》，頁367。

[46] 梁‧慧皎《高僧傳》卷二〈佛陀跋陀羅〉云：「秦主姚興專志佛法，供養三千餘僧，並往來宮闕盛修人事，唯賢守靜不與眾同。後語弟子云：『我昨見本鄉有五舶俱發。』既而弟子傳告外人，關中舊僧咸以為顯異惑眾。又賢在長安大弘禪業，四方樂靖者並聞風而至，但染學有淺深，得法有濃淡，澆偽之徒因而詭滑，有一弟子，因少觀行，自言，得阿那含果，賢未即檢問，遂致流言大被謗讀。……道恒等謂賢曰，佛尚不聽說己所得法，先言五舶將至，虛而無實，又門徒誑惑互起同異，既於律有違，理不同止，宜可時去，勿得停留。賢曰，我身若流萍，去留甚易，但恨懷抱未申，以為慨然耳，於是與弟子慧觀等四十餘人俱發。……遠以賢之被擯，過由門人，若懸記五舶止說在同意，亦於律無犯。乃遣弟子曇邕致書姚主及關中眾僧解其擯事。遠乃請出禪數諸經。」（《大正藏》第50冊，頁335上中）。

篇於同道，開一色為恒沙。其為觀也，明起不以生，滅不以
盡。雖往復無際，而未始出於如，故曰：色不離如，如不
離色，色則是如，如則是色。佛大先以為澄源引流，固宜
有漸，是以始自二道，開甘露門，釋四義以反迷，啟歸塗
以領會。分別陰界，導以正觀，暢散緣起，使優劣自辨，
然後令原始反終，妙尋其極，其極非盡，亦非所盡。乃曰：
無盡入于如來無盡法門，非夫道冠三乘，智通十地，孰能洞
玄根於法身，歸宗一於無相，靜無遺照，動不離寂者哉？[47]

這段有關覺賢所傳達摩多羅之禪法特色，印順加以解析，並指出
其與羅什禪法不同之所在。其文云：

覺賢初「開一色為恆沙」，故「眾微成色，色無自性，故
雖色常空」。次觀「起不以生，滅不以盡，雖往復無際，
而未始出於如」。此即極微之恆住自性，故不許「破析一
微」。「一微空故眾微空，眾微空故一微空」，非極微自
性空之謂。蓋自一一微之常如，不生不滅，無彼假色之空
耳。初析色明空，次體色常如，不出一切有見。即此差別
之實有而混融之，則與大乘妙有者合流。此與什公「佛法
中都無極微之名」之緣起性空學，相去甚遠。[48]

可見覺賢所傳的是一切有部「三世實有，法性恆住」的思想[49]。

---

[47] 梁・僧祐：《出三藏記集》卷九，頁66上。
[48] 印順：《佛教史地考論》（臺北：正聞出版社，1992年4月修訂一版），
頁21。
[49] 關於《達摩多羅禪經》之內容，學者的意見頗不一致。忽滑谷快天〈達
摩以前中土之禪學〉說：「此經所說，皆出家之通相。最後於觀十二因

一切有部從分析的見地，分析色法（物質）到了「極微」，以為此極微是實有，其法體是常位自性的，沒有生、住、滅可說。而羅什所傳的是龍樹「都無極微之名」之「緣起性空」的思想，兩者思想相去甚遠。慧遠認識的是覺賢這種「有部」思想，對於空宗所知無幾，因此與羅什的觀點自是不同[50]。

此外，在《鳩摩羅什法師大義》，慧遠問：

> 云：四道與辟支佛智及滅智，皆是菩薩之忍辱，意似是學
> 彼滅智，以成此忍。彼學本自不同，法忍云何而成。若必
> 待此而不證，即諸佛世尊大會說法，其中應不俄爾之頃，
> 頓至法忍者。推此而言，反覆有疑。[51]

緣一章，列有三昧之種種狀詞，實有大乘之風焉。」（張曼濤主編《禪宗史實考辨》，《現代佛教學術叢刊》第4冊，臺北：大乘文化出版社，1977年1月初版）。湯用彤以為：「其學當為已經接近大宗之沙婆多。」（見氏著：《漢魏兩晉南北朝佛教史》，頁309）。冉雲華則說：「《達摩多羅禪經》的內容，仍屬小乘範圍。因為這部經中不但沒有〈菩薩品〉一章，甚至連『菩薩』兩個字都不提。而菩薩思想卻是大乘佛教的根本特色。」（見氏著：《中國禪學研究論集》，臺北：東初出版社，1990年7月初版，頁14）。釋道昱〈禪觀法門對南北佛教的影響〉說：「綜合佛陀跋陀羅的禪法，大致上相似於羅什的法門，也都是淵源於西域的禪觀。《達摩多羅禪經》是以不淨、數息二甘露門為基礎所開展出的方便道與勝道，並修四無量心、五陰、六入，而導入十二因緣的『緣起方便觀』。」（《正觀》第22期，2002年9月，頁79）。

50　Richard H. Robinson著，郭忠生譯：《印度與中國早期中觀學派》（Early Madhyamika in India and China）說：「在問分破空中（第十五問，……），遠公再度提到『原子』（極微）的問題。極微是『有』？還是『無』？如果是『有』，則常見是正確；如果是『無』，則斷見是正確的。……遠公對某些阿毘達摩的論題固然學得相當好，但是他對《般若經》該等問題的看法，顯然一無所知。或許吾人不能肯定道安學派的其他成員也是一樣的對空宗並不瞭解，但是像慧遠這樣的高僧，竟然會對空宗所知無幾，這倒頗堪注意。」（南投：正觀雜誌社，1996年12月出版，頁181-182）。

51　東晉・慧遠問、羅什答：《鳩摩羅什法師大義》卷下（《大正藏》第45

慧遠的問題是：如果都是先學聲聞的須陀洹、斯陀含、阿那含、阿羅漢四道與辟支佛的智及滅智，則有無「頓至法忍者」？羅什答云：

> 經云：須陀洹乃至阿羅漢、辟支佛，若智若斷，皆是菩薩無生法忍者。智名學人四智，無學人六智；斷名學人有餘斷，無學人無餘斷，是皆以諸法實相為已用，但二乘鈍故，須以六智。……以小乘智慧鈍故，分為分智。……菩薩利根故，知苦諦一相，所謂無相。……以菩薩深入故，觀四諦為一諦，如《思益經》中，說四諦為一諦。又《般若波羅蜜》中，說聲聞所有智所有斷，皆在菩薩無生法忍中，聲聞人以四諦，入諸法實相；菩薩以一諦，入諸法實相。[52]

「若智若斷」，謂智德與斷德。照了真理，稱為「智德」，即指菩提；斷盡煩惱，稱為「斷德」，即指涅槃[53]。小乘有二：一學人，二無學人。得阿羅漢果名無學，以前有七種學人——初果向、初果、二果向、二果、三果向、三果、四果向，名學人。在學佛的過程中，稱為「學人」；到了修學完成，也就是畢業了，就稱為「無學」。羅什之意以為，菩薩以「一諦」入諸法實相，聲聞以「四諦」入諸法實相，因此有「頓漸」之分。

冊），頁140中。

52 東晉‧慧遠問、羅什答：《鳩摩羅什法師大義》卷下，頁140中-下。

53 北魏‧曇鸞註解《無量壽經優婆提舍願生偈註》卷上：「論智，則義無不達；語斷，則習氣無餘。智、斷具足，能利世間。」（《大正藏》第40冊，頁827上）

在〈次問遍學并答〉中慧遠又問：「如菩薩觀諸法空，從本以來，不生不滅，二乘道者，觀法生滅，何得智及斷，是菩薩無生法忍。」[54]羅什答曰：「二乘雖觀生滅，不別於不生不滅，所以者何？以純歸不異故，如觀苦生滅，觀盡不生不滅，但為盡諦而觀三諦。」[55]此說明二乘觀「無常」，生生滅滅，菩薩觀「空」，不生不滅，此中沒有兩樣，就如觀苦有生有滅，但觀透徹則知不生不滅，無有自性，本來是空。其他觀集諦、道諦也是如此。「空」與「無常」是一，「四諦」即「一諦」，而觀「空」即為「頓現觀」，觀「無常」即為「漸現觀」。

除上述「頓漸」問題外，「三乘」的論題，也是慧遠與羅什問答的課題之一。慧遠問：

> 無漏聖法，本無當於二乘（原作「三乘」）。二乘無當，則優劣不同，階差有分。分若有當，則大乘自有其道，道而處中，其唯菩薩乘平直往，則易簡而通。……又三乘之學，猶三獸之度岸耳。涉深者，不待於假後（往復），假後（往復）既無功於濟深，而徒勞於往返。若二乘必是遍學之所逕，此又似香象，先學兔馬之涉水，然能蹈涉於理深乎？如其不爾，遍學之義，未可見也。[56]

慧遠的問題是：菩薩有無必要先遍學二乘？這是三乘與「無漏聖法」關係的問題。而僧肇〈涅槃無名論〉之「詰漸」與「明漸」亦延續慧遠與羅什而來，而且從「一乘」與「三乘」討論之。

54　東晉・慧遠問、羅什答：《鳩摩羅什法師大義》卷下，頁139上。
55　東晉・慧遠問、羅什答：《鳩摩羅什法師大義》卷下，頁139上。
56　東晉・慧遠問、羅什答：《鳩摩羅什法師大義》卷下，頁139中。

　　基本上，「三乘」問題也屬於「頓漸」的問題。〈涅槃無名論〉之「詰漸」以「有名」設問，即針對慧遠思想而來，其文云：

> 有名曰：萬累滋彰，本於妄想，妄想既祛，則萬累都息，二乘得盡智，菩薩得無生智，是時妄想都盡，結縛永除。結縛既除，則心無為。心既無為，理無餘翳，……。又曰：無為大道，平等不二。既曰無二，則不容心異，不體則已，體應窮微，而曰體而未盡，是所未悟也。[57]

　　有名者以為，「無為」之理唯一，悟則應盡，「體而未盡」則表未悟。此即慧遠〈法性論〉所云：「至極以不變為性，得性以體極為宗」[58]，以為須求得至極不變者方是得其「法性」的思想。〈涅槃無名論〉之「明漸」則以「無名」回答，其文云：

> 無名曰：無為無二，則已然矣。結是重惑，可謂頓盡，亦所未喻。經曰：三箭中的，三獸渡河，中渡無異，而有淺深之殊者，為力不同故也。三乘眾生，俱濟緣起之津，同鑒四諦之的，絕偽即真，同升無為，然則所乘不一者，亦以智力不同故也。夫群有雖眾，然其量有涯，正使智猶身子[59]，辯若滿願[60]，窮才極慮，莫窺其畔，況乎虛無之數，重玄之域，其道無涯，欲之頓盡耶？書不云乎，為學者日益，為道者日損，為道者為於無為者也。為於無為而

---

[57] 後秦・僧肇：《肇論》，頁160中。
[58] 引自梁・慧皎：《高僧傳》卷六〈釋慧遠〉（《大正藏》第50冊），頁360上。
[59] 「身子」，即釋迦牟尼佛的十大弟子之一「舍利弗」——「智慧第一」。
[60] 「滿願」，即釋迦牟尼佛的十大弟子之一「富樓那」——「辯才第一」。

日日損，此豈頓得之謂，要損之又損之，以至於無損耳，
經喻螢日，智用可知矣。[61]

僧肇認為，三乘眾生，俱濟「緣起之津」，同鑒「四諦之的」，
但三乘智力不同[62]，未可「頓盡」，要損之又損（「漸盡」），
才能以致於無。僧肇這種「頓漸」思想即是繼羅什而來。

湯用彤不從慧遠、羅什的《鳩摩羅什法師大義》與僧肇〈涅
槃無名論〉的關係而論，他以為〈涅槃無名論〉之「明漸」與
慧觀[63]之「漸悟論」有關。慧觀〈三乘漸解實相〉見於梁·寶唱
《名僧傳抄》，其文云：

問三乘漸解實相曰：經云三乘同悟實相而得道，為實相理
有三耶？以悟三而果三耶？實相唯空而已，何應有三？若
實相理一，以悟一而果三者，悟一則不應成三。答曰：實

---

[61] 後秦·僧肇：《肇論》，頁160中。
[62] 印順說：「《般若經》中又分為：『一切智』、『道種智』、『一切智
智』。這種序列，是說明了聲聞、菩薩、佛三乘聖者智慧的差別。聲
聞、緣覺二乘人，原也具有通達理性與事相的二方面，稱為總相智、別
相智。但因厭離心切，偏重於能達普遍法性的總相智，故以一切智為
名。大乘菩薩亦具二智，即道智，道種智，但他著重在從真出俗，一面
觀空無我等，與常遍法性相應，一面以種種法門通達種種事相。菩薩度
生的悲心深厚，所以他是遍學一切法門的，所謂法門無量誓願學。真正
的修菩薩行，必然著重廣大的觀智，所以以道種智為名。大覺佛陀，也
可分為二智，一切智，一切種（智）智。依無量觀門，究竟通達諸法性
相，因果緣起無限差別，能夠不加功用而即真而俗，即俗而真，真俗無
礙，智慧最極圓滿，故獨稱一切智智。由這《般若經》的三類分別，便
可見及三乘智慧的不同特性。」（見氏著：《學佛三要》，臺北：正聞
出版社出版社，1994年12月重版，頁170）。
[63] 慧觀其他作品：〈法華宗經要序〉（《大正藏》第55冊，頁57上-中）、
〈修行地不淨觀經序〉（頁66中-67上）與〈勝鬘經序〉（頁67上-中）。

相乃無一可得，而有三，緣行者悟空有淺深，因行者而有三。[64]

湯用彤以為此文相當於僧肇〈涅槃無名論〉之「難差」第八與「辯差」第九之文，兩者皆言「三乘」與「一乘」之分，「差別在人」[65]。因此，湯氏以為〈涅槃無名論〉乃「（劉）宋初頓漸爭論時所作」。

湯氏的說法不合事實。實際上，「三乘與一乘」的問題（即頓漸問題），就如本書第一章「《肇論》之〈宗本義〉的作者問題」所論，在支道林、道安與慧遠時代即為僧眾所討論，僧肇〈涅槃無名論〉即是這個主題的延續，不是到了慧觀才有之。湯氏不明白僧肇當時佛教相關思想問題之探討，因此，對於〈涅槃無名論〉之作者產生懷疑。

綜上而言，〈涅槃無名論〉的作者問題，由於陳・慧達《肇論疏》早有收入〈涅槃無名論〉一文，且經學者之探究，湯用彤的觀點也逐漸被推翻。從橫超慧日與賴鵬舉所提出的辯證，可見〈涅槃無名論〉在佛教相關思想問題的論述上，是有其時代背景與承繼作用的。且可以用來論證〈涅槃無名論〉的作者是僧肇的線索也愈來愈多，本書從〈涅槃無名論〉與〈遊行經〉之關係，以及〈涅槃無名論〉有關「頓漸」的問題再討論，目的都在反駁湯用彤的觀點。可以說，〈涅槃無名論〉的作者確為僧肇，應是無庸置疑了。

---

[64] 梁・寶唱：《名僧傳抄》第十三（《卍續藏經》第134冊），頁16上-下。
[65] 湯用彤：《漢魏兩晉南北朝佛教史》，頁671。

下篇 | 思想推衍

第三章　陳・慧達以降《肇論》註疏觀的演變——「中觀」、「天台」與「華嚴」的詮釋

　　僧肇追隨羅什十餘年，對羅什所譯之般若經典與龍樹論著，皆有其深刻之認識，為羅什門下「解空」之第一人。也因此，其為後人編纂而成之《肇論》，始終被肯定是中國三論宗的代表作之一，而為大家所重視，歷代高僧不管是中觀家、天台家或華嚴家皆加以註疏，且流傳至今。這些歷代註疏家在羅什與僧肇相繼辭世、關中大亂、龍樹思想無人箕裘、且真常思想大量譯出、各宗思想逐漸興起的時代變遷下，如何詮釋《肇論》，又凸顯《肇論》研究史之何種現象，是《肇論》思想研究的重要一環。

　　根據日本學者牧田諦亮〈關於肇論的流傳〉一文的統計，《肇論》之註疏本凡二十三種，見在者有十本[1]，其中明代以前有關《肇論》之重要註本，以陳・慧達《肇論疏》為最早。此外，還有唐・元康《肇論疏》，宋・遵式《注肇論疏》，宋・淨源《肇論中吳集解》[2]與《肇論集解令模鈔》[3]，宋・悟初道全集

---

[1]　牧田諦亮：〈肇論の流傳について〉（塚本善隆編：《肇論研究》，京都：法藏館，昭和29年），頁276-281。

[2]　《肇論中吳集解》作於宋嘉祐三年（1058），乃根據中吳秘思法師的講稿增刪而成，模仿唐・道掖集《淨名經集解關中疏》。宋・淨源《肇論中吳集解》云：「今集中吳秘思法師所撝要辭，直申幽旨。」（王德毅主編：《叢書集成續編》第46冊，臺北：新文豐出版公司，1989年，頁432上）。

[3]　《肇論集解令模鈔》是《肇論中吳集解》論述部分的另一集解，藏於日本名古屋真福寺寶生院。（牧田諦亮：〈肇論の流傳について〉，塚本善隆編《肇論研究》，京都：法藏館，昭和29年，頁279）。本書所引用者，為中

《夢庵和尚節釋肇論》[4]，元‧文才《肇論新疏》、《肇論新疏游刃》與日本《肇論聞書》[5]等重要註本。其中，悟初道全所彙集之《夢庵和尚節釋肇論》[6]向來較不受教界與學界注意。根據牧田諦亮〈關於肇論之流傳〉之研究發現，該書係悟初道全筆錄其師夢庵和尚肇論講義，且依據宋‧遵式《注肇論疏》上新解而成[7]。此外，日本《肇論聞書》[8]，因不得見，亦不在論述之列。

　　這些《肇論》註疏本，是研究《肇論》的重要資料[9]。從南朝

　國學者洪修平提供之北京中國社會科學院哲學研究所圖書室所藏複製本。

[4]　塚本善隆編：《肇論研究》（京都：法藏館，昭和29年），頁1-98。

[5]　此書藏於名古屋寶生院，是鎌倉期寫本（牧田諦亮：〈肇論の流傳について〉，塚本善隆編：《肇論研究》，京都：法藏館，昭和29年，頁281）。今收錄於塚本善隆編《肇論研究》第三篇（頁1-98）。

[6]　這本書還有幾個疑點：（一）「夢庵」不知何許人；（二）悟初道全之事蹟不詳；（三）《夢庵和尚節釋肇論》與遵式《肇論疏》序有何雷同之處；（四）夢庵是否為文才《肇論新疏》中之「庵」禪師。案宋‧遵式《注肇論疏‧序》云：「然古今解釋注疏頗多，取意求文，各隨所見，推宗定教，曾無一家，遂令學者迷文，宗途失旨，遵式初從師授，虛己求宗，後因習學華嚴大經，常睹清涼判釋，盡開五教，取法古師，權實之旨有歸，行解之門可向。」（《卍續藏經》第96冊，頁199下）。而《夢庵和尚節釋肇論》〈序〉改「遵式」為「杲」（塚本善隆編：《肇論研究》第三篇〈夢庵和尚節釋肇論〉，京都：法藏館，昭和29年，頁1）。此外，序後有一大段文字亦抄自遵式《注肇論疏》（塚本善隆編：《肇論研究》，京都：法藏館，昭和29年，頁283-288）。

[7]　牧田諦亮：〈肇論の流傳について〉，頁286。此外，《夢庵和尚節釋肇論》一書中，云：「今此判釋宗教義乘，並依式和尚之疏，賢首之宗五教所立也。」（塚本善隆編：《肇論研究》，京都：法藏館，昭和29年，頁6）在詮釋上，參照遵式疏，亦引用天台「一心三觀」與「三諦」思想，解〈般若無知論〉為「互照乃一心三觀，照前一境三諦」（同上，頁26-27）；再則，以賢首「一心」為詮釋，《夢庵和尚節釋肇論》釋「宗本」即云：「立宗本一義何也？為詮一心之法也。」（同上，頁6）。

[8]　鎌倉期寫本，藏於日本名古屋寶生院（塚本善隆編：《肇論研究》，京都：法藏館，昭和29年，頁281）。

[9]　例如：（一）對於僧肇〈不真空論〉的「三家說」。這些註疏家都提出他們的看法，是後人研究的重要資料。元康《肇論疏》以為「三家」是：

陳‧慧達到元‧文才，跨越近千年的歷史。在這期間，龍樹思想式
微，「三論宗」思想亦衰落，繼三論宗而南傳的是天台宗，從北
齊‧慧文有契於《大智度論》而證得「一心三智」，又讀《中論》
而悟得「空有不二中道」之義，傳南岳慧思（515-577），再由南岳
授天台智顗（538-597），於是逐漸開創了天台宗的宗風。而華嚴宗
從菩提流支譯《十地經論》，慧光（468-537）之宣揚《十地經論》
以及杜順（557-640）之實踐華嚴普賢行，到智儼（602-668）之
發揮華嚴教學的獨創性，以至法藏（643-712）集華嚴教學之大
成。可以說，天台與華嚴已發展成為中國唐以來之重要宗派。

由於這些時代思想背景的不同，《肇論》思想之詮釋也多
少起了變化，本文歸納出下列兩點：（一）陳‧慧達與唐‧元康
等「中觀思想」的詮釋，（二）宋‧遵式、淨源與元‧文才「天

「心無者，破晉朝支愍（敏）度心無義也」、「即色者，破晉朝支道林即
色遊玄義」與「本無者，破晉朝竺法汰本無義也」。（唐‧元康：《肇論
疏》，《大正藏》第45冊，頁171中下）遵式《注肇論疏》則謂「三家」
是：「心無者，破晉朝支愍度心無義」、「即色者，破支道林即色義」
與「本無者，破竺法汰本無義」（宋‧遵式：《注肇論疏》，《卍續藏
經》第96冊，頁237上下）。文才《肇論新疏》以為僧肇所破「三家」者
為：「晉僧道恒心無論」、「東晉支道林即色遊玄論」及「東晉竺法汰
本無論」（元‧文才：《肇論新疏》，《大正藏》第45冊，頁209上）。
（二）關於中國佛教「大頓悟」與「小頓悟」之爭。慧達《肇論疏》云：
「頓悟者，兩解不同，第一竺道生法師大頓悟云：夫稱頓者，明理不可
分，悟語照極，以不二之悟，符不分之理，理智恚釋，謂之頓悟。……第
二小頓悟者，支道琳師云：七地始見無生。彌天釋道安師云：大乘初無
漏慧，稱摩訶般若，即是七地。遠師（即慧遠）：二乘未得無有（當作
「生」字），始於七地，方能得也。埵（當作「瑤」字）法師云：三界諸
結，七地初得無生，一時頓斷，為菩薩見諦也。肇法師（即僧肇）亦同小
頓悟義。」（陳‧慧達：《肇論疏》，《卍續藏經》第150冊，頁858上-
下）湯用彤且引用這些說法質疑〈涅槃無名論〉是否為僧肇所作。（三）
元康《肇論疏》以為〈涅槃無名論〉引用《涅槃經》的看法，引起湯用彤
對於〈涅槃無名論〉是否為僧肇的質疑（詳見第本書第二章）。

台」與「華嚴」的論述。

第一節　陳‧慧達與唐‧元康等「中觀思想」的詮解

　　慧達之生平及思想，除撰作《肇論疏》外，無由得知，而其《肇論疏》是上述這幾本《肇論》重要註疏本中，較徹底掌握中觀思想者[10]，體現出早期《肇論》註疏者之於中觀的學養。

　　唐‧元康，據《宋高僧傳》卷四云：「詔入安國寺講此三論，遂造疏解中觀之理，別撰玄樞兩卷，總明中、百、門之宗旨焉。」[11]元康曾於安國寺講述龍樹之《中論》、《十二門論》與提婆之《百論》，對於「中觀之理」涉獵頗深。其《肇論疏》亦頗能掌握中觀思想[12]，雖然多少融入華嚴思想[13]，但誠如日本

---

[10] 黃百儀：《僧肇〈物不遷論〉思想研究》，認為慧達《肇論疏》雖立論簡要，但完全是站在印度龍樹中觀學的立場（東海大學哲研所碩士論文，1991年5月，頁4-5）。

[11] 唐‧元康，不詳姓氏。宋‧贊寧《宋高僧傳》卷四云：「貞觀中遊學京邑，有彭亨之譽。形擁腫而短，然其性情菖勇，聞少解多，群輩推許，先居山野，恆務持誦觀音，求加慧解，遂感鹿一首角分八岐，厥形絕異。康見之撫而馴伏，遂豢養之。乘而致遠，曾無倦色，以三論之文荷之于背，又以小軸繫之於尾，曳入上都，意為戲弄說有之徒不達空性。我與輕軸碾之令悟真理。……帝聞之喜曰：『何代無其人』。詔入安國寺講此三論，遂造疏解中觀之理，別撰玄樞兩卷，總明中、百、門之宗旨焉，後不測其終。」（《大正藏》第50冊，頁727中-下）。

[12] 對於僧肇〈不真空論〉，元康把正文分為六段以明空。其一，引教以明空；其二，據理以明空；其三，重引教以明空；其四，重據理以明空；其五，就名實以名空；其六，結會以明空（《大正藏》第45冊，頁172上）。

[13] 對於〈物不遷論〉所云：「旋嵐偃嶽而常靜，江河競注而不流，野馬飄風而不動，日月歷天而不周。」（後秦‧僧肇：《肇論》，《大正藏》第45冊，頁151中）元康認為僧肇此意與華嚴思想不謀而合。他說：「《華嚴經》云：譬如長風起，鼓拂生動勢，二俱不相知，諸法亦如是，譬如馳水流，水流無定止，二俱不相知，諸法亦如是。肇法師不見《華嚴》，而作論冥合，自非妙悟玄理，何至於斯乎？」（唐‧元康：

學者牧田諦亮所譽,其實為優秀之作[14],乃較能以「中觀」詮解
《肇論》之註疏本。

此外,宋・遵式與元・文才對於〈不真空論〉也以「中觀」
解讀之,至於《肇論》其他篇章,則逐漸融入天台與華嚴。本文
以「畢竟空」的主張與「二諦說」的詮釋為討論要點。這樣分論
只是為了方便討論,「畢竟空」還是扣著「二諦」而論。

一、「畢竟空」的主張

佛教對於諸法之解釋,由原始佛教所說「緣起」思想後,
發展出主張諸法為「有」(假必依實)之部派佛教,其中可以
「說一切有部」為代表。為對治部派佛教說「有」之思想,佛
教也出現主張一切皆「空」之大乘思想,可以龍樹、提婆之教
說為中心,亦即中觀思想。中觀思想之特色,即在把握「空」
的思想。故以「空」為究竟者,乃「空宗」;以「空」為不究竟
者,乃「有宗」。龍樹中觀學之「空」為主張「畢竟空」之「空
宗」。

僧肇受學於羅什,對於羅什所傳龍樹《中論》一書「空」的
思想,闡揚甚力,這可見諸其〈不真空論〉一文。對於《肇論》
之〈不真空論〉,慧達《肇論疏》開宗明義即說:

《肇論疏》,《大正藏》第45冊,頁168下)依元康的觀點,《肇論》思
想與華嚴思想「冥合」,兩者均屬「妙悟玄理」,故聲通意契。然而,
〈物不遷論〉所謂「旋嵐偃嶽而常靜」等體現法法寂滅無自性,而《華
嚴》有真常不變之思想,兩者自是不同。

[14] 牧田諦亮:〈關於肇論的流傳〉謂:「不知此書(《肇論疏》)何以含
有禪、教等後世始出現之教義,然全書布衍僧肇之意,實為優秀之
作。」(牧田諦亮:〈肇論の流傳について〉,塚本善隆編:《肇論研
究》,京都:法藏館,昭和29年,頁277)。

> 今明不真之文，亦就俗法以明不真。……今明不真，直就
> 萬法以明即空之真。此不真空名，所作兩釋：一云世法不
> 真，體性自空；一云俗法浮偽，遣偽之空，亦非真空，名
> 不真空。若以俗空名不真者，般若之空應名真空。……夫
> 至虛無生者，有非真生，所以為空，空故所以無生，故云
> 至虛無生者，正釋不真空義也。[15]

慧達以此「世法不真，體性自空」，直就萬法說明「自性空」；
而「俗法浮偽，遣偽之空，亦非真空，名不真空」，是以「不真
空」說明非真「空」。所謂萬法「自性空」與「不真空」，皆在
凸顯中觀「畢竟空」為「真空」的主張。而萬物「至虛無生」，
非「自有」、「獨生」，即為僧肇標舉「不真空」的真義。

對於〈不真空論〉，元康云：

> 明空申真諦教也。諸法虛假，故曰不真，虛假不真，所以
> 是空耳。有人云：「真者是有，空者是無，言不真空，即
> 明不有不無中道義也。」此是為蛇畫足，非得意也。若如
> 所云，則空非中乎？大分深義為何所在？既不然矣，今不
> 用焉。所明空者，諸大乘經論皆以空為宗本，今之學者多
> 生誹謗，謂說空者，為不了義，無有慧明，可不悲哉？[16]

此文旨在駁天台於「不有不無」之「空」、「假」外，另立「中
道義」[17]之「三諦圓融」。元康又反駁不了解經中所說「一切皆

---

[15]　陳・慧達：《肇論疏》（《卍續藏經》第150冊），頁864下-865上。
[16]　唐・元康：《肇論疏》（《大正藏》第45冊），頁170下。
[17]　「不有不無中道義」之本義是，離於「有無」兩邊而說「中道」，亦是

空」，不知即「性空」中能建立一切法，而以「空是不了義」、
「不究竟」的說法，此蓋亦針對天台雖「法法畢竟空」、又「法
法宛然有」之「妙有不空」思想而來。元康旨在彰顯中觀諸大乘
經論皆以「畢竟空」為宗本之義。

　　對於僧肇〈不真空論〉所謂：「夫有若真有，有自常有，豈
待緣而後有哉？譬彼真無，無常自無，豈待緣而後無也。」元康
指出：

> 文中二，先釋非有，後釋非無，今初也。豈待緣而後有
> 哉？有若定有，不須待緣生方有也。譬彼真無下，此舉
> 大虛之無以喻有也。若有不能自有待緣而後有下，有要待
> 緣，明知非有也。有非真有下，結明有空也。不無者下，
> 釋非無也。夫無則湛然不動下，若湛然不動，始可名為無
> 也。萬物若無則不應起者。無若定無，則不應緣會而起
> 也，起則非無者，以緣起而生，故知非無也，以明夫緣起
> 故不無也者，明知緣起故非無也。[18]

「有」是緣起「有」，「空」是自性「空」。「有依空立」，
「有」是存在，「空」是無自性。凡存在的，必須依「空」而
立[19]，亦即都必依否定實在性的本性（空）而成立。因此，有是
因緣有，因緣散則無，而其根源在於「空」（自性空），即非自
有、獨成、不變。故元康認為「不真空」乃就「萬物非真」、

「空義」，但天台「空、假、中」之說，乃於「空」、「假」外，另立
「中道」，此為元康所批判。
[18] 唐・元康：《肇論疏》，頁173中。
[19] 印順：《佛法概論》（臺北：正聞出版社，民81年1月修訂二版），頁141。

「非真是假」，故名為空[20]。

　　此外，元康另從「方法論」論述，他認為僧肇〈不真空論〉所言：「以其即萬物之自虛，不假虛而虛物也。」即意謂：「以法自空，不假將空觀，本空法也。」[21]亦即說：「法自空」、「本空法」即「自性空」，非「觀空」而空。「自性空」是說任何一法的本體都是不可得而當體即空。「觀空」是從觀心的作用上說的，是認識論的角度。觀空是唯識宗等所使用的空觀，但不能達到一切法畢竟空。

　　不但如此，關於《肇論》所言「名實問題」，元康並進一步從此「名實問題」申明佛教「空」的概念。元康云：「直明名非實，實非名耳，名實無當，萬物安在者？名不當實，則名非名矣！實不當名，則實非實矣！名實不當，萬物皆空。」[22]「名非實」乃就「假名」而言，「實又非實」乃就「法假」[23]而言。

[20] 唐・元康：《肇論疏》，頁174上。
[21] 唐・元康：《肇論疏》，頁174中。
[22] 唐・元康：《肇論疏》，頁174上。
[23] 對於這個問題，印順有明晰的分辨。他說：「一、假名。名即名稱，凡吾人所覺為如此如此的概念，或是說為什麼的名字，都是名假，此名假是約認識的關係說。因為心識中所現起的相，或是說出的名稱，雖大家可依此了解對象，然這是依名言觀待而假立的，名稱與法的體性，並不一致。如說火，火不即是實火，所以不燒口，故名是假；但若喚『持火來』，而人不持水來，故火名也有世俗之用。二、受假。受，梵文的原義，應譯為取；假，依梵文是施設安立義。《中論》『亦為是假名』的假名，即是此『取施設』。取有攬而圍攏的意義，如房屋是因種種瓦木所成，此房屋即是取假。常說的和合假，與此取假義同。依龍樹菩薩說，此取假中可分多少層。如人是皮骨筋肉等所成，故人是取假。隨取一骨、一皮，也各是眾緣所成，也是取假。故取假可從粗至細有許多層次。總之，凡以某些法為材質而和合為所成的他法，皆是取假。三、法假，即是法施設義。此中的法，即等於薩婆多部所說各有自性的諸法，他們以為分析至最後，有其最終的實在，彼等指此最終的實在為實有，而以和合有者為假有。依《般若經》說，此實法即是法施設。這也是

「名稱」與「法的體性」，並非一致，故說此為「假名」；而「法的體性」，亦是因緣所成，故為「法假」。

遵式《注肇論疏》對於僧肇〈不真空論〉亦頗能詮解。遵式云：

> 不真者，非實也。緣生故物性非實有，緣起故物性非實無。以此而推，性非有無，故曰不真也。言空者，寂也。由事相不真，以顯性本虛寂故。此則不字是能破智，真字是所破執，乃即俗雙破有無也。空字是所顯中道第一義諦也。故《中論》云：因緣所生法，我說即是空，不實有也；亦名為假名，不定無也；亦名中道義，空寂也。又不了緣生者，執有執無，或起異見迷於至理，今以不真雙破二執，令即事契理。理本自寂，故曰不真空。[24]

就「緣生」與「緣起」之關係而言，緣起即相依相緣而起，緣生是被生而已生；說因名緣起，說果名緣生。緣起、緣生解說為能生、所生的因果。故「性非有無」，故說「不真」，是「空」。遵式又引《中論》「因緣所生法，我說即是空，亦名為假名，亦是中道義」之名言以釋僧肇「不真空」之義。

二、「二諦說」的再論

二諦指「真諦」與「俗諦」，在原始佛教經典中，甚少論

因緣所顯的假相，並非離因緣而存在。受假，如瓶、衣、軍、林、人我等，即常識所知的複合體，凡夫執為實有。法假，類於舊科學者分析所得的不可再分析的實質。」（見氏著：《中觀今論》，臺北：正聞出版社，1992年4月出修訂一版，頁176-177）。

[24] 宋·遵式：《注肇論疏》（《卍續藏經》第96冊），頁233上。

及二諦，至大乘經典有關真俗二諦之說愈來愈盛，且諸家各創新義。龍樹中觀思想之二諦說，可見於其《中論》一書，而僧肇則加以運用且表現於〈不真空論〉一文。

　　龍樹之中道論（義）在於綜貫「空有」而說「二諦」。故佛教「空有」的問題，即是「有無」的問題，還涉及「真諦」（勝義諦）與「俗諦」（世俗諦）的問題。而安立「二諦」在於抉擇「空有」。

　　僧肇〈不真空論〉即就此「有無」與「真俗」問題逐步論述。其文云：

> 夫有得即是無得之偽號，無得即是有得之真名。真名故，雖真而非有；偽號故，雖偽而非無。是以言真未嘗有，言偽未嘗無，二言未始一，二理未始殊。故經云：真諦俗諦，謂有異耶？[25]

「有得」與「無得」乃是相對而言。說「有得」其實是「偽號」，「無得」才是「有得」的「真名」。但此「有」與「無」也只是相對而言。故「二言未始一」，即「不一」；「二理未始殊」，即「不異」。亦即說「有」說「無」，既不一也不異。此乃扣緊龍樹《中論》「八不緣起」——「不生不滅」、「不常不斷」、「不一不異」、「不來不去」之「不一不異」思想。

　　對於〈不真空論〉，以「真俗」二諦討論「有無」的問題，慧達《肇論疏》云：

---

[25] 後秦・僧肇：《肇論》（《大正藏》第45冊），頁152中。

> 此經云：直辨真諦以明非有，俗諦以明非無者，一往直論
> 真諦以表非有，俗諦以表非無。雖是二所表無二，此即豎
> 論也。若再往真諦亦表非無，俗諦亦表非有。何者，由真
> 故俗，俗是真俗；由俗故真，真是俗真。故俗真表非無，
> 真俗故俗表非有，此是橫論也。豎橫雖殊，俱是無所得二
> 諦也。[26]

從真理上說「緣起二諦」，講緣起生滅，即是「世俗諦」；講緣
起不生不滅，即是「勝義諦」，故二諦不二，空有無礙。「真諦
以明非有」、「俗諦以明非無」；「真諦亦表非無」、「俗諦亦
表非有」。慧達雖未從「緣起」說「二諦」，但仍以僧肇〈不真
空論〉之「有無」說「二諦」。

對於〈不真空論〉云：「《中論》云：諸法不有不無者，第
一真諦也。」遵式說：

> 此明真俗不二，顯中道妙理，絕諸對待，不墮數量，故云
> 第一。……後顯真俗不二，又真故不有，俗故不無，第一
> 義諦雙非有無。又俗諦諸法具三句，一有，二無，三亦有
> 無。真諦當第四句非有非無，真俗相即。[27]

此一「有」，二「無」，三「亦有亦無」，四「非有非無」，為
一般判斷論議形式之「四句」。遵式以第四句「非有非無」豁顯
「真諦」思想。遵式此種「二諦說」，已從關河之「初重二諦」

---

[26] 陳・慧達：《肇論疏》，頁867下。
[27] 宋・遵式：《注肇論疏》，頁240上。

之以「有」為世諦，「空」（無）為真諦，轉為「二重二諦」[28]
之「若有若空」皆是「世諦」，「非有非空」始名「真諦」。

　　另外，針對〈不真空論〉所云：「故經云：色之性空，非色
敗空。」遵式說：

> 淨名云：喜見菩薩曰色，色空為二，色之性空，非色滅
> 空，色性自空，今引以證成也。敗者滅也，色性緣生，故
> 空，非有也；非待色滅見空，故非無也。[29]

此「非有非無」，正是雙破常見之「有」與斷見之「無」，以顯
中觀之「空」。

　　文才《肇論新疏》對於〈不真空論〉，開宗明義地說：

> 一切諸法無自性生，資緣而起，起而非真，如夢如幻，當
> 體空也。……瘵疾有不真之談，超日有即虛之稱，雙示不
> 真空也。緣起故有非無也，從緣故空非有也。中道之旨於
> 斯玄會，故宗云：不有不無也。若約二諦明空有者，俗諦
> 故非無，真諦故非有，為第一真也。[30]

在文才看來，從「真諦」與「俗諦」的角度而言，「不有亦不

---

[28] 關於二諦，吉藏主張「四重二諦」之說，在其《大乘玄論》卷一，他
　　說：「他但（一者）以有為世諦，空為真諦。今明（二者），若有若空
　　皆是世諦，非空非有始名真諦。三者、空有為二，非空有為不二，二與
　　不二皆是世諦；非二非不二名為真諦。四者、此三種二諦皆是教門。說
　　此三門，為令悟不三。無所依得始名為理。問：前三皆是世諦，不三為
　　真諦？答：如此。」（《大正藏》，第45冊，頁15下）。

[29] 宋・遵式：《注肇論疏》，頁241下。

[30] 元・文才：《肇論新疏》（《大正藏》第45冊），頁208上。

無」也,「有」是「資緣而起」之「有」,「無」是緣起故「無」自性。此亦是「二重二諦」之詮釋方式。

對於慧達與元康註解〈不真空論〉之觀點,澄觀(738-839)評論道:「即通會肇公不真空論,康公云:萬法不真故空,不得肇意。達公云:不遷當俗,俗則不生,不真為真,真但名說,卻得肇意。」[31]他說:

> 言真空是不空空者,即真空上以明中道,謂不空與空無障礙故。言不空者,以空無空相故。重言空者,亦名非不空,謂餘一切相無不盡故,是故非空非不空,名為中道,是真空義。經云:空不空不可說,名為真空。《中論》云:無性法亦無,一切法空故。重言不空,空故名不真空,不有有故名,非實有者,傍會異義,意不殊前。[32]

澄觀之「真空是不空空」,「重言不空,空故名不真空」,已有如來藏真常唯心「不真空」思想。澄觀以為元康「萬法不真故空,不得肇意」,筆者卻以為元康之說屬「關河舊說」,「正得肇意」才是。

至於澄觀所言:「(達公)不遷當俗,俗則不生,不真為真,真但名說。」在慧達《肇論疏》中似乎沒有直接之註文。慧達註〈不真空論〉僅云:「上明不遷,正就今昔以明不遷;今明不真之文,亦就俗法以明不真。」[33]註〈物不遷論〉則云:

---

[31] 唐・澄觀:《大方廣佛華嚴經隨疏演義鈔》卷二三(《大正藏》第36冊),頁242中。

[32] 唐・澄觀:《大方廣佛華嚴經隨疏演義鈔》卷二三,頁242中。

[33] 陳・慧達:《肇論疏》,頁864下。

「今此二論,先觀俗入真,故不遷明俗,不真明真也。」[34]又云:「不遷為俗,而云不遷為真者,謂情為俗,即反常為真故也。」[35]澄觀之說該是他自己的另一種解讀而已。

由上可知,有關僧肇〈不真空論〉,慧達、元康、遵式與文才等人都以中觀思想詮釋之,亦即他們概採佛教中觀「空」義註解《肇論》。而對於「二諦」的詮釋,已從關河古義「初重二諦」之「有無」,變成「二重二諦」之「非有非無」。

第二節 宋・遵式與宋・淨源、元・文才「天台」、 「華嚴」的論述

隨著時代的推進,《肇論》註疏觀出現新的內涵。上述慧達、元康、遵式與文才諸賢,有共通之註疏觀,但從元康之後,隨著天台與華嚴思想的興起,這些註疏家亦逐漸融入天台與華嚴的思想,宋・遵式融入天台,而宋・淨源與元・文才則引進華嚴註解之。

遵式是宋代之大家,宋・惟白編《建中靖國續燈錄》卷十六云:「蘇州定慧院圓義禪師,諱遵式,姓顧氏,姑蘇人。童稚異眾,慕道出家具戒。未幾,首學毗尼,次習大經,洞明淵奧。緣契圓照,傳道印心,行解冰霜,宗教兼濟。三遷叢席,四眾歸依,師範有規,訓學無倦。都尉張侯敦禮奏以師號。」[36]其《注肇論疏》融入天台「一心三觀」與「三諦圓融」的思想。

---

[34] 陳・慧達:《肇論疏》,頁892下。

[35] 陳・慧達:《肇論疏》,頁895上。

[36] 宋・惟白編:《建中靖國續燈錄》(收於藍吉富主編:《禪宗全書》第4冊,臺北:文殊出版社,1988年4月初版),頁240。

　　至於宋・淨源，據《佛祖統紀》云：「晉江楊氏（淨源），受華嚴於五臺承遷，學合論於橫海明覃，還南聽長水《楞嚴》、《圓覺》、《起信》，時四方宿學推為義龍。……時稱中興教主。」[37]淨源一生專主華嚴，被稱為宋代華嚴宗的「中興教主」[38]。基本上，淨源之思想以華嚴為核心，在理解《肇論》上係以華嚴「一心」為依歸。

　　元・文才亦得力於華嚴宗，據《大明高僧傳》載，他「受具後遍遊講肆，盡得賢首之學。」[39]他在《肇論新疏》〈序文〉自陳：「始自好誦斯論（《肇論》），……得雲庵達禪師疏，又數年應寧夏命，復獲唐光瑤禪師，并有宋淨源法師二家註記，反復參訂醇疵紛錯。」[40]這些話勾勒出文才之《肇論新疏》參考「雲庵達禪師疏」、「唐光瑤禪師」與「宋淨源法師二家註記」，其思想核心仍在華嚴。

一、以天台「一心三觀」、「三諦圓融」為核心

　　繼三論宗而起的天台宗，與羅什所傳龍樹中觀學關係深遠，

---

[37] 宋・志磐：《佛祖統紀》，頁294上。

[38] 魏道儒認為，淨源對華嚴宗的貢獻有四：（一）建立了永久弘揚華嚴宗的基地慧因寺；（二）終生致力於華嚴典籍的收集和整理；（三）提出華嚴宗新的傳法世系；（四）以華嚴教義解釋其它較流行的佛教典籍，促動華嚴學在整個佛學中的運行（見氏著：《中國華嚴宗通史》，江蘇：古籍出版社，2001年5月，頁225）。

[39] 元・文才，號仲華，清水楊氏子。根據明・如惺《大明高僧傳》，文才「於古今墳典史籍無不精究，尤邃於理學，好古作，善吟詠，然所秉敦朴若無所知，或對客討論，如河漢莫窺其涯涘。自受具後遍遊講肆，盡得賢首之學。嘗曰：『學貴宗通，言必會意，以意逆志則得之矣！』……初隱成紀築室樹松將欲終焉，故人稱曰：『松堂和尚』。」（《大正藏》第50冊，頁906上-中）。

[40] 元・文才：《肇論新疏》，頁201上。

其「一心三觀」與「三諦圓融」之核心教義，尤其「三諦圓融」
雖轉化於《中論》「眾因緣生法，我說即是空，亦為是假名，亦
是中道義」之名句，但自成其思想系統。

　　「一心三觀」與「三諦圓融」乃互為詮釋。「一心三觀」之
「一心」是指「能觀之心」，「三觀」是指「空、假、中三諦」，
知「一念之心」不可得、不可說，而於一心中圓修空、假、中三諦
者，即稱「一心三觀」；而就一心中圓修空、假、中三諦，空不離
假，假不離中而言，是為「三諦圓融」。作為天台大家之一的遵
式，除了以中觀思想註解《肇論》外，其《注肇論疏》，亦散見
以天台「一心三觀」、「三諦圓融」思想註《肇論》之文。

　　遵式對〈宗本義〉所云：「然則法相為無相之相，聖人之
心，為住無所住矣！三乘等觀性空而得道也。」以天台「一心三
觀」、「三諦圓融」解之。他說：

> 言法相者，通牒三諦境為是也；無相者，雙遮真俗相也；
> 之相者，雙照真俗相也。此則於境乃遮照同時，成第一義
> 諦。……言聖人之心，通標一心三觀，得此觀者，即聖人
> 矣！為亦是也，住者雙照也，無所住者雙遮也，無真俗可
> 住故。此乃心觀照遮，同時成中道觀。……若信解一義之
> 教，則同用一心三觀，照一境三諦，入實則無異。……故
> 說三乘等觀也，若約直進之機，便觀三諦融通。[41]

所謂「法相為無相之相」，乃指「無有法相」；名為「無相」，
此「無相」是為「實相」，故名「無相之相」。惟遵式以為「法

---

[41] 宋・遵式：《注肇論疏》，頁209上-下。

相」是就空、假、中「三諦境」而言，至於「無相」與「之相」乃從「雙遮（非有非無）雙照（亦有亦無）」而言，而「遮照同時」，即成第一義諦。這是天台「三諦圓融」的說法。

所謂「聖人之心，為住無所住」，此就「般若」而言。聖人之心，不住於色、受、想、行、識中，得諸法實相而得解脫，故於諸法中，乃至涅槃，亦無取無捨，是為「住無所住」。這裏，遵式以「一心三觀」通釋之，「住」是「雙照」（亦有亦無），「無所住」是「雙遮」（非有非無），「一心三觀」、「遮照同時」，即成天台的「中道觀」。另所謂「三乘等觀空性而得道」者，「性空」是「有既不有」、「無既不無」，從「緣起」故說因緣「有」，從「緣起」故說自性「無」。遵式依據天台思想伸論，他以為三乘從「一心三觀」、「一境三諦」入，故可說「三乘等觀」。

對於〈宗本義〉：「性空者，謂諸法實相也，見法實相，故云正觀，若其異者，便為邪觀。設二乘不見此理，則顛倒也。」遵式說：

> 真不異俗，故云諸法也，即俗之真是第一義諦，故云實相，……若見真俗有異便為邪觀，……乃至云同真際等法性乃名正觀，以他觀者非見佛也。……設若二乘到實，不見三諦融通之理，則與在權滯寂無異，故云顛倒也。[42]

遵式以為「真俗不二」，然二乘「到實」（登堂）見不到「三諦融通」，則是「在權滯寂」。在他看來，聲聞聖者證入諸法性空

---

[42] 宋・遵式：《注肇論疏》，頁210上。

後，沉空滯寂，不體空、假、中三和合一，是不究竟的。此外，對於〈宗本義〉：「是以三乘觀法無異，但心有大小為差耳。」遵式指出：「三乘入實，同觀三諦融通之法無異。」[43]「入實」與「到實」之異，就如「入室」與「登堂」之別，而他所謂的「三乘入實」而「同觀三諦」圓融，這也是天台宗思想的反映。

基於同樣的思想立場，對於〈宗本義〉：「泥洹盡諦者，直結盡而已，則生死永滅，故謂盡耳。」遵式道：

> 三諦融通，則理事無二；權實智一，則真俗渾融。……具前一心三觀大慧之力，能鑒一境三諦，乃悟惑業生死皆緣會假有。惑業無性，名大菩提；生死性寂，號大涅槃。[44]

〈宗本義〉所云「盡諦」，即「滅諦」。證悟「涅槃」則「煩惱（結）」已斷，「生死永滅」，不受後有。遵式以為能通達「三諦融通」，具「一心三觀」之大慧力，則能體「生死流轉」乃緣會而有，進而悟入「不生不滅」之「大涅槃」。

還有，對於〈般若無知論〉，遵式說：

> 然智一之義，意有兩途，一則權實互具，二乃二用同體。實由二用同體故，權實互通故。對境則真俗互通，在智則根後同體，以一心三觀，照一境三諦，斯為般若無知焉。[45]

「般若無知」，就如「實相無相」。「實相」實無相可取，「般

---

[43]　宋・遵式：《注肇論疏》，頁210下。
[44]　宋・遵式：《注肇論疏》，頁212下-213上。
[45]　宋・遵式：《注肇論疏》，頁252上。

若」亦無智可取,即是說般若無有取相之智。依遵式的觀點,權實諸法相融、平等不二,故「權實互具」,能「一心三觀」、「三諦圓融」,即達「般若無知」之境。

由上可見,遵式之《注肇論疏》雖有「畢竟空」與「二諦說」的龍樹中觀思想,但內容摻雜天台「一心三觀」、「三諦圓融」的思想,至為明顯。

二、以華嚴「一心」及其判教為判準

華嚴宗,乃由依於《十地經論》而成之「地論宗」擴展而來。至隋、唐間,杜順、智儼,自禪出教,開啟華嚴教觀;接著,法藏續承斯緒,他依《華嚴經》,大力闡揚華嚴教學,使該宗放一奇采。基本上,華嚴宗明五門止觀,以華嚴三昧(法界觀)為圓極,法界本於一心:相即相入,事事無礙,重重無盡,是本於真常唯心之禪,故為絕對唯心論,以一切悉為一真法界心所顯現。總判一代時教,為三時、五教、十宗,宗派思想嚴密。

前述以天台註解《肇論》,華嚴家則以華嚴法界本於「一心」之思想詮釋《肇論》,淨源與文才便是其中之佼佼者。淨源在《肇論中吳集解》之〈序〉云:

> 宗本之要,其妙明真心乎!然則心之為義,有性焉,有相焉。推之於相,萬物不遷也;本之於性,萬有不真也。統而括之,唯真俗二諦而已。夫觀二諦之交徹,非般若無以窮其源。窮源極慮,故能內鑒照其真,外應涉乎俗。涉俗亡染,大悲所以不住;照真亡緣,聖智所以無知。以聖智無知之因,冥涅槃無名之果。……然茲四論,宗其一心,

亦猶元、亨、利、貞本乎乾矣！[46]

此處，淨源雖然也提到「真俗二諦」，但強調「宗本之要」旨在「妙明真心」，以「一心」為《肇論》之宗要。在他看來，《肇論》除〈宗本義〉外，其他四論，亦皆「宗其一心」。

這種觀點，淨源在《肇論中吳集解》的其他釋文中所在多有，如釋〈宗本義〉之「本無」二字為「本源妙心，絕諸對待」[47]；又如釋〈宗本義〉之「如其真有，有則無滅」為「真心本有，不逐緣生，則無滅矣！」[48]特標「真心」二字以明「本有」非「緣生」，故無滅之理。這裏，淨源扭曲了中觀「緣起故因緣有」、「緣起故自性無」的思想，以「真心」為「本有」。

再如，淨源釋〈不真空論〉之「故《道行》云：心亦不有亦不無」，為「心，常住真心也，體絕妄想故不有，靈照獨存故不無。」[49]心非自有故是無，心是因緣有故是有，此乃〈不真空論〉所謂「心亦不有亦不無」之意，但淨源卻以為「常住真心」、「體絕妄想」故不有，「靈照獨存」故不無。另如，釋〈不真空論〉之「夫有若真有，有自常有，豈待緣而後有哉？」為「靈照獨存，真心常有，有亦不由緣，豈同萬物待緣生而後有。」[50]淨源以為「真心」「靈照獨存」，不待緣有。他又釋「有非真有」為「從緣而有，故非真心常有」。淨源這種主張

[46] 宋・淨源：《肇論中吳集解》（王德毅主編：《叢書集成續編》第46冊，臺北：新文豐出版公司，1989年），頁432上。
[47] 宋・淨源：《肇論中吳集解》，頁432上。
[48] 宋・淨源：《肇論中吳集解》，頁432下。
[49] 宋・淨源：《肇論中吳集解》，頁439下。
[50] 宋・淨源：《肇論中吳集解》，頁439下。

「真心」才是「真有」，似乎違反了佛教「緣起故有」的思想。

又如，〈般若無知論〉之「然其為物也，實而不有，虛而不無，存而不可論者，其唯聖智哉？」此「物」乃指「聖智」，但淨源卻釋云：「『物』之一字，即本覺真知。」[51]以「物」為「本覺真知」，這不是〈般若無知論〉之本義。

可見淨源以華嚴「真心」貫串《肇論》，以「有宗」取代「空宗」的立場，至為彰顯。他在《肇論集解令模鈔》亦延續這種真心之「一念」思想。其文云：

> 皆在一念者，謂幻有無體，必不異空，真空具德，徹於有表。今以實智觀有即空，權智觀空即有。故云：權實無殊，空有不二，皆在一念也。[52]

不從「緣起」說「有」、「緣滅」說「無」，而以為實智、權智無殊，空有皆在「一念」，可說得自於華嚴「一心」思想。其《肇論集解令模鈔》之解〈不真空論〉亦云：「直以非有非真有，非無非真無。非，不也，《演義》云：『以不不之，故云不真空』。」[53]在他看來，「不真空」即「非真空」，故是「真常妙有」。

《肇論》之「不真空」，意為「不真故空」，一切事物是因緣合和，無有自性，當體即空，故云：「不真空」。非謂有一實體心生起一切事物。唐・元康《肇論疏》尚以「不真即空」釋

---

[51] 宋・淨源：《肇論中吳集解》，頁443上。

[52] 宋・淨源：《肇論集解令模鈔》（北京：中國社會科學院哲學研究所圖書室所藏複製本），頁8。

[53] 宋・淨源：《肇論集解令模鈔》，頁31。

「不真空」。但淨源卻以為「不真空」乃「不空空」，把「空」空掉，強調「真心」，實際上是以「真常唯心論」取代了《肇論》之中觀思想。

再者，淨源說：「論乘真心而理順者，即妙明真心，非集起緣慮之心，故向注云：本源妙心，絕諸對待也。」[54]此「向注」即前所論淨源《肇論中吳集解》一書。他又說：

> 宗本一心，融貫萬有者，則結歸向云：「總萬有之本，莫大乎一心矣！」然此一心融成萬有，四論之下具列明文，……云乘莫二之真心，吐不一之殊教，不遷融萬有也。[55]

以「一心」融貫「萬有」，徹頭徹尾的展現淨源歸宗於華嚴「一心」的思想。由上可知，淨源《肇論集解令模鈔》與《肇論中吳集解》皆宗於一心以釋《肇論》。

同淨源的立場近似，文才《肇論新疏》之註文也融入了華嚴法界「一心」之思想。其疏〈宗本義〉云：

> 本謂根本通法及義，法有通別，通者，即實相之一心，……四論所宗雖殊，亦各述此一心之義也，……非一心無以攝四法，非四法無以示一心。[56]

文才以為「宗本義」在陳述「一心」的義理。他這種「一心」思想，應是受到淨源與永明延壽等人的影響。

---

[54] 宋・淨源：《肇論集解令模鈔》，頁32。
[55] 宋・淨源：《肇論集解令模鈔》，頁108。
[56] 元・文才：《肇論新疏》，頁201中。

　　文才《肇論新疏》深受淨源之啟迪[57]，該書引用甚多淨源之觀點。對於〈宗本義〉之章旨，文才說：

> 四論所崇為宗，本謂根本通法及義。法有通別，即實相之一心。中吳淨源法師云：「然茲四論宗其一心」。然四論雖殊，亦各述此一心之義也。[58]

此淨源之「然茲四論宗其一心」，乃見於其《肇論中吳集解》[59]。文才《肇論新疏》多處徵引淨源的觀點，如關於〈物不遷論〉中「然則所造未嘗異，所見未嘗同，逆之所謂塞，順之所謂通，苟得其道，復何滯焉？」文才說：「中吳淨源法師云：惑者任情逆性而塞，悟者任智順物而通。……若悟不遷之道，

---

[57] 高峰了州著，釋慧嶽譯：《華嚴思想史》云：「該書（文才《肇論新疏》）乃參照：雲庵達疏，及光瑤與淨源大師等註記，作為考究而撰成的名著。」「對於論述華嚴宗本義時，依淨源大師的『四論』宗通，不外以實相的一心。」「且由『一義』，次『緣會』的物，本無等之理具，即邊而不遷，故有〈物不遷論〉的論調。」「在〈不真空論〉，也依二諦空有為主觀，特別舉出《密嚴》、《楞伽》三性說為助證的解釋。」「第三的〈般若無知論〉，般若分為本覺、始覺，《華嚴經》出現品的一切眾生，皆具如來智慧，為本覺；以六度之一為始覺。且比因修與果證，再分實相、觀照、文字而解釋。」「第四〈涅槃無名論〉，是承澄觀大師的智體無自即證如，以真體的冥化萬域；更繼傳宗密大師的無去、無來、冥通三際，把握事理混融之一心的實質。」「換言之：文大師的《肇論新疏》，乃脫去禪的色彩，純然站在華嚴教學的立場，把握於『般若』終頓二教的攝持，且傾向於圓教的內性體驗為旨歸；故其自內性的把握，如大同法師的『萬法一心，不識孰為禪，孰為教！』即將教禪一致，趨依一心的新途徑，得飛躍的進展可知！」（高峰了州著，釋慧嶽譯：《華嚴思想史》，臺北：中華佛教文獻編撰社，1979年12月初版，頁251-252）。
[58] 元·文才：《肇論新疏》，頁201中。
[59] 宋·淨源：《肇論中吳集解》，頁432上。

塞自去矣！」[60]再如，對於〈物不遷論〉「所謂有力者負之而趨，昧者不覺，其斯之謂歟！」他說：「淨云：負之而趨，猶老少形變；昧者不覺，猶人愕然。」[61]又如，對於〈物不遷論〉「然則四象風馳，璇璣電卷，得意毫微，雖速而不轉。」他也說：「源師之意，如能悟毫微不遷之意，雖至遷亦不遷也。此解最正。」[62]足見文才在疏解《肇論》上，認同、繼承了淨源的見解。

此外，文才的思想亦可見永明延壽（904-976）《宗鏡錄》[63]之影子。對於〈物不遷論〉所云：「是謂昔物自在昔，不從今以至昔；今物自在今，不從昔以至今。」文才自言：「予昔讀此，反復不入。及讀永明大師《宗鏡錄》至釋此論，疑滯頓消。」[64]而永明延壽《宗鏡錄》之核心思想亦以「一心」為宗[65]。在這種情形下，文才「一心」思想便得到了「強化」作用。

因浸淫、接受淨源及永明延壽等人的思想著述，這就使文才「宗於一心」的觀點，益為鞏固。文才吸收、消化、引用這些高僧大德之作，形成了他以華嚴「一心」解《肇論》的格局。

---

[60] 元・文才：《肇論新疏》，頁204下。

[61] 元・文才：《肇論新疏》，頁206中下。

[62] 元・文才：《肇論新疏》，頁207中。

[63] 《宗鏡錄》又名《宗鑑錄》或《心鏡錄》，為中華佛教哲學篇幅最長的百科全書，包納的教義有天台、華嚴、唯識與禪宗四家之教義，是綜合討論的長篇大著，非資料彙集而已。主張禪教並重，性相合一，以一心而統萬法，頓悟漸修以證道，對中國佛教之發展影響深遠。

[64] 宋・永明延壽：《宗鏡錄》（《大正藏》第48冊），頁205上。

[65] 宋・永明延壽《宗鏡錄》之〈序〉云：「今詳祖佛大意，經論正宗；削去繁文，惟搜要旨；假申問答，廣引證明。舉一心為宗，照萬法如鏡；編聯古製之深意，撮略寶藏之圓詮。同此顯揚，稱之曰錄。分為百卷，大約三章；先立正宗，以為歸趣，次申問答，用去疑情，後引真詮，成其圓信。」（《大正藏》第48冊，頁407上）。

　　職是之故，應用華嚴判教，也就容易體現在文才身上。文才以華嚴「判教」——小、始、終、頓、圓五教判《肇論》，認為〈物不遷論〉兼有華嚴「終頓二教之義」。他在《肇論新疏》說：

> 今約終、頓二教之義，略示玄妙。初終教者，謂隨緣之理，起成諸事，即事同真，故遷即不遷。……後頓教者，謂法法本真，妄見流動。若一念不生，前後際斷，法非生滅，非遷非不遷也。《華嚴》云：一切法無生云云。若依歸（主）峰略鈔解，緣生之法相同遍計，似生似滅，性同圓成，不生不滅，亦終教意也。今此論中，雙含二教。[66]

文才以為就華嚴終教而言，「遷即不遷」；就頓教而論，「非遷非不遷」。他並舉《華嚴經》「一切法無生」的思想作結。

　　以上可見，從元康之略引華嚴思想以證《肇論》起，遵式以天台「一心三觀」與「三諦圓融」思想解《肇論》，淨源與文才等人都進一步以華嚴「一心」思想釋《肇論》，建構出《肇論》註疏觀的新理路。其中尤以淨源最為徹底，可以說，淨源以華嚴「一心」思想重新建構了《肇論》。

第三節　陳・慧達以來《肇論》註疏觀的檢討

　　陳・慧達、唐・元康以降，以「中觀」解《肇論》之〈不真空論〉頗能掌握其「畢竟空」的思想。而遵式、淨源與文才，因

---

[66] 元・文才：《肇論新疏》，頁203中下。

龍樹思想的沒落，及天台、華嚴各宗思想的興起，逐漸融入自家天台與華嚴的思想。

遵式以天台「一心三觀」與「三諦圓融」思想詮釋《肇論》有其思想淵源。天台宗與中觀思想淵源深厚。天台家藉龍樹《中論》之真諦與俗諦的二諦思想，發揮空、假、中三諦圓融。

天台三諦為空、假、中，「三諦圓融」為即空、即假、即中，三諦只在一心，此為「一心三觀」，即觀空、假、中三諦。智顗《摩訶止觀》卷六下云：「三諦具足，祇在一心，……若論道理，祇在一心，即空即假即中，……三諦不同，而祇在一心。」[67]是這種三諦思想的創發來源[68]。「三諦」抉取於龍樹《中論》的「眾因緣生法，我說即是空，亦為是假名，亦是中道義。」[69]天台家對《中論》這段話的解說是：「眾因緣生法」，故自性空，是空諦；「眾因緣生法」，故是假名有，是假諦；「眾因緣生法」，其本體是非空非有的中道義，是中諦。但「三

---

[67] 唐・智顗：《摩訶止觀》（《大正藏》第46冊），頁84下-85上。

[68] 釋諦觀認為，三諦觀淵源於《仁王經》與《菩薩瓔珞本業經》，但經過龍樹空有無礙思想的引發，到天台宗才完成，所以說三諦思想曾受龍樹思想的啟發，一點也不錯；沒有二諦不礙說，不會有三諦無礙說（釋諦觀：〈三諦三觀說的來源與發展〉，《海潮音》第34卷第5號，1953年5月，頁12）楊惠南〈智顗的「三諦」思想及其所依經論〉認為，智顗作品中的「三諦」一詞，出於《仁王經》與《菩薩瓔珞本業經》二經，而其思想則建立在：（一）《瓔珞經・賢聖學觀品》之「三觀」；（二）《仁王經》稱第一義諦為「心諦」，使得智顗的三諦思想走向唯心之路；（三）《大品般若經》二諦「無異」的思想，乃至《中論》空、假、中三諦偈，也促成智顗建立「三諦圓融」的思想；（四）《大智度論》「一切一時得」，乃至「三智實一切心中得」的段落，開展智顗「一心三智」的「觀心」法門（《佛學研究中心學報》第6期，2001年，頁67-109）。

[69] 印順：《中觀論頌講記》（臺北：正聞出版社，1992年1月修訂一版），頁469。

諦思想」非《中論》本義[70]。龍樹在空、假、中偈並沒有特別把中道提出來，別於「空」（諦）而成一「中」諦之意[71]。《肇論》發揮中觀「空諦」，而天台重視空、假、中無礙的「中」道。遵式運用天台三諦以詮釋《肇論》，這之間的思想是有距離的。至於以華嚴所謂總括宇宙萬有之法界，為「一心」所變造[72]，以法界「一心」詮釋中觀緣起「畢竟空」的思想，則似乎與《肇論》闡述中觀真諦之實質更為脫節了。

基本上，這是分屬不同的思想系統，中觀為「性空唯名」，天台傾向「真空妙有」，華嚴偏重「真常唯心」。但是這些註疏

---

[70] 印順說：「中道是不落兩邊的，緣生而無自性空，空無自性而緣起，緣起與性空交融無礙，所以稱之為中道義，即是恰當而確實的，不是離空有外，另有一第三者的中道。天台家，本前一頌，發揮他的三諦論，在中觀家看來，實是大問題的。第一違明文：龍樹在前頌中明白的說：『諸佛依二諦，為眾生說法』，怎麼影取本頌，唱說三諦說？這不合本論的體系，是明白可見的，第二違頌義：這兩頌的意義是一貫的，怎麼斷章取義，取前一頌成立三諦說。不知後頌歸結到「無不是空者」，並沒有說：是故一切法無不是即空即假即中。」（見氏著：《中觀論頌講記》，頁474-475）。

[71] 關於「印順認為龍樹在空假中偈並沒有特別把中道提出來，別於空（諦）而成一中諦之意」，賴賢宗說：「空亦是假名和非有非無這中道的義理，不僅是空義的必要補充，而且也標識著對『緣起』的理解著重於『起』（Samutpada）以表示『有』之『特義』的方式。……天台宗實相論並未平列空假中三諦，卻說它們是一『圓融』的關係，所以，梵文句法中未平列『空』、『假名』、『中道』的事實，並不足以指責天台三諦說。凸出『假名』，正是走向『圓融』的存有論意。」（賴賢宗：〈人間佛教的宗教社會學與現代性問題——以太虛、印順問題詮釋差異為線索〉，《思與言》第32卷第1期，1994年3月，頁239）從引文中可見，賴氏認為：（一）梵文亦未平列「空」、「假名」與「中道」；（二）天台宗實相論亦未平列「空」、「假名」與「中道」，且凸出「假名」，有走向「圓融」的存有論意。這個看法與印順之說並無衝突，而且印證天台宗走向「圓融」自創一格的體系。

[72] 唐・實叉難陀譯《大方廣佛華嚴經》卷十九云：「若人欲了知，三世一切佛，應觀法界性，一切唯心造。」（《大正藏》第10冊，頁102上）。

家似乎以經典思想為「一貫」而不加分別。而天台宗從龍樹思想而來，受時代思潮的影響，多少有「妙有不空」的氣息。但法法畢竟空，法法宛然有，較之他宗，仍與中觀義接近[73]，而華嚴推闊至「法界緣起」，泛論器世間一切之緣起，而歸之「一心」，則已漸行漸遠。

　　總結而言，註疏前人著作，每每不脫個人之所學所習，以自己所持之觀點詮釋之，甚或由此建立自己的思想系統，這之間也反應整個時代的思潮以及各宗思想交涉的現象。明代之前這幾本重要《肇論》註疏本反映出此一現象，他們或掌握「中觀思想」，或引用天台思想，或融入華嚴思想。從慧達《肇論疏》到文才《肇論新疏》，中觀思想逐漸不受重視，隨著「天台」、「華嚴」思想的興起，以華嚴或天台註解《肇論》似是可以理解的現象。這種發展，正說明中觀思想在中國佛教界的衰落，也凸顯新思想的興起。當然也為明代有關《肇論》之〈物不遷論〉的論辯開啟風氣。

---

[73] 印順：《中觀今論》（臺北：正聞出版社，1992年4月修訂一版），頁192。

第四章　明末《肇論》〈物不遷論〉之爭——「各宗思想」的論辯

　　相較於明代以前，隨著佛教思潮的演變，各宗各派逐步興起而出現或以中觀，或依天台，或引華嚴的「靜態」《肇論》註疏，明末有關《肇論》的討論，除憨山《肇論略註》照應全部《肇論》外，其他論著雖然都僅聚焦於〈物不遷論〉的論諍，卻顯得異常熱鬧，當時的高僧大德幾乎都參與了這場論戰。〈物不遷論〉是《肇論》一書中，最富「理趣」且以推理方式論述的文章。究竟當時論諍的緣起為何？諍論的焦點何在？在明末「各宗並陳」的時代思潮中，彼此如何批判或維護僧肇〈物不遷論〉？這在《肇論》研究史上又具有何種意義？凡此種種都是值得精研細究的。

第一節　明末〈物不遷論〉諍論的肇端

　　關於明末〈物不遷論〉論諍過程與代表人物，江燦騰《晚明佛教叢林改革與佛學諍辯之研究——以憨山德清的改革生涯為中心》第三篇〈叢林改革中的佛學諍辯〉已大有討論，唯江文因受限於論文發展之主軸——以憨山為主，因此在論述上處處受到箝制[1]。實際上，明末〈物不遷論〉的論戰雖因憨山而起，也因憨

---

[1]　江燦騰：《晚明佛教叢林改革與佛學諍辯之研究——以憨山德清的改革生涯為中心》第三篇〈叢林改革中的佛學諍辯〉之第四、五章〈德清

山七十四歲撰著《肇論略註》而作結，但這個諍論的焦點是環繞在鎮澄[2]而非憨山。

憨山在五台山舉辦無遮大會期間，為宣講《華嚴玄談》[3]，而與擅長《華嚴》義學的鎮澄，就唐‧清涼澄觀[4]（以下簡稱澄觀）（738-839）在《華嚴經疏鈔》中對《肇論》的批評，有所商榷。由此，引發了鎮澄對〈物不遷論〉的研究，並對該論之某些觀點存有質疑，尤其是「性空故不遷」與「性住故不遷」的問題，他並撰述成稿，為《物不遷正量論》上卷。其觀點一出，引來多方的批駁，諸如龍池幻有[5]（1549-1614）、無名尊者、密藏

與晚明〈物不遷論〉的諍辯〉（臺北：新文豐出版公司，1990年12月一版），為順應論文的主角憨山，故皆以之為主，但如果以鎮澄為核心，在論述上更順暢、明白。

[2] 鎮澄，字明川，號空印，宛平李氏，年十五投西山廣印寺出家，遊諸講肆，參窮性相宗旨。復從小山笑巖究西來密意，一時義學推為上首。萬曆十年（1582）居紫霞蘭若，同憨山德清建無遮法會，四方學者雲集，受法弟子千計。有《楞嚴正觀》、《金剛正眼》、《般若照真論》、《因明》、《起信》、《攝論》、《清涼山志》等。

[3] 唐‧澄觀：《大方廣佛華嚴經隨疏演義鈔》凡九十卷，其前九卷係著者之華嚴思想綱要，即該書之「玄談」部分，素來備受重視。

[4] 澄觀，越州山陰人，生於天寶初年，卒憲宗元和間，弘法於德宗之世。年齒後荊溪二、三十年，且曾從之習天台止觀。澄觀兼綜博學，如相部、南山之律，金陵玄璧、剡溪慧量之三論，荊溪之天台；南北之禪理，無不綜習。從杭天竺法詵習《華嚴》，因服膺賢首宗。後遊五台、峨嵋，禮文殊、普賢，再還五台山，作《華嚴經大疏鈔》。後奉德宗召入京，參預四十《華嚴》之譯場，力闡賢首宗義於西京。然以參學南方，頗融南學。其「性惡不斷」有取於天台；責慧苑而崇賢首，則有見南方頓禪之盛行，不能忽視或拒絕之也。其弟子圭峰宗密，更進而唱「禪教一致」，為《圓覺經》作疏，彌見南禪之宏偉，影響北方之深而切也。

[5] 正傳，字幻有，號一心，溧陽人。年二十二歲投荊溪靜樂院樂庵薙染。後至北京謁笑巖德寶得法。縛茅五臺秘魔巖，居十三載，後南還說法宜興龍池山禹門寺。師風度簡易，以法道為己任，機用妙密，迴出常情。天童密雲圓悟、磐山天隱圓修，皆出其門，有《龍池幻有禪師語錄》傳世。

道開、海印大士、一幻道人與雲棲袾宏（1532-1612）等人[6]，皆反對鎮澄的觀點。鎮澄則針對這些問題一一回應，收在《物不遷正量論》下卷。

此外，論者為反駁鎮澄觀點，而有不少專書留下來，包括真界《物不遷論辯解》、道衡《物不遷正量論證》[7]與龍池幻有〈物不遷題旨〉等著作，甚至憨山《肇論略註》亦針對這問題而發。可以說，論戰的範圍皆環繞著鎮澄，反對聲浪蓋衝著鎮澄而來。而諍論係從澄觀有關〈物不遷論〉之評論而起。因此，對於僧肇〈物不遷論〉有關「動靜」的討論，不管反對者或認同者，對於澄觀的論點，都必須回應。這方面是江燦騰《晚明佛教叢林改革與佛學諍辯之研究——以憨山德清的改革生涯為中心》第三篇〈叢林改革中的佛學諍辯〉著墨較少的[8]。此處先歸結澄觀的看法，再列舉各家對澄觀的評論。

一、從澄觀的觀點談起

明末有關〈物不遷論〉之辯，肇因於憨山向鎮澄舉出澄觀評僧肇〈物不遷論〉「物各性住，濫同小乘（即「部派佛

6　紫柏真可（1543-1603）雖未參與這場論戰，也撰述〈物不遷論跋〉、〈書肇論後〉與〈書般若無知論後〉三篇短文，發表他對《肇論》的意見。其〈物不遷論跋〉云：「予聞入無生者，方知剎那。……即此以觀心轉不轉、生相滅相，皆不越一剎那耳。而物非物、遷不遷，又豈能越之哉？予以是知駁不遷、辯不遷者，剎那未知，無生尚遙，而駁駁辯辯，得非掉棒打水月乎？則予亦不免多口之咎。」（《紫柏尊者全集》卷十五，《卍續藏經》第126冊，頁896）紫柏以為悟「無生」者，方知剎那不生不滅。駁不遷、辯不遷者不知此理，多辯無義。

7　案新文豐出版公司編審部《新編卍續藏經總目錄索引》誤植為「《物不遷正量證》」（臺北：新文豐出版公司，1983年1月再版，頁70）。

8　江燦騰：《晚明佛教叢林改革與佛學諍辯之研究——以憨山德清的改革生涯為中心》（臺北：新文豐出版公司，1990年12月一版），頁221-226。

教」）」。憨山在〈與五台月川法師〉簡要說明了這段因緣。他說：「聞足下始因不肖舉清涼謂物各性住於一世之語，濫同小乘，無容從此轉至餘方之說，遂有此駁。」[9]由此可見，澄觀與明末〈物不遷論〉之論諍，關係甚大。

關於澄觀〈物不遷論〉「濫小乘」之言，首見於其《大方廣佛華嚴經隨疏演義鈔》[10]。其文云：

> 釋曰：觀肇公意，既以物各性住而為不遷，則濫小乘，無容從此轉至餘方。下論云：故談真有不遷之稱，導物有流動之說。此則以真諦為不遷，而不顯真諦之相。若但用於物各性住為真諦相，寧非性空無可遷也。[11]

澄觀認為〈物不遷論〉所云：「若古不至今，今亦不至古，事各性住於一世，有何物而可去來。」這種說法是：「以物各性住而為不遷，則濫小乘。」澄觀這段文字其實是他《大方廣佛華嚴經疏》[12]卷十四的再延伸。

---

[9] 明·憨山著、福善日錄、通炯編輯：《憨山老人夢遊集》第1冊（臺北：新文豐出版公司，1992年初版），頁651。

[10] 唐·澄觀：《大方廣佛華嚴經隨疏演義鈔》凡九十卷，乃其六十卷《大方廣佛華嚴經疏》之註釋書。

[11] 唐·澄觀：《大方廣佛華嚴經隨疏演義鈔》卷三一（《大正藏》第36冊），頁239中。

[12] 《大方廣佛華嚴經疏》共六十卷，又稱《華嚴經疏》、《新華嚴經疏》、《清涼疏》、《華嚴大疏》、《大疏》。本疏敘述新譯《華嚴經》（八十卷）之綱要，並解釋其文義。係針對當時華嚴宗僧多違背祖師法藏之說，故作此書復興之。該書現收於《大正藏》第35冊。其撰著年代，依宋·贊寧《宋高僧傳》卷五〈澄觀傳〉：「起（唐德宗）興元元年（784）正月，貞元三年（787）十二月畢功。」（《大正藏》第50冊，頁737中）。

澄觀《大方廣佛華嚴經疏》卷十四之原文如下：

> 是則前後互不相至，名無自性，只由如此無知無性，方有
> 流注，則不流而流也。肇公云，江河競注而不流，即其義
> 也。然上云前後者，通於二義：一生滅前後，謂前滅後生
> 互相引排；二此彼前後即前波後波。小乘亦說當處生滅，
> 無容從此轉至餘方，而不知無性緣起之義耳。[13]

澄觀以為大乘所謂「前後互不相至」，其背後乃「無自性」的
觀點；而小乘亦有「無容從此轉至餘方」之說，但是執有「自
性」的主張。且這裏所說「小乘亦說當處生滅，無容從此轉至餘
方」，當是原來之提法；而《大方廣佛華嚴經隨疏演義鈔》所言
「濫同小乘」，則是此觀點之再發揮。澄觀所謂「無性緣起」，
即「無自性緣起」。小乘這些執有自性者，執生執滅，流為有見
無見，故不知「無性緣起」之義。

　　所謂「無性緣起」，是中觀者——大乘經義，從緣起本性空
的深觀中，以此生滅替代有無而否定（除其執而不除其法）「一
切法」。如從無自性的緣起而觀：生滅即如幻如化的變化不居的
心色等法，即不離時空的活動者。從特別明顯的見地去分別：生
滅（法）的時間相，即相似相續，不斷而又不常的。生滅（法）
的空間相，即相依相緣，不異而不即是一的。此生滅的運動相，
即時空中的生滅者，生無所從來而滅無所至。此為如幻的無性緣
起說[14]。

---

[13] 唐・澄觀：《大方廣佛華嚴經疏》卷十四（《大正藏》第35冊），頁603
上-中。

[14] 印順：《中觀今論》（臺北：正聞出版社，1992年4月修訂一版），頁

　　說明何謂「無性緣起」外，關於澄觀的批評還有待討論兩個問題，其一是何謂「小乘」？其二是澄觀之意為何？

　　中國佛教僧眾對於「小乘」思想，基本上較為陌生。「小乘」佛教即是部派佛教，它有不同的派別。依據釋悟殷之研究，有關部派佛教「時間體的諍議」，其中談到譬喻者分別論師主張「世體是常」，把時間看作獨立存在的實體，常恆而不動[15]。也就是說，把時間看成流變諸法（行）以外的恆常不變體，一切法的生、住、滅都是流轉於恆常固定的時間中。

　　澄觀以為僧肇「物各性住而為不遷」似有「世體是常」的觀點，故批評〈物不遷論〉「濫同小乘」。

二、各家對澄觀的評論

　　從上可知，澄觀「濫小乘」的說法，是後來鎮澄批〈物不遷論〉的肇端。鎮澄因澄觀之說，引發他何種批評？當時參與論戰的高僧大德又如何對澄觀的觀點作出澄清？這是可以進一步探究的。

　　首先，鎮澄在《物不遷正量論》中開宗明義地說：

> 澄初讀肇公〈物不遷〉，久之不喻，及閱《雜華鈔》[16]，觀國師則以為濫同小乘，不從此方遷至餘方之說，遂再研其論，乃知肇師不遷之說，宗似而因非，有宗而無因也。觀其〈般若無知〉、〈涅槃無名〉之論，齊有一空，妙協

　　93-94。

[15] 釋悟殷：《部派佛教──實相篇、業果篇》（臺北：法界出版社，2001年3月初版），頁35-36。

[16] 《雜華鈔》即澄觀《大方廣佛華嚴經隨疏演義鈔》凡九十卷，是澄觀六十卷《華嚴經疏》再敷衍而成。

真俗，雅合修多羅，雖聖人復起不易其言也。獨於〈物不遷〉則失之。[17]

鎮澄以「宗似而因非」、「有宗而無因」總結地批評僧肇〈物不遷論〉。可以說，澄觀的「濫小乘」引發了鎮澄的靈感，以大乘般若經典「性空」說，反駁〈物不遷論〉的類似小乘的「性住」說。

然對於澄觀《華嚴鈔》判〈物不遷論〉為俗諦，濫同小乘外，鎮澄又進一步提出意見。他說：

觀國師以為濫同小乘者，然小乘以有為之法剎那滅故，不從此方遷至餘方，不違大乘空義。肇公以昔物不滅，性住於昔而說不遷，則於大乘性空之義背矣！[18]

在鎮澄看來，「小乘」不從此方遷至餘方之說，不違大乘空義，而僧肇從「性住於昔」說「不遷」，則背於大乘性空之說。

鎮澄又說：「小乘以剎那滅故，前不至後，肇師以前念不滅，性住於前，不到後念，豈同小乘哉？」[19]在鎮澄的觀念中，小乘「剎那生滅」之觀點，與僧肇「前念不到後念」之說法不同。其意在於反駁澄觀的看法，以為澄觀高估了〈物不遷論〉，實際上〈物不遷論〉乃「外道常見」[20]。言下之意，〈物不遷論〉的觀點是非佛教的。

---

[17] 明・鎮澄：《物不遷正量論》（《卍續藏經》第97冊），頁730上。
[18] 明・鎮澄：《物不遷正量論》，頁733上。
[19] 明・鎮澄：《物不遷正量論》，頁742上。
[20] 明・鎮澄：《物不遷正量論》，頁752下。

　　贊同僧肇〈物不遷論〉之說者，如無衣老人、真界、龍池幻有等人對於澄觀的意見也各有解讀，或反駁之，或肯定之。

　　無衣老人在〈龍池幻有禪師駁語引〉[21]一文中，批駁澄觀「以物各性住而為不遷，則濫小乘，無容從此轉至餘方」之說，乃「殊未知肇公作四論，依三諦立宗，本有五法，且物不遷何嘗外此別有性住義體，但易其名耳。」[22]他且進一步批判澄觀：

> 清涼但知初據性空，引江河競注而不流，以不相到故為不相知，而未會性住、性空一體實相，知輒未曾相到耳。又但知物各性住濫小乘，無容從此轉至餘方，而未知小乘此生此滅，與大乘空義當生即有滅，不為愚者說，無間一線，以心有大小為差，又以性空故不流而見有流，物不遷乃即流而不見有流，其旨竟不相侔者矣。[23]

無衣老人意在評騭澄觀之不當，他以為「性住、性空一體實相」、「小乘此生此滅與大乘空義當生即有滅」同義，故「物不遷」與「性空」相侔。

　　相反的，真界則為澄觀的說法提出澄清。真界認為，鎮澄倚傍澄觀《疏鈔》所言「濫於小乘」以駁僧肇〈物不遷論〉。其實澄觀之意並非如此，其說實有「不獨小乘」之意。真界說：

---

[21]　此文撰於萬曆丙午（1606）（明・圓悟等編：《龍池幻有禪師語錄》卷十一，藍吉富主編：《禪宗全書》第53冊，臺北：文殊出版社，1989年12月初版，頁397下）。

[22]　明・無衣老人：〈龍池幻有禪師駁語引〉（明・圓悟等編：《龍池幻有禪師語錄》卷十一，藍吉富主編：《禪宗全書》第53冊），頁396下。

[23]　明・無衣老人：〈龍池幻有禪師駁語引〉，頁397上。

蓋《疏鈔》謂肇公所言物不遷濫於小乘者，以小乘論云：
有為之法，若此處生即此處滅，無容從此轉至餘方。
《鈔》釋曰：此生此滅，不至餘方，同不遷義，而有法
體，是生是滅，故非大乘。大乘之法，緣生無性，生即不
生，滅即不滅，故遷即不遷，則其理懸隔。然肇公論則含
二意，顯文所明，多同前義。蓋由肇公意，以物各性住為
不遷，則濫小乘，無容從此轉至餘方故。然下論云：談真
有不遷之稱，導俗有流動之說，此則以真諦為不遷，而不
顯真諦之相。若但用於物各性住為真諦相，寧非性空無可
遷也。[24]

對於澄觀該段文字，真界的解讀是：（一）《疏鈔》之說含有二
意，則不獨小乘而已；（二）「物各性住」與「小乘」無容從此
轉至餘方，理實懸隔；（三）以物各性住為真諦相，即是以無物
無住為真諦不遷[25]。

真界還進一步徵引永明禪師所謂：「肇公所言性住，是以無
性為性也」[26]，以佐證之。在真界看來，澄觀不在批評僧肇〈物
不遷論〉。

與真界的看法相左，龍池幻有從否定角度品評澄觀。他在
〈駁語〉中說：

且據《疏鈔》用性空義有生滅前後、此彼前後二釋，總屬
真常法無差所證，乃不流而流者也，而弗會肇師用性住義

24 明・真界：《物不遷論辯解》（《卍續藏經》第97冊），頁761上。
25 明・真界：《物不遷論辯解》，頁761上-下。
26 明・真界：《物不遷論辯解》，頁761下。

證不遷，亦屬真常法遷而不遷者。然遷而不遷所謂性住，不遷而遷所謂性空也。……〈不真空論〉方顯性空義，約俗諦為不遷耳。以此則知清涼猶未得其機會，豈亦不被殊文所惑耶？[27]

龍池幻有以為澄觀誤解的原因在於：（一）未理會僧肇用性住義證不遷，亦屬真常法遷而不遷，（二）〈物不遷論〉乃約俗諦為不遷。在他看來，澄觀錯解了僧肇〈物不遷論〉的原義。

　　龍池幻有且認為，永明、壽洪、覺範、大慧、中峰諸大老咸取《肇論》語為之準繩，唯清涼則以小乘此生此滅，不至餘方，同不遷義，而有法體是生是滅故非大乘[28]。他對於澄觀之見解，不以為然。

　　憨山對澄觀甚為崇拜，他對〈物不遷論〉之理解，實得力於澄觀之《華嚴大疏》[29]。他並說澄觀以僧肇〈物不遷論〉「妙契佛義」[30]。因此，憨山認為澄觀「濫小乘」之意，宜作如下之解：

然清涼疏中自有二意。且云：顯文似同小乘云云，其實意在大乘，生即不生，滅即不滅，遷即不遷，原清涼意，正恐後人見此論文，便墮小乘生滅遷流之見。故特揭此，表

---

[27] 明・龍池幻有：〈駁語〉（明・圓悟等編：《龍池幻有禪師語錄》卷十一，藍吉富主編：《禪宗全書》第53冊），頁399下。

[28] 明・龍池幻有：〈駁語〉，頁406下。

[29] 即六十卷《華嚴經疏》。

[30] 憨山說：「予少時讀《肇論》，於不遷之旨茫無歸宿，每以旋嵐等四句致疑，及後有省處，則信知肇公深悟實相者。及閱《華嚴大疏》，至〈問明品〉，譬如河中水，湍流競奔逝。清涼大師引肇公不遷偈證之，蓋推其所見，妙契佛義也。」（明・憨山：《肇論略註》，《卍續藏經》第96冊，頁590下）。

　　而出之，欲令人人深識論旨，玄悟不遷之妙耳。然鈔文但
　　舉小乘，一意辨之，未竟大乘之說，但結文此約俗諦為不
　　遷耳一語，義則長短相形，但文稍晦耳。[31]

依憨山的觀點，澄觀之說，「顯文似同小乘」，其實「意在大
乘」，只是「文意稍晦」而已。

　　由上可見，不管是批評澄觀或贊同澄觀對於〈物不遷論〉
「濫同小乘」的說法，基本上，問題的焦點圍繞在「大乘性空」
與「小乘性住」的諍辯上。

第二節　「性住」與「性空」之諍

　　明末〈物不遷論〉的諍論，除了對於澄觀的說法作出回應
外，更多的討論是集中在鎮澄的意見上。鎮澄對於〈物不遷論〉
的批評，實際上是聚焦在「性住」與「性空」兩個對立的概念。
他以為〈物不遷論〉的「物各性住於一世，不從此方遷至餘方」
乃是「性住」觀點，與大乘「性空」義不合。而其他高僧大德或
從中觀，或從天台與華嚴回應鎮澄的批判。

一、鎮澄「性住非性空」之說

　　鎮澄以為，大乘般若經典之思想核心是：「諸法無去來相，
無轉動者」，即大乘「諸法性空」，不是小乘執有自性有住之
「性住」。他在〈物不遷正量論序〉[32]說明其立論點。他指出：

---

[31] 明·憨山著、福善目錄、通炯編輯：《憨山老人夢遊集》第1冊，頁651-
652。
[32] 鎮澄〈物不遷正量論序〉作於萬曆戊子（1588）（《卍續藏經》第97

《般若》云：「諸法無去來相，無動轉者」，肇公本此為
〈物不遷論〉，而其釋義則物各性住而已矣。嘗試思之，
法無去來義，遍諸聖教，迺吾法之玄綱也，而性住之談，
果能盡之乎？[33]

鎮澄以為〈物不遷論〉之「性住」不足以詮釋《般若經》之「諸法
無去來」之義，故以「因明」之理論辯之。他說：「肇師不遷之
說，宗似而因非，有宗而無因。」[34]「宗」與「因」，是佛教「因
明學」[35]的重要名詞。「宗」是命題；「因」是指推理的根據、
理由、原因。不管是「宗似而因非」或「有宗而無因」，鎮澄以
為僧肇〈物不遷論〉未能針對「命題」，提出好的「理由」。
　　所謂「宗似者」，鎮澄解道：

不釋動以求靜，必求靜於諸動。又曰：江河競注而不流，
旋嵐偃嶽而常靜等，蓋即動而靜，即遷而不遷也。以此名
宗，與修多羅似之，即般若：諸法無所從來，去亦無所
至；《華嚴》云：一切法無生，一切法無滅等，所言似
者，以其因非故也。[36]

冊，頁729下），萬曆庚子（1600）李天麟為鎮澄《物不遷正量論》作序
雖然說《肇論》之〈物不遷論〉與《物不遷正量論》「相相輔成」（同
上，頁728上），但亦云：「往嘗讀肇公〈物不遷論〉，大都以物各住位
成立不遷，而後以物之今昔有無、不去不來，以明物性之各住。要之，
辭意婉切，乃肇師獨見之妙。但於契經不甚允合耳。」（同上）。
[33] 明‧鎮澄：《物不遷正量論》，頁728下-729上。
[34] 明‧鎮澄：《物不遷正量論》，頁730上。
[35] 因明（梵語 hetu-vidya）。音譯作醯都費陀，為五明之一，乃印度之論理學
（邏輯學）。因（梵 hetu），指推理的根據、理由、原因；明（梵 vidya），
即顯明、知識、學問。因明學，意指舉出理由而行論證之論理學。
[36] 明‧鎮澄：《物不遷正量論》，頁730上。

鎮澄認為，僧肇〈物不遷論〉所立之「宗」為：「不釋動以求靜，必求靜於諸動。又曰：江河競注而不流，旋嵐偃嶽而常靜等。」[37]而其「因」為「非」者，乃鎮澄以為「修多羅以諸法性空為不遷，肇公以物各性住為不遷。」[38]

而所謂「因非者」，鎮澄說：

> 言因非者，修多羅以諸法性空為不遷，肇公以物各性住為不遷。言性空者，《大品》云：色性自空，非色壞空。又云：色前際不可得，中際、後際皆不可得。又云：色即是空，此不遷因也。又云：是諸法空相，不生不滅等。不生不滅即是不遷宗也。《華嚴》云：身意諸情根，一切空無性，此不遷因也。次云：以此長流轉而無能轉者，即不遷宗也……。言性住者，即彼所謂昔物住昔，不來於今，今物住今，不往於昔，乃至新故、老少、成壞、因果等物，各住自位，不相往來，皆若是也。[39]

鎮澄論辯的方法在於引用「聖言量」，即《大品般若經》與《華嚴經》的經義，從而強調佛教精義在「性空」而非「性住」。此乃「性空不遷」與「性住不遷」之辯。

對於〈物不遷論〉所言「性住」，鎮澄道：「然凡有所住，即名有為，既墮有為，即屬生滅，非不遷也。」[40]為了申明他的看法，鎮澄引用《涅槃經》：「住名有為，如來永斷去來住相，

---

[37] 明・鎮澄：《物不遷正量論》，頁730上。
[38] 明・鎮澄：《物不遷正量論》，頁730上。
[39] 明・鎮澄：《物不遷正量論》，頁730上-下。
[40] 明・鎮澄：《物不遷正量論》，頁730下。

云何言住？」以及《中論》所云：「去者則不住，不去者不住，離去不去者，當於何有住。」[41]在鎮澄看來，這些經典已足以說明佛理尊尚「性空」，「性住」是有為法。

不僅如此，鎮澄依據《般若經》所謂：「應無所住而生其心，無住即無為。」不同意「肇公不遷本宗般若無去來義，卻以物各性住釋之」的見解，他反問道：「然彼物性果有住乎？果無住乎哉？則住與無住必有辨焉。」[42]對於〈物不遷論〉所云：「有向物於向，於向未嘗無，於今未嘗有。」他說：「若物向有今無，是無常法，非不遷也。」[43]且補充道：「又昔物住昔，今物住今，是異物異世。凡異物異世者，定是無常，故涅槃聖行廣說異法無常，以破外道異執之常。今以異物異世以釋不遷，教理俱違，故無因也。」[44]依鎮澄的觀點，《肇論》「以異物異世釋不遷」是講不通的。

在鎮澄看來，〈物不遷論〉「性住」之說違背「性空」之義，乖離佛教義理。有人問鎮澄：「肇公物各性住，豈非《法華》世相常住耶？」[45]鎮澄引經據典答道：

> 《法華》云：是法住、法位，世間相常住者。法位迺真如之異名（龍樹解《大品》法住、法位、實相異其名），真如即諸法之正位，若見諸法有無、一異、生滅、去來，皆是妄想遍計，非見諸法之正位也。譬如餓鬼見恒河水以為流火，則不見恒河之正位也（喻出《楞伽》）。如彼恒河

41　明・鎮澄：《物不遷正量論》，頁730下。
42　明・鎮澄：《物不遷正量論》，頁730下。
43　明・鎮澄：《物不遷正量論》，頁731下。
44　明・鎮澄：《物不遷正量論》，頁732上-下。
45　明・鎮澄：《物不遷正量論》，頁738下。

> 實無有火，餓鬼見之以為流火，燄燄相續，起滅有無，彼
> 恒河水，體常自若，曾無變異，諸法亦爾，有無、一異、
> 生滅、去來皆不可得。然眾生妄見有無、一異、生滅、去
> 來，而法住、法位曷嘗變異哉？故曰：是法住、法位世間
> 相常住。[46]

言下之意，僧肇「性住」不同於《法華經》「法住」、「法位」
之思想。「法住」乃真如之異稱，真如之妙理必住於一切諸法，
故稱「法住」。據此，對於「近世異解師」認同〈物不遷論〉
「性住」之說，鎮澄批評道：「是則物各性住，與《法華》實相
常住，敵體相違，有以為同之者，安得不謗《法華》哉？」[47]

再者，鎮澄又以《華嚴經》思想駁《肇論》「不遷」之思
想。他說：

> 《華嚴》云：譬如河中水，湍流競奔逝，各各不相知，諸
> 法亦如是。又云：以此常流轉而無能轉者。此與肇師江河
> 競注而不流等四句之義言陳相似，求其所以能成立因，則
> 大不侔也。[48]

以《華嚴經》「湍流競奔逝，各各不相知」，與〈物不遷論〉
「江河競注而不流」四句義不同。

鎮澄藉一答一問[49]的方式闡述自己的看法。他總結道：

46　明‧鎮澄：《物不遷正量論》，頁738下。
47　明‧鎮澄：《物不遷正量論》，頁739下。
48　明‧鎮澄：《物不遷正量論》，頁741下。
49　（一）「或曰：肇公約俗物論不遷，涅槃約法身說常理，既不侔，不應
　　成難。」（明‧鎮澄：《物不遷正量論》，《卍續藏經》第97冊，頁732

然肇公不遷，所以總之，不出四計，謂有無、一異。求向物於向，於向未嘗無，是有；計責向物於今，於今有未嘗有，是無。計昔物自在昔，今物自在今，是異計，唯闕一計耳。四計乃般若之大病，有一於此，則與般若之理背矣！尚何不遷哉？愚固所謂肇師不遷有宗而無因也。[50]

下）。

（二）「問曰：彼云因不滅故常，今云因滅豈不墮斷？」（頁733下）

（三）「問曰：彼云成山假就於始簣，修途託至於初步，豈非昔因不滅，集因成果耶？」（同上，頁733下）

（四）「問曰：肇公引經云三災彌綸，業行湛然，非業因常耶？」（頁734上）

（五）「問，若因滅者，云何善因得樂果，惡因得苦果耶？」（頁734上）

（六）「或問，昔物既化，如佛本生之事，如何可說？」（頁734下）

（七）「問曰：肇師約俗物明不遷，故即因果涅槃約實性顯常住，故簡因果宗趣不同，不應為難。」（同上，頁734下）

（八）「問曰：世間可有自昔不滅不化之物至于今日者乎？」（頁735上）

（九）「問曰：世間頗有一物性住於昔而不滅不來者乎？」（頁736上）

（十）「或問：竊觀肇公遷與不遷未嘗偏滯，今獨破其不遷何也？」（頁736下）

（十一）「問曰：肇論既違，請示不遷正義。」（頁737上）

（十二）「或問：肇公物各性住，豈非法華世相常住耶？」（頁738下）

（十三）「問曰：彼說既違，請示正義。」（頁740上-740下）

（十四）「或問：肇公乃聖師也，所立不遷，千有餘載，凡名師大匠，興辭釋義，每以為引證，未聞有議其非者，爾何人，乃敢妄窺先覺耶？」（頁740下）

（十五）「問：且如色身既有童耆彼此之異，如何成立真常？」（頁741上）

（十六）「問：何知異物皆無常耶？」（頁741下）

（十七）「或問：肇公云仲尼之所以臨川，莊周之所以藏山，斯皆感往者之難留，豈曰排今而可往，是果仲尼、莊周之意？」（頁743上）

（十八）「或問：西天論者有所立破，必以因明為準，若三支闕謬，則所立不成。今肇師不遷有何過謬而破之？」（頁744下-745上）

（十九）「或問：四論出乎一人，獨不遷有滯耶？若不遷有滯，其他安得不滯哉？」（745下）

[50] 明・鎮澄：《物不遷正量論》，頁736上-下。

鎮澄以「有無」、「一異」來看，認為僧肇之〈物不遷論〉落入「有無」、「一異」之陷阱，不合《般若》「非有非無」、「非一非異」之思想。

何以僧肇〈物不遷論〉持「性住」說，鎮澄歸因於僧肇受莊子「夜壑負趨」之影響。他說：「緣生無性，法非有無，乃肇公所常譚者。至論不遷，為成性住，卻墮此咎，可怪也。蓋誤認莊周夜壑負趨，非謂肇師有此計執也。」[51]又說：

> 要之，則三世遷流，物各住於一世而不動，此肇師動靜不二之旨也。而吾般若不遷之旨果如是乎？若果如是，則佛不出世也。然肇公不遷雖引般若標本，其釋所以皆自莊周夜壑負趨抽（應作「紬」）繹而出，卒以涉異焉。[52]

依鎮澄的觀點，僧肇之「性住」說係從莊周「夜壑負趨」推演而得。鎮澄並十分肯定地回答：「此從夜壑負趨中來，卻失莊周意也。」[53]他分析指出：

> 莊周云藏山於澤，藏舟於壑，謂之固矣！夜半大力者負之而趨，昧者不覺。此喻世人為計至深至密，以為永久不失，不知暗中都為造化遷去，時乎失滅不可留也。故曰：藏小大有宜，猶有所遯。遯者遷滅也，肇公卻以為不遷，豈莊周之意哉？[54]

---

[51] 明・鎮澄：《物不遷正量論》，頁732上。
[52] 明・鎮澄：《物不遷正量論》，頁737上。
[53] 明・鎮澄：《物不遷正量論》，頁743上。
[54] 明・鎮澄：《物不遷正量論》，頁743上-下。

在鎮澄看來，僧肇〈物不遷論〉受《莊子》影響，但意又不同於「夜壑負趨」之「遷滅」意。

上述鎮澄的論證可就三方面來說：（一）大乘思想為「性空」，非小乘之「性住」；（二）〈物不遷論〉以「不釋動以求靜，必求靜於諸動」等立「宗」，以「事各性住於一世，有何物而可去來」為「因」，不合大乘性空思想；（三）〈物不遷論〉受《莊子》影響。

二、支持〈物不遷論〉「性住即性空」之論

上述鎮澄的見解，不可能沒有罅漏，故反駁他的人相繼起而攻之，這些言論均見於鎮澄《物不遷正量論》下卷，主要有密藏道開[55]、海印大士、一幻道人、雲棲袾宏、幻有禪師、界上座與無名尊者等人。另為專文反駁者，包括真界《物不遷論辯解》、道衡《物不遷正量論證》與龍池幻有〈物不遷題旨〉等書論，甚至憨山《肇論略註》亦針對這問題而發。

其中，密藏道開以為僧肇〈物不遷論〉之「不遷」，「即真實義」。他以為〈物不遷論〉引《般若》等經只是「借意」，非其「本宗」[56]；反駁鎮澄應用「聖言量」，以《大品般若經》與《華嚴經》「性空」之說非議僧肇「性住」之思想。對於鎮澄以為「法法不相到義」，聖教有二說，一因緣生滅義，二真空實相義[57]。密

---

[55] 字密藏，南昌人。披薙於南海。聞紫柏道風往歸之，任侍者。時嘉興寺為人所侵，紫柏欲為恢復，囑開任其事。紫柏欲刻《方冊藏》，又囑開董其事。萬曆十七年（1589），創刻於五臺妙德庵，居四年，以冰雪苦寒，移於徑山寂照庵，工半，開病隱去，幻余續成之。

[56] 明・鎮澄：《物不遷正量論》，頁749上。

[57] 鎮澄《物不遷正量論》云：「禪師判肇公不遷，以法法不相到，法法住本位為宗，徒見其言而未詳厥義也。然如來法王有二種法印，印一切法：一因緣生滅印，二真空實相印。自如來之後，凡所說者，要與二印

藏道開又說：「如來說法，自有大小偏圓，初無定方，不當概以圓頓之旨繩之。」[58]在第三度諍論中，密藏道開再次強調「肇公不遷即真實義非性空義，其引《般若》皆借意，非其本宗」[59]之論點[60]。可以說，密藏道開為迴避鎮澄以大乘意在「性空」非〈物不遷論〉「性住」的觀點，認為僧肇〈物不遷論〉之「不遷」，既不是「性住」，也不是「性空」，乃「真實義」。這是跳開雙方諍論的焦點，而從另一角度肯定僧肇〈物不遷論〉。

此外，這些人之中，雲棲袾宏與道衡等人直就「性住同性空」而論，至於真界從中觀「緣起無生」的批判立場，龍池幻有以天台「即真即俗」的立論角度，及憨山以華嚴「動靜不二」的論述觀點，則是另一層次的反駁。以下分別就這些人的觀點加以論述。

（一）雲棲袾宏、道衡等人「性住同性空」的見解

據鎮澄《物不遷正量論》下卷所載，針對其「性空非性住」之說，提出反駁者以海印大士、一幻道人與雲棲袾宏等人為主。

相應即為正說，不與二印相應者，即為邪說，此固不讓古今凡聖也。且初印者，亦名無常印，凡是一切緣生之法必歸散滅，⋯⋯因滅果生，前念滅後念生，非若肇公往物不化，昔因不滅也。第二印者，謂如來以一真空實相印，印一切法，無有一法不空寂者。⋯⋯今肇師以物雖在昔而不化，因雖作果而不滅，不滅不化則與無常印相違，既違無常而不滅不化，則物有定性矣！」（《卍續藏經》第97冊，頁749下-750上）。

58 明・鎮澄：《物不遷正量論》，頁751上。鎮澄卻說：「如來說法，大小偏圓，雖逐機萬變，不離法印。若小乘法，必與因緣生滅相應；若大乘法，必與真空實相相應，離此則非，異即邪矣！」（《卍續藏經》第97冊，頁751上）。

59 明・鎮澄：《物不遷正量論》，頁751下。

60 鎮澄認為此又「仁者自駁肇公矣！」他舉出兩個觀點：（一）性空與真實是同稱異名而已，豈有背乎性空而能契真實哉？（二）般若法無去來，與法華法住法位，異其言耳，豈可說法華異乎般若？（《卍續藏經》第97冊，頁751下-752上）。

這些高僧大德認為〈物不遷論〉之「性住」即大乘之「性空」。
而道衡撰《物不遷正量論證》批駁鎮澄，也認為僧肇「性住」同
大乘之「性空」。

針對「性空非性住」之說，海印大士指出：

> 雖肇公復起，不易其言，若忘言會旨，雖清涼再出，亦追
> 其武也。然彼覃思造論，立意命名，不曰無見，且以不遷
> 當俗，不真為真。由是觀之，是物不遷，非真不遷也。以
> 其物有變遷，故今示之以不遷為妙。若真不遷，又何足
> 云？故云是法住、法位，世間相常住，其旨良哉！[61]

他以為僧肇〈物不遷論〉是論「物不遷」，非「真不遷」，故符
合《法華經》中「法住法位，世間相常住」之旨。

一幻道人[62]與屬盧子商略物不遷旨，其論點亦同海印大士，
以為〈物不遷論〉合於《法華經》中「法住法位，世間相常住」
之旨。其文云：

> 屬盧子說：「只是個物各性住而已矣！」曰：「何謂性
> 住？」屬盧子曰：「天在上，地在下，……牛只是牛，馬

---

[61] 明・鎮澄：《物不遷正量論》，頁752上。鎮澄列舉二點反駁之：（一）
肇公師不許因滅而許果生，因因而果，許果生也。因不昔滅，不許因
滅也，斷非二乘不遷之義，觀國師以為濫小者，誤矣！（二）大士主
張「俗物不遷，非真不遷」，但論中云談真有不遷之稱，導俗有流動
之說，而大士卻判定俗物不遷，不當以真冤之，大士何失意至此耶？
（《卍續藏經》第97冊，頁752下-753上）。

[62] 一幻道人與空印鎮澄為同參道友，同參笑嚴和尚。一幻道人亦有〈性住
釋引〉一文（明・圓悟等編：《龍池幻有禪師語錄》卷十二，藍吉富主
編：《禪宗全書》第53冊，頁408下）。

只是馬。」曰：「何謂不遷？」屬虛子曰：「不可將牛作
馬，將馬作牛。」曰：「何所據乎？」屬虛子曰：「《法
華》云：是法住、法位，世間相常住，此其良證也。」[63]

此觀點與海印大士一致。

同一立場，雲棲袾宏云：

> 有以肇公物各住位立不遷，意其不知緣生性空而駁之者，
> 余謂不然。……今前之宗本，後之三論，其示緣生性空之
> 旨，委曲詳盡，豈物不遷輒迷是義哉？……以其為反世人
> 今物昔物遷流之見，故始終惟論物各住位，不言性空，使
> 觀宗本可以貫通默會耳。[64]

雲棲袾宏以為僧肇〈宗本義〉，以及〈不真空論〉、〈般若無知
論〉與〈涅槃無名論〉等，皆以「緣生性空」立論，其〈物不遷
論〉自然亦是，為反世人「今物昔物遷流之見」，故不言「性空」

---

[63] 明‧鎮澄：《物不遷正量論》，頁753下。對於這些話，鎮澄認為：首
先，「若以如是見解用當法華實相之旨，謗法之罪何逃？」（《卍續藏
經》第97冊，頁753下）；「今屬虛子以異牛異馬為不遷，正與外道同
宗，於如來作敵也。」（同上，頁754上）其次，「蓋見諸法有，則不
見諸法實相也，見諸法空，見諸法亦空亦有、非空非有，皆不見諸法之
實相也，豈得以有牛無馬、有馬無牛而見實相哉？」並進一步評曰：
「吾子欲以有無斷常之見，用當法華實相之旨，復有何說不墮謗法之愆
乎？」（同上，頁754下）。

[64] 明‧鎮澄：《物不遷正量論》，頁754下-755上。鎮澄反駁之：（一）
今謂宗本雖言性空，而不遷卻言性住，本末相反，敵體成違。（二）聖
教皆言因滅生，肇公卻道因不滅果生。（三）諸法是常，此外道常見
也。肇公亦立初簣不滅，乃有高山；初步不滅，乃有千里，與外道所討
會不少異。他歸結說：（一）性住之說，於聖言量無據。（二）以三論
之通而通不遷者不可也（《卍續藏經》第97冊，頁755上-下）。

　　而說「性住」。如此巧妙地回應鎮澄「性住」非「性空」之駁。

　　此外，如幻有禪師云：「《華嚴》毗盧身住三世，《法華》述燈明、智勝等，是皆往物不化之證者。」[65]界上座所云：「求向物於向，於向未嘗無，乃肇公破世人之無見，謂時人求向物於向為無，是邪見斷見之無，肇公破之曰：於向未嘗無，是破其無也。」[66]以及無名尊者云：「肇公說法神變者也，豈可以死殺法而難哉？如《涅槃》說：諸法無常，佛性是常。六祖卻道佛性無常，諸法是常，豈可以定法為難哉？」[67]他們或引《法華經》，或言僧肇破「無見」，或云僧肇說法不可以「定法」視之，其意皆在駁鎮澄之說。

　　這些高僧大德之立論，雖有些僅是片言隻字或是零散話頭，但從中明顯可見他們支持、肯定〈物不遷論〉「性住即性空」之觀點。

---

[65] 明・鎮澄：《物不遷正量論》，頁746下。關於這個題，鎮澄云：「若毗盧真身，十方三世隨處克周，間不容髮，非若肇公向有而今無也。」（《卍續藏經》第97冊，頁746下）。

[66] 明・鎮澄：《物不遷正量論》，頁746上。鎮澄云：「細而推之，翻成世人破肇公。何則？肇公自說求向物於向，於向未嘗無；責向物於今，於今未嘗有。此分明以向在為有，今滅為無。向在為有，是執有為有；今滅為無，是執無為無。執有為有，是為常有；執無為無，是為斷無。來謂世人以向物在向為無者，則世人卻知向在為無，今滅不無也。向在為無，是即有而無，今滅不無也，是即無而有。即有而無，則有非有也，正破向在為有之實有；即無而有，則無非無也，正破今滅為無之斷無。此所以翻成世人破肇公也。」（《卍續藏經》第97冊，頁746下-747上）。

[67] 明・鎮澄：《物不遷正量論》，頁747下-748上。鎮澄云：「祖師禪即吾般若宗也，六百卷般若世出世間不說一法真實，即祖師所謂不用求真，唯須息見，但願空諸所有，慎勿實諸所無，宗門無肯路是也。故六祖指佛性為無常，即古德所謂理不成就事不成就之論，皆般若之旨焉。……是則六祖之言求之於教，於教有證，求之於理，於理亦通，而肇師往物不化，性各異住，求之於教，於教無考；求之於理，於理未通。如有可通，則必聞命耳。」（《卍續藏經》第97冊，頁748上-749上）。

　　此外，道衡認為，「澄師駁論，雖不下數萬言，約其要，不過以其因非也。」[68]其說「因非」，即鎮澄所謂「修多羅以諸法性空故不遷，而肇師以物各性住為不遷。」[69]依鎮澄的觀點，「性空」與「性住」，如水與火，本不相融。道衡則以為「性空」與「性住」是「同體異名」而已。他說：

> 所謂性空者，以色性自空，非推之使空，故謂之性空，即《般若》云：「色即是空，空即是色是也」。所謂性住者，以諸法恒住於真空實性之中，故謂之性住，即《妙華》云：「是法住、法位世間相常住是也。」[70]

道衡亦以為「性住」同於「法住」、「法位」。

　　對於鎮澄批〈物不遷論〉中「昔物自在昔，不從今以至昔，今物自在今，不從昔以至今」為「死常之執」[71]，道衡又提出他的看法，他說：

> 肇師云昔物自在昔，不從今以至昔，今物自在今，不從昔以至今者，皆即相明空之妙旨。……夫言昔物自在昔，相有也；非從今以至昔，體寂也。體寂則性空，相有則用妙。用妙故雖有而常寂，性空故雖寂而恒照，斯皆會空有於同致，齊體用於一言，以是而釋性住，則性住為不遷之真因也明矣！豈同澄師所謂性住為定常，而各住為定異哉？[72]

對於〈物不遷論〉所謂：「求向物於向未嘗無，於今未嘗有」，鎮澄解讀為「向有今無」[73]之意。道衡卻以為是「言未嘗無者，但遮空見斷見之無，非執有見常見之有；言未嘗有者，但遮有見常見之有，非執斷見空見之無。」[74]

另對於〈物不遷論〉所謂：「果不俱因，因因而果。因因而果，因不昔滅。果不俱因，因不來今。不滅不來，則不遷之致明矣！」鎮澄批評道：「若昔因不滅不化，則眾生永無成佛之理。」[75]道衡則以為：

> 果不俱因者，謂正當果時，因相已滅也。因因而果者，謂果雖非因，因用不忘也，故曰因因而果。因不昔滅，即淨名所謂性雖空寂，所作不忘也。以果不俱因，故雖有不有；以因因而果，故雖空不空。不有不空，而不遷之致明矣！豈凝然有物，不滅不化，方謂之不遷也？[76]

除了上述以外，針對鎮澄以「因明」破〈物不遷論〉，道衡亦以因明破之[77]。鎮澄指僧肇「求向物於向，於向未嘗無，責向物於今，於今未嘗有」，是則「向有今無，此因向異品上轉，故犯法自相相違也。」[78]道衡則以為僧肇只是「寄言簡過」而已。他說：

---

[73] 明・道衡：《物不遷正量論證》，頁724上。
[74] 明・道衡：《物不遷正量論證》，頁724上。
[75] 明・道衡：《物不遷正量論證》，頁724上。
[76] 明・道衡：《物不遷正量論證》，頁724上-下。
[77] 明・道衡：《物不遷正量論證》，頁725下。
[78] 明・道衡：《物不遷正量論證》，頁725下。

> 肇師不曰是有，而曰未嘗無，不曰是無，而曰未嘗有，斯
> 皆兩言一會，空有雙融。言未嘗無者，但釋人之斷見，豈
> 執有而膠常；言未嘗有者，但閒彼之常執，豈墮無以明
> 斷。乃知未嘗之為語，正寄言以簡過也。[79]

在道衡看來，僧肇以言過簡，非其法病。僧肇的〈物不遷論〉之所以引起爭議是表達方式的問題而已。

（二）真界中觀「緣生無性」的立場

真界[80]作《物不遷論辯解》[81]意在批判鎮澄。據馮夢禎〈物不遷論辯解題辭〉云：「或者駁之，謂肇公立昔有今無為斷常遷滅之法，是大不然。」此「幻居界公不遷解之所由出也。」[82]真界〈物不遷論辯解序〉亦自言撰述動機，乃因「不解物各性住之言，是明真諦無性之旨」[83]，故作《物不遷論辯解》闡明之。更明確地說，真界實為反駁鎮澄而作《物不遷論辯解》，其文中「或人」之「人」，即指鎮澄[84]而言。

---

[79] 明・道衡：《物不遷正量論證》，頁725下。

[80] 真界，字幻居，號悅堂，浙江嘉興人，姑峰明德高足，止武林徑山傳衣庵，移南屏壽松堂，撰《金剛經註解》，大行於世。又有《楞嚴纂註》、《起信註》、《因明》、《所緣緣》等解，後隱西溪以終。

[81] 作於萬曆丁酉（1597）（明・真界：《物不遷論辯解》，頁757下）。

[82] 明・真界：《物不遷論辯解》，頁757上。

[83] 明・真界：《物不遷論辯解》，頁757下。

[84] 真界《物不遷論辯解》云：「『或人』由不達肇公所見緣生無性之理，又錯解靜而非動，以其不去之文，遂謂肇公所言昔物不至今者，如前舟載魚，後舟載筍，前舟之魚自住前舟，不至後舟，故以昔物住昔不來而駁之。」（《卍續藏經》第97冊，頁760下）其所謂「『或人』……前舟載魚，後舟載筍」，出於鎮澄《物不遷正量論》卷上（同上，頁731上）。又《物不遷論辯解》云：「『或人』本不達肇公所明物不遷理，又見清涼《疏鈔》謂肇公所言物不遷濫於小乘，遂即倚傍其言而抑之駁之。」（同

　　真界《物不遷論辯解》駁鎮澄之觀點主要以「緣生無性」作為憑據。僧肇〈物不遷論〉云：

> 夫人之所謂動者以昔物不至今，故曰動而非靜。我之所謂靜者，亦以昔物不至今，故曰靜而非動。動而非靜，以其不來；靜而非動，以其不去。[85]

真界以「緣生無性」貫通之。他說：

> 蓋常人謂昔物不至今，以見昔物遷去於昔，故不至於今，故曰動而非靜，此則不達緣生無性，則見物遷去所以謂之動也。論主謂昔物不至今，故曰靜而非動，此則了達緣生無性，則去即不去，所以謂之靜也。……然則昔物既從緣空，故不去不來，有何物而可動哉？如是則遷流之見謝，而諸法性空之理明矣！[86]

常人不通「緣生無性」，故曰「動而非靜」，僧肇為反常人之見，故從「緣生無性」說「靜而非動」。其實，物從緣起故性空，「不去不來」。當凡夫沒有「遷流之見」時，則「性空之理」自現。

　　真界把握「緣生無性」之理，對於〈物不遷論〉所云：「言求向物於向，於向未嘗無。」真界說：「向物緣生無性，去即不去，無即不無，故云於向未嘗無，非謂向物住向而不無也。」[87]

上，頁761上）亦指鎮澄而言。

[85] 明・真界：《物不遷論辯解》，頁760上-下。

[86] 明・真界：《物不遷論辯解》，頁760下。

[87] 明・真界：《物不遷論辯解》，頁762下。

另於〈物不遷論〉所謂：「昔物自在昔，今物自在今。」真界說：「良以今昔之物從緣無性，不相往來，假名曰在，實無所在也。」[88]而對於〈物不遷論〉所言：「旋嵐偃嶽而常靜，江河競注而不流，野馬飄鼓而不動，日月歷天而不周」，真界也說：

> 物物緣生無性而不相至，故同喻云：前波非後波等，所謂物物緣生無性而不相至等者，蓋以物物從緣空，故不相往來，如波波從緣無體而不相至，是故諸法遷而不遷也。[89]

依真界的觀點，「物物緣生」「不相至」，故「諸法不遷」。

另對於鎮澄「宗似因非」、「有宗無因」之評，真界認為是鎮澄的錯解，「肇公原以物無去來之義明不遷，不以有物有住明不遷。」[90]因此，對於「不遷」之真義，他加以闡說如下：

> 如是則遷與不遷未始暫異，亦非遷非不遷，而名物不遷耳。前以諸法性空之義而明物不遷者，乃真諦之不遷也。此所謂不遷而遷，遷而不遷，非遷非不遷，而明物不遷者，乃中道第一義諦之不遷。[91]

此「不遷而遷，遷而不遷，非遷非不遷，而明物不遷者，乃中道第一義諦之不遷」，乃中觀離「有、無」兩邊而說中道，亦即真

---

[88] 明・真界：《物不遷論辯解》，頁763上。
[89] 明・真界：《物不遷論辯解》，頁763下-764上。
[90] 明・真界：《物不遷論辯解》，頁764上。
[91] 明・真界：《物不遷論辯解》，頁765下。

界所說的「緣生無性」，非有亦非無。僧肇所謂的「不遷」乃離兩邊而說中道，不偏於「無」或「有」。

對於〈物不遷論〉云：「不來故不馳騁於古今，不動故各性住於一世。」真界補充道：

> 雖說古今代謝，物像變遷，然不妨古今萬物俱緣生無性，遷即不遷以說遷而物不遷。……以古今緣生無性，遷即不遷，而言住，則知性住是以無性為性，無住為住。[92]

為破鎮澄所說僧肇〈物不遷論〉乃「性住」之說，真界說僧肇之「性住」乃「無性為性，無住為住」。

至於「求今於古，知其不去」者，真界說：「以今時緣生無性，不去於古，則於古求今，而古中無今。」[93]而對於「果不俱因，因因而果」，真界說：「蓋以因果從緣無性，各各寂滅而不相至，則果不至因，因不來果，故不俱也。」[94]

由上可知，真界係在旁徵博引佛教經論的客觀基礎上，以「緣生無性」觀點衛護僧肇「物不遷」說，藉以反駁鎮澄。就如雲棲袾宏所言，真界之評論乃「以諸法寂滅，而復量以三支[95]，融以中道第一義諦。」[96]雲棲袾宏之所謂「諸法寂滅」，即真界「緣生無性」之意，即「中道第一義諦」之說。

---

[92] 明・真界：《物不遷論辯解》，頁766下-767上。
[93] 明・真界：《物不遷論辯解》，頁768上。
[94] 明・真界：《物不遷論辯解》，頁768下-769下。
[95] 「三支」即「宗、因、喻」，是佛教因明學的推論形式。
[96] 雲棲袾宏：《物不遷論辯解・跋文》（明・真界：《物不遷論辯解》，頁769上）。

（三）龍池幻有天台「即真即俗」的論說

龍池幻有[97]與鎮澄之諍辯在鎮澄《物不遷正量論》即有記載[98]。龍池幻有對〈物不遷論〉的諍辯歷時長遠，著有〈駁語〉、〈性住釋〉與〈物不遷題旨〉等文。他在〈性住釋〉中說：

> 余昔居臺山時，有空印友人（鎮澄）示我《正量稿》，大都宗性空而駁肇公性住之說，因與辯。未竟南還。迄今壬寅（萬曆三十年，1602）秋來京，得會伊于慈因精舍，仍以刻本示余，余目之，多覺其未了了，因又辯焉。[99]

足見該文係為批評鎮澄而作。

龍池幻有在〈駁語〉中說：

> 然四論一宗本，而名題歸旨不同者，般若宗相異故。如物不遷原本大乘法相宗，據《般若》法無去來而作題名物不遷者，以動而無動，去住一致為旨。雖緣俗諦，乃即俗即真，去無所去，未有一毫動相故也。唯即去留、一動靜屬此論本。故肇師以性住證物不遷耳！……要之，歸旨總屬大乘法性空宗中道第一義諦矣！……夫肇師論題名物不遷三字，即首楞嚴異名。此云一切事究竟堅固，無動無壞

---

[97] 明・龍池幻有是晚明臨濟宗的禪門大師，得法於笑巖寶德（1521-1581），傳法於密雲圓悟（1566-1642）、雪嶠圓信（1570-1647）、天隱圓修（1575-1635）三人，是明清之際重要僧人。

[98] 如幻有禪師云：「華嚴毗盧身住三世，法華述燈明、智勝等，是皆往物不化之證者。」（明・鎮澄：《物不遷正量論》），頁746下。

[99] 明・龍池幻有：〈性住釋〉（明・圓悟等編：《龍池幻有禪師語錄》卷十二，藍吉富主編：《禪宗全書》第53冊），頁409下。

者，蓋言物物從來實相不可以形證故也。[100]

龍池幻有以僧肇之「以性住證物不遷」，乃屬「大乘法性空宗中道第一義諦」。他又說：

> 空印安知性空、性住言異而旨同哉？豈不聞性空者非頑空也？然則安得性住又為死住乎？又豈不知本無、實相、法性、性空、緣會一義耶？[101]

其意以為「性空非頑空」，則「性住非死住」。

為申明「性住非死住」，龍池幻有引用了龍樹的話說：

> 龍樹偈云：因緣所生（原作「成」）法，我說即是空，亦名為假名，亦名中道義。不其然乎？於是則知，豈但性空可以為空觀成真諦，即性住亦可以作假觀成俗諦也。又須知俗諦之性元空，真諦之名亦假矣！……以此物本無住，故而所以物性未嘗不住，肇師即之以依俗諦而言性住，物不遷由是而作。[102]

在龍池幻有看來，「性住」乃空、假、中之「假觀」，是依「俗諦」言「性住」。然非僧肇不知「性空」之理。

龍池幻有又破鎮澄「有宗無因」、「宗似因非」之說。他說：

---

[100] 明・龍池幻有：〈駁語〉，頁398下-399上。
[101] 明・龍池幻有：〈駁語〉，頁401上。
[102] 明・龍池幻有：〈駁語〉，頁401上-401下。

空印果以有宗無因之說為駁，殊又不識肇師但以色空、生滅、去住、有無、動靜、常無常等法，以世人見此為實有色空、生滅、去住、有無、動靜、常無常等法，故為因。即以此色空、生滅、去住、有無、動靜、常無常等法以為實有，故即此無動無壞是為宗旨，曰物不遷者也。孰謂有宗而無因乎？又孰謂宗似而因非乎？[103]

龍池幻有認為，僧肇以「世人以色空、生滅、去住、有無、動靜、常無常等法為實有」為「因」，故揭其「不遷」之旨，非如鎮澄所謂「有宗無因」、「宗似因非」。筆者以為，龍池幻有所說的是僧肇「造論」之「因」，非「因明論」之「宗因」。

此外，龍池幻有又舉天台宗「三諦之說」以證之，他以為：「中諦者，統一切法；真諦者，泯一切法；俗諦者，立一切法。舉一即三，非前後也。」[104]他說：

烏又知物不遷諦是即真之俗，不真空諦乃即俗之真，實無生旨，一體無殊。故彼始豈弗會三諦理為圓融法？既終何忘乎空有相非對待言歟？[105]

在他看來，依天台三諦圓融的道理，「物不遷諦」之「即真之俗」與「不真空諦」之「即俗之真」，一體無殊。

對於〈物不遷論〉所云：「果不俱因，因因而果；因因而果，因不昔滅。」龍池幻有說：

---

[103] 明・龍池幻有：〈駁語〉，頁402下-403上。
[104] 明・龍池幻有：〈駁語〉，頁405下。
[105] 明・龍池幻有：〈性住釋〉，頁409下-410上。

> 因不昔滅句，便見肇公妙會處。……以是則知性住、性
> 空，總是大乘方等無生一實（應作「貫」）之旨，兼知真
> 諦、俗諦咸為般若圓融三諦無礙。[106]

以性住、性空為大乘方等無生一貫之旨，而真俗二諦亦不外天台
之三諦圓融。

　　不僅如此，對於鎮澄「性住非性空說」，龍池幻有嘗透過問
題來回答[107]。他並進一步批評「性空為不了義經」。他說：

---

[106] 明・龍池幻有：〈性住釋〉，頁411下。

[107] （一）問：「若性住語肇公初不列〈宗本〉，獨〈物不遷〉中成無去來
義，所設者何也？」答：「彼以性住義屬無生旨，在〈宗本〉五法亦
無一不含，何須別列其名耶？」（龍池幻有：〈性住釋〉，明・圓悟
等編：《龍池幻有禪師語錄》卷十二，藍吉富主編：《禪宗全書》第53
冊，臺北：文殊出版社，1989年12月初版，頁412下）。
　　（二）問：「又何諸大乘經典并諸先聖賢俱未倡？獨肇公于〈物不遷〉中
始言之耶？」（頁412下）答：「蓋諸大乘經論題名立法雖有偏圓單複不
同，但所彰法道不可偏廢拘泥而不通，唯在人不在法耳。」（頁412下）。
　　（三）問：「若性住果是性空對待法，〈宗本〉固不須別列者，何于
《華嚴》、《法華》、《涅槃》、《般若》大乘方等諸經中，以真諦俗
諦、色空、事理、斷常、成壞、生滅、真如、涅槃、五陰、彼我、異同
等俱屬對待務用並彰何也？」答：「既性空之說，在《涅槃》大典謂屬
不了義經，始知性住語固是性空對待法無疑矣！」（頁415下）。
　　（四）問：「既又識得性住一世與法住、法位無殊，亦豈異《般若經》
中所問真諦俗諦其有異耶？」答：「無異，若真俗之諦既爾無乖，即色
空之旨，亦何嘗有異。如此則有何對待之法不是大乘方等，而乖中道無
生一實旨耶！」（頁413上-下）。
　　（五）問：「然則題名『物不遷』者，固非偏辭也。所宗乃緣俗諦，直
以遷說不遷者，如諸大乘經中對真說俗，指色談空，皆此數耳。即不真
空所宗真諦當何所表？有甚分別處？」答：「佛所談大乘真諦者，為破
癡暗凡夫人我見而設。〈心經〉所謂色不異空，空不異色，以色空相因
有，故皆非其實，名未究竟，云不了義。」（頁414上）。
　　（六）問：「如此究竟既明，但學人愚昧，尚有餘疑未雪。前謂肇公四
論之要出自破因緣品首偈，四句於此當如何配合？」答：「爾既知得龍
樹所說句句為中道語，務合無生之旨，況此四句有何可疑？即肇公雖有

倘謂性空為究竟了義，則奚分世間出世間法，即一切善
惡、因緣、禍福、報應等俱為一體，何於善惡業性獨不
空，而五戒十善務生天上人間，作十惡五逆定墮三途地
獄，竟弗少有差忒。[108]

在龍池幻有的心目中，真正的「性空」是要泯除這些差別對待。
因此，他在〈物不遷題旨〉又說：「然肇公非不取真諦，務用俗
諦性住證不遷者，恐偏於真諦。性空由屬不了義經，以故不獨取
之，故用物不遷字立題，意在真俗不二耳。」[109]以「性空為不了
義」，這是龍池幻有駁斥鎮澄觀點中較為特別的看法，也透顯龍
池幻有「真常」之思想。

對於「性住」與「法住」、「法位」的關係，針對「所言

四論之殊，無一不歸了義大乘。此四論四句總是一個氣脈互攝互融，無
一不可配合。」（頁415上）。

（七）問：「前謂談真則逆俗，順俗則違真。後又曰：談真有不遷之
稱，導俗有流動之說，二語當如何會釋以成一貫？」答：「此前後兩
說，總是肇公善巧釋題轉語，務用合歸中道無生旨，故若肇公果以物物
皆真，建題說不遷者，應言順俗。」（頁415下）。

（八）問：「題名曰『物不遷』，曰不真空，所宗二諦，總屬圓融法，
何又有彼此之局清涼與肇公所說不同耶？」答曰：「物體本一，而在
人所見并用處不同，故可以說真可以說俗，故肇公云豈以諦二而二於物
哉？以是之故，所謂為圓融法耳。」（頁416上-下）。

（九）問：「既云二諦之旨無差，即物不遷依清涼，性空謂不遷，有何
不同？」答：「倘如此，又不相當矣！不見涅槃如來性品云：若言如來
入於涅槃，如薪盡火滅，名不了義。」（頁416下）。

（十）問：「性空之說，既不應依止，如何性住，又堪依止耶？」答：
「前不云乎？其名似偏，其旨則一，所謂在人而不在法，如《中論・觀
因果品》所談空有生滅以歸中道一實之旨。」（頁416下-417上）。

[108] 明・龍池幻有：〈性住釋〉，頁415上。

[109] 明・龍池幻有：〈物不遷題旨〉（明・圓悟等編：《龍池幻有禪師語
錄》卷十二，藍吉富主編：《禪宗全書》第53冊），頁418下。

性住固然，但恐性住一世與法華法住、法位不同何如？」[110]問題時，龍池幻有回答道：「亦無不同，法住、法位者何？即無所住心，當體寂滅，湛然不動是也。」[111]在他看來，「性住」與「法住」、「法位」義同。其〈物不遷題旨〉亦針對「性住」而論。他說：

> 肇公分明云：以性空言去不必去，以性住言住不必住。既言去住之不必者，知皆因對待言也。以對待言故，是知即去住而非去住也，何嘗俗諦相有違真諦相乎？[112]

這是龍池幻有與前面海印大士等人見解相符之處。

（四）憨山華嚴「動靜不二」的觀點

由憨山自敘之《年譜》，可見憨山之熱衷於《華嚴經》，實因仰慕華嚴宗祖師澄觀而來，並在而後刺血書《華嚴經》，甚而晚年筆削澄觀之《華嚴經疏鈔》[113]。

---

[110] 明・龍池幻有：〈性住釋〉，頁413上。
[111] 明・龍池幻有：〈性住釋〉，頁413上。
[112] 明・龍池幻有：〈物不遷題旨〉，頁418上。
[113] 憨山在《年譜》中自言因慕澄觀而自命「澄印」，其文云：「予年十九，……是年冬，本寺禪堂建道場，請無極大師講《華嚴玄談》，予即從受具戒，隨聽講至十玄門海印森羅常住處，恍然了悟法界圓融無盡之旨，切慕清涼（澄觀）之為人，因自命其字曰澄印。」（明・憨山：《憨山老人夢遊集》第4冊，頁2883）。他又云：「予三十二，……自雁門歸，因思父母罔極之恩，且念於法多障，……遂發心刺血泥金，寫《大方廣佛華嚴經》一部。」（同上，頁2909）發心刺寫《華嚴經》。此外，晚年為了讓澄觀《華嚴經疏鈔》得以使讀者易解，故加以筆削。其文云：「予年七十四，春正月，粵弟子通炯至，遂開堂啟諷《華嚴》，……每念華嚴一宗將失傳，清涼疏鈔皆懼其繁廣，心智不及，故世多置之，……志欲但明疏文，提挈大旨，使觀者易了，題曰：綱

　　憨山對於《肇論》之理解，即得力於澄觀之《華嚴大疏》。
憨山與鎮澄分手後，鎮澄在八年內兩度託人帶自撰的《駁物不遷
論》草稿，請憨山表示意見[114]。憨山除了重申過去的看法外，又
在信中提到了下列這段話：

> 不肖（憨山）在昔舉此（按：澄觀之說），正恐足下（鎮
> 澄）有今日之事。是時交臂而別，彈指已經八年（1582-
> 1589），將謂足下力窮〈不遷〉，徹見諸法實相，不意云
> 云若此。竊謂足下此見，不獨不得肇公立論之心，而亦全
> 不得清涼表白之心。不獨不得清涼表白之心，而亦未得區
> 區蓬心也。[115]

憨山以為事已過八年，而鎮澄仍未徹見諸法實相，故再註《肇論
略註》以明之。此處為順應〈物不遷論〉的論辯，故以憨山所註
〈物不遷論〉為主要探討部分，其他各論的註疏，除思想關涉之
〈宗本義〉與〈涅槃無名論〉外，皆略而不論。
　　憨山《肇論略註》卷一〈物不遷論〉開宗明義即云：

> 此論俗諦即真，為所觀之境也。……所謂無有一法可轉動
> 者，以緣生性空，斯則法法當體本自不遷，非相遷而性不
> 遷也。……論主宗《維摩》、《法華》[116]，深悟實相，以

要。」（同上，頁2975）。
[114] 明・憨山著、福善目錄、通炯編輯：〈憨山老人夢遊集〉第1冊，頁649。
[115] 明・憨山著、福善目錄、通炯編輯：〈憨山老人夢遊集〉第1冊，頁652。
[116] 憨山在註文中多引《法華經》、《維摩詰經》以解之，對於〈物不遷
論〉：「夫生死交謝，寒暑迭遷，有物流動，人之常情，余則謂之不然。」
引用《法華經》云：「不如三界，見於三界，大火所燒，此土安隱。譬如恒

不遷當俗，即俗而真，不遷之旨，昭然心目。[117]

言下之意，憨山以為僧肇之「物不遷」乃論「俗諦即真」，且從「緣生性空」、「法體本自不遷」而言。

對於僧肇〈物不遷論〉云：「不來，故不馳騁於古今；不動，故各性住於一世。」憨山云：「此結歸宗體也。以其不來不去，了無三際之相，故不馳騁於古今；不動不靜，平等一如，故各性住於一世。」[118]對於僧肇〈物不遷論〉言：「是以人之所謂住，我則言其去；人之所謂去，我則言其住。然則去住雖殊，其致一也。故經云：正言若反。誰當信者，斯言有由矣！」憨山云：

> 人之所謂住者，乃妄執為常，且執常則墮無常矣！故我言去以破其執者，意在無住，非謂往也。今之所謂去者，乃執生死無常也，我則言其住以破其執，意在本無生死，非謂住而可留也。是則去住二言，無非破執之談，以顯一真常住，故言殊而致一。[119]

在憨山看來，常人言「去」，故我言「住」；常人言「住」，故我言「去」。言「去」、言「住」皆是「破執」之談，目的在顯一「真常住」。從前面所言「緣生性空」、「法體本自不遷」，

河之水，人見為鬼，鬼見為火，迷悟之分，亦由是也。」（明·憨山：《肇論略註》，《卍續藏經》第96冊，頁581下-582上）對於〈物不遷論〉：「故仲尼曰：回也見新交臂非故，如此，則物不相往來明矣！」則引用《淨名經》（即《維摩詰經》）云：「不生不滅，是無常義。」（同上，頁584下）。

[117] 明·憨山：《肇論略註》（《卍續藏經》第96冊），頁581下。
[118] 明·憨山：《肇論略註》，頁588下。
[119] 明·憨山：《肇論略註》，頁588下。

至這段註文「顯一真常住」，可見憨山背後之「真常」思想。

　　憨山真常思想，又可從其註〈宗本義〉所言「本乎一心」的思想見之。其文云：

> 宗本者，示其立論所宗有本也，以四論非一時作。論既成，乃以宗本義統之，蓋所宗本乎一心，以窮萬法迷悟凡聖之源也。如《起信》以一心為宗，有法有義，故曰宗本義。[120]

此註文所說《起信》，指的是《大乘起信論》。就真常思想而言，《大乘起信論》與華嚴思想無異，皆立於「一心」。由於憨山的《肇論》思想受澄觀華嚴思想影響而來，故與其說憨山從《大乘起信論》解《肇論》，不如說是從華嚴思想詮釋僧肇〈物不遷論〉來得貼切。

　　對於〈物不遷論〉所云：「必求靜於諸動，故雖動而常靜；不釋動以求靜，故雖靜而不離動。」憨山說：

> 不捨動求靜，故一道虛閒，雖應緣交錯，不失其會，如《華嚴》云：「不離菩提場，而遍一切處。」所謂佛身充滿法界，普現一切群生前，隨緣赴感靡不周，而恆處此菩提座。不悟此理，難明動靜不二之理。[121]

以此而言，憨山立足於「華嚴」思想，以「從體起用」、「動靜不二」的觀點看〈物不遷論〉。

---

[120] 明・憨山：《肇論略註》，頁578上。
[121] 明・憨山：《肇論略註》，頁582下。

　　再者，對於僧肇〈物不遷論〉所云：「近而不可知者，其唯物性乎？然不能自已，聊復寄心於動靜之際。」憨山也說：

　　　此歎不唯信根之難，而真常之法，其實難信難解也，以其觸目皆真，目對之而不覺。……此言作論之意，為愍迷者，悲與於懷，不能自已，聊爾寄心於動靜之間，以明動靜不二之言，以曉迷者。[122]

他認為僧肇〈物不遷論〉之者，在明「動靜不二」之者。

　　此外，關於憨山所言「動靜不二」思想，也出現在其他註文。在〈涅槃無名論〉註文中，說明四種「涅槃」之一的「無住涅槃」時，他說：「四、無住涅槃，謂一切聖人，不處有為，不住無為，二邊不住，中道不安，動靜不二，總名涅槃。」[123]以「動靜不二」說明即事而真，真不礙俗，不住生死，不住涅槃的「無住涅槃」。而對於〈涅槃無名論〉所云：「雖動而常寂，故物莫能二；物莫能二，故逾動逾寂；物莫能一，故逾寂逾動。」他說：「此言聖心寂照雙流，體用雙彰。故心境一如，動靜不二。豈可動靜而其聖心哉？」[124]另對於〈涅槃無名論〉所云：「所以為即無為，無為即為，動寂雖殊，而莫之可異也。」他又說：「此證經義以明動靜不二之所以也。」[125]整個來說，對於「動靜問題」，憨山以為「動靜不二」是真諦，是聖人所證之境界。

---

[122] 明・憨山：《肇論略註》，頁583上-下。
[123] 明・憨山：《肇論略註》，頁621下。
[124] 明・憨山：《肇論略註》，頁646下。
[125] 明・憨山：《肇論略註》，頁646下。

　　除了以華嚴「動靜不二」真常思想解僧肇之「物不遷」以批
駁鎮澄之「性住非性空」之說，對於〈物不遷論〉所謂：「旋嵐
偃嶽而常靜，江河競注而不流。」憨山更以自證《華嚴》「動靜
不二」之理釋之。憨山自言：

> 予少讀此論，竊以前四不遷義，懷疑有年，因同妙師結
> 冬蒲阪，重刻此論，校讀至此，恍然有悟，欣躍無極，
> 因起坐禮佛，則身無起倒，揭簾出視，忽風吹庭樹，落葉
> 飛空，則見葉葉不動，信乎旋嵐偃嶽而常靜也。及登廁去
> 溺，則不見流相。歎曰：誠哉！江河競注而不流也。於是
> 回觀昔日《法華》世間相常住之疑，泮然冰釋矣！是知論
> 旨幽微，非真參實見，而欲以知見擬之，皆不免懷疑漠
> 漠。吾友嘗有駁之者，意當必有自信之日也。[126]

憨山以為鎮澄沒有「真參實見」，只以自己之思慮分別之「知
見」擬之，故不知《肇論》之「論旨幽微」。憨山以自我體證經
驗印證《肇論》的論點，於「落葉飛空」，見「葉葉不動」；
「登廁去溺」，則「不見流相」，因此覺悟〈物不遷論〉「旋嵐
偃嶽而常靜」之理，以及《法華經》「世間相常住」之道[127]。因
此，在註〈物不遷論〉的最後，憨山說：「（僧肇）不遷之旨，
如白日麗天，殊非守教義文字之師可望崖者。」[128]言下之意，他
以為這是「唯證能知」，在文字教義之外。

---

[126] 明・憨山：《肇論略註》，頁587下。
[127] 這種訴諸主觀的「不動」、「不流」的體驗，從緣起如幻如化的角度來
　　　看，並未親證法性寂滅。
[128] 明・憨山：《肇論略註》，頁591上。

　　由上可知，憨山除了舉用華嚴「動靜不二」之理證外，又以
親證「動靜不二」之法理來徵驗僧肇「不遷」的論旨。

第三節　明末〈物不遷論〉論辯的檢討

　　對於上述這些諍論，應該回到僧肇的根本思想來探討，也
就是說〈物不遷論〉的主要論述為何？與《肇論》其他各篇是否
有觀點及立場上的不同？各家對於「性空」與「性住」之爭論在
《肇論》研究史又呈顯何種意義？

　　基本上，〈物不遷論〉的主要論述，在表達佛教「動靜無
自性」的觀點。這種「無自性」的觀點，與《肇論》之〈不真空
論〉，「不真」故「空」之強調「自性空」之觀點與立場相一致。

　　僧肇擬了一個新的命題──「物不遷」，以對治一般人面對
「生死交謝，寒暑迭遷」之「有物流動」[129]的想法。也就是說，
僧肇依中觀「自性空」的觀點來看，一切非動非靜，動靜皆「自
性空」，只是為了針對世俗「有物流動」之「常見」，故以〈物
不遷〉為題，以破除「人之常情」[130]。

　　為了表達佛教「無有自性」的觀點，僧肇開宗明義即引用
的《放光經》之「法無去來，無動轉者」[131]的說法，並且透過
「物」之「往來動靜」而說明之。針對常人「所謂動者，以昔物

---

[129] 後秦・僧肇：《肇論》（《大正藏》第45冊），頁151上。

[130] 對於僧肇破除「常人之見」的論證方式，廖明活以為值得商榷。其〈僧
　　肇物不遷論質疑〉一文指出：「僧肇的論理策略是認定世人持有『昔物
　　不至今』的假定，進而說明這假定不但不足以支持他們的『有物流動』
　　觀念，反而可用來證成與此相反的『物不遷』說。但問題是當世人謂
　　『有物流動』時，是否果假定了『昔物不至今』？」（《內明》第126
　　期，1982年9月，頁4）。

[131] 後秦・僧肇：《肇論》，頁151上。

不至今，故曰動而非靜」[132]，僧肇〈物不遷論〉云：

> 求向物於向，於向未嘗無；責向物於今，於今未嘗有。於
> 今未嘗有，以明物不來；於向未嘗無，故知物不去。……
> 是謂昔物自在昔，不從今以至昔；今物自在今，不從昔以
> 至今。……如此，則物不相往來，明矣！[133]

僧肇借「昔物不來於今」，故「物不相往來」，以說明「無物可
往來」。既無物可往來，自然也沒有「動」或「靜」的問題。故
僧肇進一步引《摩訶衍論》之「諸法不動，無去來處」[134]，並加
以引申。其文云：

> 是以言常而不住，稱去而不遷。不遷，故雖往而常靜；不
> 住，故雖靜而常往。……稱去不必去，謂不從今至古，以
> 其不來。不來，故不馳騁於古今；不動，故各性住於一
> 世。……若古不至今，今亦不至古，事各性住於一世，有
> 何物而可去來。[135]

言下之意，「事各性住於一世，無物而可去來」之重點在於說明
「無物」可「去來」。也就是僧肇所引用之經論「法無去來，無
動轉者」、「諸法不動，無去來處」的主張。

　　明末〈物不遷論〉之論諍，乃因憨山與鎮澄討論澄觀〈物不

---

[132] 後秦・僧肇：《肇論》，頁151上。
[133] 後秦・僧肇：《肇論》，頁151中。
[134] 後秦・僧肇：《肇論》，頁151中。
[135] 後秦・僧肇：《肇論》，頁151中下。

遷論〉之評論而起。鎮澄受澄觀之啟示，進而提出〈物不遷論〉
「性住」不合大乘「性空」之說，而引起當時高僧大德的反駁。
雙方諍論的焦點是「性住」與「性空」的問題。鎮澄引用《大品
般若經》與《華嚴經》的經義，強調佛教的精義是「性空」而非
「性住」；密藏道開、雲棲袾宏、道衡、真界、龍池幻有、憨山
等人，或以「不遷」即「真實義」，或引《法華經》「法住法
位，世間相常住」之旨，或引中觀學「緣生無性」的觀點，或以
「性空為不了義經」，天台三諦乃「即真即俗」之真諦，或以華
嚴「動靜不二」論〈物不遷論〉，其目的皆在反駁鎮澄的看法，
維護僧肇〈物不遷論〉的觀點。

　　可以說，明末〈物不遷論〉之論辯，展現了僧人在佛教義
理之學的認真態度，試圖透過經典原義，還原佛教核心思想，並
結合了學術「理性」的判斷與宗教「直觀」體驗。歸結其論辯之
方法特色，不外有下列四項：（一）重視經典「聖言」的高度取
向，如鎮澄回歸《般若經》、《華嚴經》與《涅槃經》，而海印
大士與一幻道人等回歸《法華經》以為論證之依據。（二）或如
憨山以「真常」思想為詮釋核心，或如鎮澄以《般若》「性空」
為基準，真界以「中觀」緣生無性為核心。（三）奠基於文獻學
的考察或自身之體證，前者如鎮澄、道衡等人，後者以憨山為代
表。（四）使用「因明」為思辯的工具，如鎮澄之「宗似因非
說」等。

　　在前人或以中觀、天台、華嚴註解《肇論》而似毫無衝突、
矛盾的情形下，這種現象也發生在明末這些高僧大德個人的見解
中，且彼此之間引用相同的經典，而意見卻大相逕庭。也就是
說，在「回歸經典」中，同樣以「聖言量」為論證判準時，所取
經典一致，但所持之理不同；同樣以「真常」思想或「性空」思

想理解〈物不遷論〉[136]，但或「否定」之、或「肯定」之。而憨山對〈物不遷論〉的認知，除了回歸經典之「理智治學」的「聖言量」外，更訴諸「直觀洞識」之「體證」的「現量」上，以回應鎮澄所訴諸的理智析辯[137]。

　　此外，〈物不遷論〉與〈不真空論〉都在論述佛教諸法「動靜無自性」的觀點，為何〈物不遷論〉被澄觀批駁為「濫同小乘」，而引起明末這場前所未有的諍論。這是否意謂僧肇對於龍樹中觀思想的理解值得商榷，或者在表述上不夠明白。也就是說，《肇論》是否徹底表達龍樹中觀思想，這又是《肇論》思想研究需要解決的另一課題（詳情請見本書第六章第二節〈印順的《肇論》論〉）。

---

[136] 江燦騰認為，鎮澄以「回歸經典」的方式來支持自己的看法，顯示他度取向，也展現出他與憨山不同的路線，但他也以「如來藏」思想為詮釋的核心（見氏著：《晚明佛教叢林改革與佛學諍辯之研究──以憨山德清的改革生涯為中心》，臺北：新文豐出版公司，1990年12月一版，頁303）。黃百儀《僧肇〈物不遷論〉思想研究》認為，憨山與鎮澄兩者其實都從「如來藏」思想來理解〈物不遷論〉，但是鎮澄對〈物不遷論〉持否定的看法，而憨山則持肯定之態度（東海大學哲研所碩士論文，1991年5月，頁5）。

[137] 江燦騰：《晚明佛教叢林改革與佛學諍辯之研究──以憨山德清的改革生涯為中心》，頁303。

第五章　近現代學者之《肇論》研究 ——「哲學角度」的論述

　　近現代學者有關《肇論》之研究，既不同於陳‧慧達、唐‧元康等逐篇逐章的註疏方式，又不類於明末集中於〈物不遷論〉的大論辯，而是提出他們對《肇論》的整體看法。近現代學者有關《肇論》的評述，雖僅是其研究論著中的一小部分，然他們對《肇論》的理解實呈顯另一種氣象，開創新的格局，因此也是《肇論》研究史不可忽視的一章。

　　近現代學者對《肇論》最深入剖析、探究者，要屬湯用彤；湯氏鑽研漢魏兩晉南北朝佛教史，一路研究下來，他從「玄學」（即哲學）角度論《肇論》。這個研究主軸是先前相關的《肇論》註疏或論辯所未全論及的。其次，馮友蘭[1]、侯外廬[2]與唐君毅[3]分別以存在、唯心主義、認識論的思路盱衡《肇論》，

---

[1]　馮友蘭，字芝生，河南省唐河縣人，畢業於北京大學，美國哥倫比亞大學哲學博士。主要著作有《中國哲學史》（兩卷本）、《中國哲學史新編》、《貞元六書》（《新理學》、《新事論》、《新世訓》、《新原人》、《新原道》、《新知言》），均收入今人所編《三松堂全集》中。其研究重點是理學。

[2]　侯外廬是哲學史家、歷史學家，山西平遙人，從1923到1926年就讀於北京政法大學法律系和北京師範大學歷史系，1927到1930年在巴黎大學聽講，開始翻譯《資本論》，1930年回國，先後在哈爾濱大學、北平大學任教授，1934到1937年翻譯《資本論》並研究中國社會史和思想史，1938到1945年任重慶《中蘇文化》主編，1947年在香港達德學院任教。其主要著作有：《中國古代社會與老子》、《古典社會史論》、《中國古代思想學說史》、《中世思想學說史》、《中國思想通史》、《宋明理學史》、《中國近代哲學史》、《封建社會史》、《中國思想史》等。

[3]　唐君毅，四川省宜賓縣人，畢業於中央大學，學貫中西。全部著作輯為

且這些思路也多少回應了《肇論》與「玄學」的關係，亦有其特色，故略加論述。而方東美（1899-1977）《中國大乘佛學》[4]之〈僧肇三論〉[5]一文，以西方哲學「對勘」《肇論》，有其特殊觀點，但不在本書討論主題內[6]；牟宗三（1909-1995）《佛性

《唐君毅全集》（臺北：學生書局，1991年9月出版），共三十大卷。

[4] 《中國大乘佛學》一書是方東美於1974年9月到1975年5月的演講筆記。

[5] 其內容共分以下幾點：（一）僧肇的思想背景，（二）僧肇的〈物不遷論〉，（三）僧肇的〈不真空論〉，（四）境不遷與時不遷，（五）知識論上的難題，（六）〈不真空論〉的思想背景，（七）〈不真空論〉的要旨，（八）實名與假名，（九）〈般若無知論〉，（十）再論真空與妙有，（十一）邏輯上的兩行，（十二）知識論上的兩行，（十三）佛學的本質，（十四）回到〈般若無知論〉（方東美《中國大乘佛學》，臺北：黎明文化，1986年6月再版，頁59-113）。

[6] 方東美之《肇論》論在於「對勘」西方哲學而討論之。其特點有二。其一，〈物不遷論〉與「永恆哲學」。依方氏的觀點，〈物不遷論〉是屬於「永恆哲學」的問題；「永恆哲學」所要解決的問題是怎麼解釋時間上生滅變化的世界（方東美：《中國大乘佛學》，頁73）。方氏以為〈物不遷論〉，是從「事相」而非從「理」而論；〈物不遷論〉「文字固然很精密」（同上，頁67），但在理論上有些毛病，僅就科學上所謂的「永恆結構」之「性不遷」、「體不遷」與「境不遷」而言，就「相」言不遷，「時間」不遷，非就「性」言不遷，有其不足。其二，〈不真空論〉之「假名證虛」與「樸素的語言圖像論」。對於〈不真空論〉之「名實問題」所謂：「夫以名求物，物無當名之實；以物求名，名無得物之功。物無當名之實，非物也；名無得物之功，非名也；是以名不當實，實不當名，名實無當，萬物安在？」方氏指出：「他（僧肇）說邏輯上所要講的名，不是具體的形名，而是抽象的符號──「假名」。為什麼要講假名呢？因為人類的思想所概括的，不僅僅是具體的事實、具體的事物；同時還可以製出一個符號來設想許許多多的可能。」（同上，頁101）方氏所謂「假名」是不錯的。但是沒有針對「假名」的意義作說明。而「樸素語言圖象論」是把任何邏輯上的思想當成圖像，圖像一成立時，一定有外在的事物同它符合，這才構成真理。這就是「形名就實」，也是「製名指實」──思想上的圖像同外在事物真情實況中間，用一個專門名辭來說──「一對一的符合」（同上，頁100）。方氏以此指出僧肇〈不真空論〉的義涵，但仍未點出其背後佛教「緣起」的深義。

與般若》一書，對於《肇論》則略過不論[7]，故都不在本書論述之列。

第一節　湯用彤的「玄學」觀點

　　湯用彤繼承父親湯霖（1850-1911）通達佛學的家學，「寄心於玄遠之學，居恆愛讀內典」[8]，一生專治「佛教史」。他在魏晉玄學研究的成果至今仍是學界難以逾越的雄關[9]。

　　《肇論》之存在，不只是牽動著佛教中觀思想在中國的發展，它與「玄學」的關係若即若離，是中國思想史上重要的課題之一。可以說，《肇論》是「佛學與玄學」交涉史的一部分，也是「佛學」有無走出「格義佛教」的陰影而「自立門戶」的象徵。何以《肇論》在中國佛教史與思想史上的角色如此特殊？這關鍵在於僧肇《肇論》是否以「老莊為法」的問題。

　　關於《肇論》與老莊的關係，一直被討論著。小招提寺之慧達〈肇論序〉即為《肇論》與老莊的關係作撇清。他說：「世

---

[7]　牟宗三說：「僧肇是鳩摩羅什門下，解空第一，然亦只是般若學，屬空宗，故不專述。《肇論》文字美麗，初學者可由之悟入空宗，然亦不能盡般若學之詳也。」（見氏著：《佛性與般若·序》，臺北：學生書局，1984年9月修訂四版，頁3）。牟宗三之佛學思想宗於「天台圓教」，故他又說：「三論宗既宗龍樹三論（《中論》、《百論》、《十二門論》），則亦空宗而已矣。如不止于空宗而有進于空宗者，則不得曰三論宗。如不止于空宗而曰三論宗，則是氾濫；氾濫而不能達至天台圓教之程度，則只是一過渡。」（頁3）。關於牟宗三「天台圓教」思想，可參見拙著：《印順導師的佛教思想》（臺北：法界出版社，2000年1月再版），頁226-236。

[8]　湯用彤：《漢魏兩晉南北朝佛教史》卷首〈跋〉（臺北：駱駝出版社，1987年8月出版），頁1。

[9]　賀麟：《當代中國哲學》（南京：勝利出版社，1945年），頁25。

諶咸云：『肇之所作故是誠（應作「成」）實真諦[10]、地論通宗[11]，莊老所資孟浪之說。』此實巨蠹之言，欺誣亡沒，街巷陋音，未之足拾。」[12]可見《肇論》與老莊的關係曾被注意。

　　湯用彤長期研究魏晉玄學，對僧肇本人及其大作《肇論》之評價甚高。他認為僧肇為中華「玄宗」大師，《肇論》是「中華哲學文字最有價值之著作」[13]。在他看來，《肇論》融合《般若經》、《維摩經》，以及《中論》、《百論》等，用中國論學文體扼要寫出，凡印度名相之分析、事數之排列，均解除畢盡；在文字上，採掇精華，摒棄糟粕，對「印度學說中國化」有「絕大建樹」[14]。且《肇論》在命意遣詞上「多襲老莊玄學」，在義理方面「仍屬玄學之系統」[15]。他認為〈物不遷論〉所談之「動靜」是就「體用」而言。湯氏說：

---

[10] 即以成實論為所依之宗派，又作成論家、成實學派。其宗祖為中印度之訶梨跋摩（梵 Harivarman），約生於佛陀入滅後七百年至九百年間，初於究摩羅陀處修學小乘薩婆多部（說一切有部）教義，繼而研習大小諸部，乃撰述成實論，批判有部理論，未久即震撼摩揭陀國，王譽稱為「像教大宗」。其後於印度之弘布情形不詳。姚秦弘始十四年（412），羅什譯此論，並與門人僧叡等講述之，曇影整理諸品，分立五聚，僧導製作《成實論義疏》，道亮則撰有《成實論疏》八卷。

[11] 地論通宗又作地論家、地論學派。係依《十地經論》之說，主張如來藏緣起義之大乘宗派。弘揚此宗思想者，稱為地論師、地人。北魏永平元年（508），菩提流支、勒那摩提、佛陀扇多及義學緇儒十餘人奉宣武帝之命，於洛陽翻譯《十地經論》，至永平四年完成。其後，因菩提流支及勒那摩提之弟子間，見解有異，本宗遂分為相州南道、相州北道二派，即：慧光承勒那摩提之說，於相州（河南安陽）南部弘法，稱相州南道派，又稱南道，係地論宗之正統；道寵嗣菩提流支之法，宣講於相州北部，是為相州北道派，又稱北道。

[12] 後秦・僧肇：《肇論》（《大正藏》第45冊），頁150中。

[13] 湯用彤：《漢魏兩晉南北朝佛教史》，頁333。

[14] 湯用彤：《漢魏兩晉南北朝佛教史》，頁333。

[15] 湯用彤：《漢魏兩晉南北朝佛教史》，頁333。

全論實在證明動靜一如，住即不住，非謂由一不動之本
體，而生各色變動之現象。蓋本體與萬象不可截分。截分
宰割，以求通於動靜之真際，則違真迷性而莫返。故此論
「即動即靜」之義，正以申明「即體即用」之理論。稱為
「物不遷」者，似乎是專言靜。但所謂不遷者，乃言動靜
一如之本體。絕對之本體，亦可謂超乎言象之動靜之上，
亦即謂法身不壞。故論言「如來功流萬世而常存，道通百
劫而彌固。」法身本體，不偏於相對之動或靜。亦即因
「動靜未始異」也。[16]

在湯氏看來，〈物不遷論〉之「不遷」乃「動靜一如之本體」、
「絕對之本體」、「超乎言象之動靜之上」，是「即動即靜」、
「動靜未始異」之意。湯氏之思想中以為最高之理乃「即動即
靜」，「理」不可分[17]。

---

[16] 湯用彤：《漢魏兩晉南北朝佛教史》，頁334。

[17] 因為有這個看法，因此對於魏晉「七住小頓悟義」，湯用彤提出批評。
他說：「但小頓悟立說雖依經文，而絕非圓義。蓋頓悟之說，亦出於體
用之辨。體者宇宙實相，或稱真如。夫真如絕言，無名無相。中土人或
稱之曰道，或稱之曰理。道一而已，而理亦不可分。真如無相，理不可
分。故入理之慧，亦應無二。於是則始求雖因可有三（就用言），終成
必悟理不二（體）。因是而支安乃立頓悟義。然理既無分，悟亦不二。
則必須見理證體，始為不二之慧。又必至佛地金剛心後，成就法身，
始有頓悟之極慧。而支道林等乃據經文，以為七地結盡，始見無生，乃
謂頓悟在於七住，而究竟證體，仍須進修三位（八、九、十位）。夫既
須進修，則未見理，曷名為悟。又既須進修，則理可分，理既可分，則
慧可有二。支氏等之說，實自語相違也。」（湯用彤：《漢魏兩晉南北
朝佛教史》，頁656）。石峻之見亦同。他說：「夫真理自然，悟則冥
符，見則無差，何容階級？如小頓悟家之論，定慧不等，法有二相，作
此見者，實尚未悟體用之無間，而墮於支離，且亦自語相違也。」（石
峻：〈讀慧達《肇論疏》述所見〉，張曼濤主編：《三論典籍研究》，
《現代佛教學術叢刊》第48冊，臺北：大乘文化出版社，1979年5月初

　　湯氏並概括指出，《肇論》之「動靜觀」來自《莊子》。其
文云：

> 《肇論》重要理論，如齊是非，一動靜，或多由讀《莊
> 子》而有所了悟。惟僧肇特點，在能取莊生之說，獨有
> 會心，而純粹運用之於本體論。其對於流行之玄談，認識
> 極精，對於體用之問題，領會尤切，⋯⋯已談至「有無」
> 「體用」問題之最高峰。[18]

事實上，《莊子》一書中有關動靜之討論，如〈齊物論〉所云：
「方生方死，方死方生；方可方不可，方不可方可」之「動靜主
觀論」，或〈大宗師〉所云：「夫藏舟於壑，藏山於澤，謂之固
矣！然則夜半有力者負之而走，而昧者不知也」之「變動論」，
皆非僧肇思想的源頭。僧肇〈物不遷論〉有關「動靜」問題的
討論，是取自《道行經》、《中觀》、《摩訶衍論》等書，而
非《莊子》。僧肇〈物不遷論〉即自言：「《道行》云：『諸
法本無所從來，去亦無所至。』《中觀》云：『諸法不動，無
去來處。』」[19]他引用的就是《道行經》、《中觀》與《摩訶衍
論》，而非《莊子》。
　　湯用彤認為，魏晉南北朝之佛學與玄學，同主「貴無賤有，
以無為本，以萬有為末。本末即謂體用。」[20]故他肯定「肇公之
學說，一言以蔽之曰：即體即用。」[21]他把魏晉僧俗著述分成四

版，頁306-307）。
[18] 湯用彤：《漢魏兩晉南北朝佛教史》，頁338-339。
[19] 後秦・僧肇：《肇論》，頁151上-中。
[20] 湯用彤：《漢魏兩晉南北朝佛教史》，頁333。
[21] 湯用彤：《漢魏兩晉南北朝佛教史》，頁333。

派：第一派是王輔嗣之學，釋氏則有所謂本無義；第二派是向秀、郭象之學，在釋氏則有支道林之即色義；第三派是心無義，第四派是僧肇之不真空義[22]。「僧肇之不真空義」為玄學派之一。他並說：「學如崇有，則沉淪於耳目聲色之萬象，……學如貴無，則流連於玄冥超絕之境。」[23]他稱譽《肇論》「神契於有無之間」，沒有僅「崇有」或「貴無」之弊。他說：

> 肇公繼承魏晉玄談極盛之後，契神於有無之間，對於本無論之著無，而示以萬法非無。對於向、郭、支遁之著有，而詔之以萬法非有。深識諸法非有非無，乃順第一真諦，而游於中道矣。[24]

在湯氏看來，《肇論》在理論建構上超越其他玄學家。湯氏也應用了佛法「第一真諦」與「中道」這些名詞，文末也說僧肇服膺佛乘，「亦幾突破玄學之藩籬矣」[25]，並引齊・周顒《三宗論》[26]說僧肇之「不真空論」屬「假名空」，「而第三宗假名空則為佛之正說，非群情所及」[27]。湯氏始終確信，「貴無賤有，反本歸真，則晉代佛學與玄學之根本義，殊無區別。」[28]採取玄

---

[22] 湯用彤：《魏晉玄學論稿》（收於賀昌群等著：《魏晉思想》甲編五種，臺北：里仁書局，1984年1月），頁49-58。

[23] 湯用彤：《魏晉玄學論稿》，頁58。

[24] 湯用彤：《魏晉玄學論稿》，頁60。

[25] 湯用彤：《魏晉玄學論稿》，頁61。

[26] 周顒的「三宗論」即「一以空假名破不空假名，二以不空假名破空假名，三以假名空雙破二者，為中道正義。」（參見印順：《中觀今論》，臺北：正聞出版社，1992年4月修訂一版，頁182）。

[27] 湯用彤：《魏晉玄學論稿》，頁61-62。

[28] 湯用彤：《漢魏兩晉南北朝佛教史》，頁275。

學所談之本末、有無來看待《肇論》。

在僧肇《肇論》之前，由於般若經典尚未齊備，故中國早期的般若學有「六家七宗」之說。湯用彤把這「六家七宗」分為三派[29]：一為「二本無」，釋本體之空無；二為「即色、識含、幻化，以至緣會四者」，悉主色無，而以支道林為最有名；三為支愍度，立「心無」。他認為，僧肇〈不真空論〉所破的三家，即此三派[30]。因為湯氏以「玄學」觀點理解《肇論》，所以湯氏

---

[29] 湯用彤：《漢魏兩晉南北朝佛教史》，頁277。

[30] 僧肇〈不真空論〉所斥破之「三家說」，從陳‧慧達《肇論疏》以來就有不同的說法。湯用彤對於僧肇〈不真空論〉的「三家說」有特別的研究。茲列歷代重要《肇論》註疏家所定「三家」一覽表以觀之：

三家 註釋家	心無者	即色者	本無者
陳‧慧達	竺法溫	支道林	道安 慧遠
隋‧吉藏	竺法溫	「關內」 支道林	深法師
唐‧元康	支愍度	支道林	竺法汰
宋‧遵式	支愍度	支道林	竺法汰
元‧文才	道恆	支道林	竺法汰
湯用彤	支愍度	支道林	

從上表可知，吉藏認為「即色者」之說法有二，一為「關內即色義」，一為「支道林即色遊玄論」，而僧肇所破者乃「關內即色義」之「即色是空」，非支道林「即色遊玄論」之「本性空」。這是吉藏獨特之見，後世無與之同者。慧達則認為，三家中的「即色者」指的是支道林一人而已。對於吉藏與慧達的不同看法，湯用彤較肯認慧達的見解，以為吉藏所言之「關內即色義」，恐非事實。（見氏著：《漢魏兩晉南北朝佛教史》，頁260）。所謂「心無論」又有「三家」說法，即竺法溫、支愍度與道恆。對於這三家，湯用彤參考陳寅恪〈支愍度學說考〉（陳寅恪：《陳寅恪全集》下，臺北：里仁書局，1979年12月出版，頁1229-1254），作了以下的評論：「支愍度乃晉惠帝時沙門，《高僧傳》謂其成帝時過江。而《世說》則謂其立心無義在江北。竺法蘊乃深公之弟子，為支愍度晚輩。而法汰則

說：「魏晉時代的佛學是玄學。」[31]而《肇論》就是玄學。

第二節　馮、侯、唐氏的另類觀點

近現代學者，除湯用彤投畢生心力於漢魏兩晉南北朝佛教史的研究，而獲得上節所述有關《肇論》的「玄學」觀點之外，馮友蘭、侯外廬與唐君毅諸儒在其哲學史或思想史的論著中，亦或

在興寧三年頃至江陵，與道恆爭心無義。以此推之，愍度之年代最早。」（見氏著：《漢魏兩晉南北朝佛教史》，頁267）湯氏以為，此三家「心無義」皆成立，但以支愍度為最早。至於「本無宗」，湯用彤則未下定論。

[31] 湯用彤說：（一）玄學的產生與佛學無關，其原因在於：正始以後之學術兼接漢代家之緒，老學影響逐漸顯著，劉劭《人物志》已採用道家之旨；清談既久，由具體人事以至抽象玄理，乃學問本身演進必然之趨勢（引自孫尚揚：《湯用彤》，臺北：東大圖書公司，1996年6月出版，頁222-223）。（二）魏晉思想在理論上與佛學上之關係是；一方面佛教是先受玄學的洗禮，另一方面是佛學對玄學根本問題有更深一層之發揮，所以魏晉時代的佛學可說是玄學，佛學於玄學有推波助瀾之勢（頁304）。關於湯用彤「玄學的產生與佛學無關」的問題，呂澂（1896-1989）〈西域傳本佛典的廣譯〉有不同的看法。呂澂認為王弼受到《易經》「言不盡意」、「立象盡意」與《莊子‧外物篇》的影響，得出「得意忘象」與「得象忘言」的命題。其中「忘象」這個新說法，很可能受到般若「無相」啟發。而且支謙所譯《大明度經》之注云：「由言證已，當還本無」，就很像「得意在忘象」與「得象在忘言」的說法（見氏著：《中國佛學源流略講》，臺北：里仁書局，1985年1月出版，頁36-37）。洪修平也繼承呂澂的觀點，並進一步提出證據：（一）支讖《道行經》翻譯的時間比「正始玄風」的興起早六、七十年，在地點上，洛陽是玄學興起之地，也是佛教重鎮；（二）支讖翻譯的《道行經》中有基本概念叫「本無」，而何晏、王弼的哲學思想核心是「以無為本」，這說明老莊化的譯經把般若的性空之義譯為「本無」之後，就具備了發展玄學貴無思想的可能；（三）支讖翻譯的《道行經》早在玄學之前就以「本末」作為哲學範疇，先秦兩漢著述中的「本末」有經濟或政治上的涵義，還不是哲學上的概念；（四）佛教所說的「依義不依語」或「不可思議」，對玄學「得意忘言」思想的形成，很可能產生影響（見氏著：〈佛教般若思想的傳入和魏晉玄學產生〉，《南京大學學報》1985年增刊，頁58-64）。

多或少探討了《肇論》，分別提出的觀點，基本上仍在回應《肇論》與玄學的問題，賦予此一課題另類的回響。

一、馮友蘭「存在」的討論

馮友蘭《中國哲學史新編》第四冊之第四十五章〈佛學在中國發展的第一階段——「格義」〉，以一小節的篇幅討論〈僧肇及其著作〉。從這篇小文章可見，馮氏雖以理學為核心，但對佛學亦有其理解之工夫。

馮氏早期《中國哲學史綱》一書，對於僧肇《肇論》的討論，往往引用《寶藏論》，對於佛學與玄學未加細辨，以為僧肇所作諸論均兼有佛學玄學之義，於《肇論》諸篇未能提綱挈領指出其深義[32]。馮氏後來完成的《中國哲學史新編》，已不再徵引《寶藏論》[33]，逐漸掌握了佛學與玄學的差異，且點出《肇論》各篇之深義。

相較於湯用彤以「玄學」論《肇論》，混淆了玄學與佛學的不同，馮友蘭則認為，《肇論》有些論題，如「有無」、「聖人」是沿用玄學，但所談的是佛學的課題，最後的目的還是要回到脫離生死、超脫輪迴，這是佛學的主要問題，而不是玄學的主要問題[34]。

---

[32] 馮友蘭：《中國哲學史綱》（出版地及年月不詳），頁676-685。

[33] 湯用彤已證明《寶藏論》「決為偽托」。湯氏之理由有四：（一）《祐錄》、《長房錄》、《內典錄》、《隋志》與兩本《唐志》，均未著錄，且六朝章疏未言及，至《通志略》與《宋史藝文志》始列入。（二）明·憨山大師說《傳燈錄》載僧肇被殺時，乞七日假，著《寶藏論》，但查《傳燈錄》無此語。（三）論中頗多禪宗語，也夾有道教理論與名詞，可能是中唐以後之人雜湊而成。（四）言論離奇，非僧肇之學（見氏著：《漢魏兩晉南北朝佛教史》，頁332）。

[34] 馮友蘭：《中國哲學史新編》（四）（臺北：藍燈文化公司，1991年12

　　馮氏首先辨明「玄學」的「有」、「無」，與「佛學」的
「有」、「無」，並不是「一回事」。他說：

> 玄學所謂「無」是抽象的「有」，因為抽象，「有」就
> 變成「無」了。……（僧肇）這裡所說的「無」就是
> 「空」，這是就具體的事物說的，所以同玄學說的「無」
> 根本不是一回事。僧肇認為這個「空」是「諸法實相」，
> 就是說這是一切事物的真實情況，他認為佛學所講的就是
> 一切事物的真實情況。[35]

馮氏以為，玄學的「有」、「無」是討論宇宙本體的問題，而僧
肇所講的「空」是「諸法實相」，並非玄學式的本體論，而是從
現實事相中契入，是一切事物的真實情況。

　　為了闡明這個觀點，馮氏進一步引述〈不真空論〉所說的
「欲言其有，有非真生。欲言其無，事象既形。象形不即無，非
真非實有」，而論證道：

> 僧肇認為一切事物都是「一有一無」，「不有不無」，這
> 是一切事物的真實情況，也就是「諸法實相」。……玄學
> 中的「有」、「無」問題是就一般和特殊的問題說的，佛
> 學中的「有」、「無」問題是就事物的「存在」說的，這
> 兩者不是一回事。[36]

月初版），頁241。

[35]　馮友蘭：《中國哲學史新編》（四），頁236。

[36]　馮友蘭：《中國哲學史新編》（四），頁238。

此中「一有一無」，應是「亦有亦無」之誤。這乃是一般判斷論議形式之四句：即一「有」、二「無」、三「亦有亦無」、四「非有非無」的形式。依馮氏的觀點，僧肇〈不真空論〉之「欲言其有，有非真生。欲言其無，事象既形。象形不即無，非真非實有」，說的是一切事物都是「亦有亦無」、「不有不無」（即「非有非無」），就是事物的真實情況，也就是諸法實相。因此，他認為佛學之「有」、「無」是就事物「存在」而論的。

馮氏以為佛學係就「存在」而論，但那是什麼的「存在」，馮氏並未進一步說明。同時，馮氏認為僧肇以「亦有亦無」、「不有不無」說明「諸法實相」，惟僧肇「如何說」一切事物之「實相」是「亦有亦無」、「不有不無」，也就是說「有」、說「無」、說「亦有亦無」、說「不有不無」，這些從何而說，馮氏也未加細究。不過，馮氏認為《肇論》探討的「有」、「無」，不是玄學的論述，而是就「存在」之真實情形而論，這點是他的新識。

此外，馮氏對〈不真空論〉的理解也不乏卓見：他認為「不真空」的意思是不真故空，意思就是說人和事物都是一個生滅，緣會則生，緣離則滅，所以都是虛幻的，不真實的。因為不真實，所以是空。「不真空」是要說明，雖然一切事物都是虛幻的，但並非沒有那些虛幻，虛幻是有的，不過是不真實[37]。這裏，馮氏直接以「不真故空」詮釋僧肇之〈不真空論〉，較之早期所說：「故萬物皆有其所以不有，有其所以不無，此所謂不真空義也。」[38]識見已不同。

---

[37] 馮友蘭：《中國哲學史新編》（四），頁238。
[38] 馮友蘭：《中國哲學史綱》，頁679。

　　馮氏除了提出上面的討論外，對於《肇論》的版本性質及各主要篇章的旨趣，也有他的一些看法。首先，他認為《肇論》不是幾篇合起來的論文集而是一篇完整的哲學論文，自成體系，以〈宗本義〉樹立其根本觀點[39]。言下之意，馮氏以為〈宗本義〉為該書之綱領，肯定是僧肇所作無誤。其次，馮氏認為〈物不遷論〉除討論「動靜變化」外，也為佛學所講的「業報」作了一個理論的根據。他說：

> 僧肇認為，過去雖然已成為過去，但是曾經存在，曾存在不等於不存在，曾存在的事物雖然現在已經不存在，但已成為「業」，……〈物不遷論〉說：「是以如來功流萬世而常存，……功業不可朽，故雖在昔而不化。」[40]

馮氏以為僧肇〈物不遷論〉之「不遷」，有「業力不爽」的業報論。
　　再次，對於〈般若無知論〉，他說：

> 「般若」當然不是鏡子，……大概是一種類似直觀的知識。……在直觀中，人們不用理性認識中的概念，不用抽象的概念去套具體的事物。這就叫不取相。……我的這理解並不是把「般若」和直觀等同起來，只是說般若也是一種直觀或者和直觀是類似的。[41]

---

[39]　馮友蘭：《中國哲學史新編》（四），頁235。
[40]　馮友蘭：《中國哲學史新編》（四），頁237。
[41]　馮友蘭：《中國哲學史新編》（四），頁239-240。

　　馮氏簡要說明證入「般若」的方式是一種「直觀」，可惜對於「般若」是一種「無分別智」，且「能所雙泯」的境界未予闡述。對此，呂澂的論說較為透徹（詳後第六章）。而對於〈涅槃無名論〉，馮氏僅點出：「『涅槃』不是別的，就是有『般若』的人的精神境界。」[42]同樣欠詳，不免有憾。

　　由上可知，不管馮氏有無透徹理解《肇論》，但他不把《肇論》等同玄學，在思想認識上已是一個新境。此外，他認為〈不真空論〉與〈物不遷論〉討論「諸法實相」問題，前者從「事物本身」切入，後者從「運動方面」竭力；其結論是：「一切諸法，本性空寂」，「空」不是什麼東西都沒有，而是什麼東西都是「緣生」；「寂」並不是沒有運動，而是「物不遷」，「昔物不至今」。再者，他認為〈般若無知論〉說明如何認識「諸法實相」。「般若」是一種直觀，「無知」是它的特點。還有，他以為〈涅槃無名論〉是說明正確認識「諸法實相」的人的精神境界[43]。最後，他點出「涅槃」境界是出離生死，超脫輪迴，屬「宗教信仰」層次，非「哲學範圍」。這些都體現了馮氏以佛學論衡《肇論》的成果[44]，其「存在」的角度多少釐清了佛學與玄學異同的問題。

---

[42] 馮友蘭：《中國哲學史新編》（四），頁241。

[43] 馮友蘭：《中國哲學史新編》（四），頁242-243。

[44] 可以說，馮氏是近現代學者中對《肇論》較徹底認識者之一，惟其見解，尚待商榷者，如：（一）關於「無知」是「般若」的特點（見氏著《中國哲學史新編》（四），頁242）。應該說「無知」不只是「直觀」而已，而是「依智不依識」；（二）在「漸」與「頓」的關係上。馮氏說：「『漸』是『頓』的準備，『頓』是『漸』的結果，兩者相反相成的。」（頁242）實際上，更徹底地說，「理」需「頓悟」，「事」必「漸修」，漸修頓悟是大乘佛教的常軌。

二、侯外廬「唯心主義」的評判

侯外廬是「馬克思主義歷史學家」[45]，他以魏晉南北朝中國思想演進及社會嬗變的總認識為背景，認為在南朝，佛學由於和「玄學的流風」接榫，「適應了上層士大夫的玄學興趣」，而有「相對獨立的發展」[46]。他在《中國思想通史》第三卷第十章〈佛學與魏晉玄學的合流〉，討論魏晉佛學與玄學的問題，其中第三節〈晉宋間的般若學與涅槃學〉處理僧肇《肇論》的思想問題。

不同於湯用彤與馮友蘭的觀察方法，侯氏參酌龍樹「中論」檢視《肇論》，又引用僧肇《注維摩詰經》，並以「唯心主義」述評《肇論》思想。在他看來，晉、宋之際，龍樹的「虛無主義哲學」通過鳩摩羅什的翻譯而傳入中國，「般若學」也因此有了新的發展，僧肇便是「接受龍樹佛學的影響而發揮般若學教義的一個著名僧侶。」[47]依他的觀察，僧肇「於玄學有一定的修養」，論著中「時時援用玄學術語」，「而在中外思想的交融上遠遠超出『格義』的樊籬」[48]。

侯外廬認為，《肇論》之〈物不遷論〉與〈不真空論〉二文是最能代表僧肇融貫「般若」與「三論」的作品。依侯氏的觀點，〈物不遷論〉是探討客觀世界有無變化、生滅與運動的問題，而僧肇就從現象的變遷上開始，以「時間」本身為討論前提，再就「因果關係」加以闡發，且運用龍樹「二律背反」的方

[45] 盧鐘鋒：〈侯外廬與中國傳統思想文化的研究〉（《中國史研究》，1994年第1期），頁16。
[46] 侯外廬主編：《中國思想史綱》（臺北：五南出版社，1993年），頁174。
[47] 侯外廬主編：《中國思想史綱》，頁177。
[48] 侯外廬主編：《中國思想通史》（三）（北京：人民出版社，1957年5月初版），頁445。

法論證之，接著採取「時間的綿延性的不可得」，以及「因果關係之否定」，從而說明「物不遷」。他說：

> 「二律背反」的運用，……由此論證所論證的對象為虛幻不實，他（龍樹）在揭示矛盾的基礎上，并沒有發現真理，反而建立其兩可而兩非、兼取而兼遣的懷疑論。……在論證時間的虛妄性時，龍樹所揭示的時間的矛盾之一便是：時間的綿延是不可能的，同時，時間的不綿延又是不可能的。……僧肇在〈物不遷論〉中對時間的論證，截取了龍樹破時間的綿延性的一面。……故「古今常存」，……由時間的不綿延性而否定事物在時間內的運動。……從事物的因果關係不能成立來看，……分析的結果是因果不可得，因而物無變遷。[49]

在侯氏看來，僧肇從「時間」與「因果」討論現象有無變化、生滅與運動的問題，揭示了運動的矛盾性，但僧肇不能理解矛盾本身正是思維與思維對象之間的矛盾辯證，其間存在著矛盾的統一性，故而「分析矛盾時透露了辯證法而又用形式邏輯的同一律加以否定，由分析矛盾而否定矛盾」[50]。

對於〈不真空論〉的思想，侯氏也從僧肇的論證方式批評之，他說：

> （〈不真空論〉）是說，如果要談有，則考察有的結果卻是無，因此有是假有，有是幻化之有；如果要談無，則考

---

[49] 侯外廬主編：《中國思想通史》（三），頁446-449。
[50] 侯外廬主編：《中國思想通史》（三），頁451。

察無的結果卻是有，因萬物確實待緣而生。不論從正反兩
面來看，有無皆虛妄相，虛妄不真，故空。這樣看來，
〈物不遷論〉與〈不真空論〉的邏輯相似，都從詭辯方
法，得出一個唯心主義世界觀。[51]

侯氏治學，堅持「兩種文化」的觀點，他研究中國中世紀的思想
文化，輒以「唯物主義」與「唯心主義」的「鬥爭」立論。他視
僧肇是道地的「唯心主義」者。

　　對於僧肇〈答劉遺民〉所云：「且夫心之有也，以其有有。
有不自有，故聖心不有有，故有無有。有無有故，則無無。無無
故，聖人不有不無。不有不無，其神乃虛。」侯氏認為僧肇此
段文字，在於說明外物的有無，歸根究柢只是心之有「有」無
「無」的結果[52]。不過，仔細分析這段文字是說：心之「存在」
以其「有」「存在」，「存在」不是自己「存在」，故聖心不
「實有」「存在」，故「存在」不是「實有」。「存在」不是
「實有」故，則「沒有」「不存在」。「沒有」「不存在」故，
聖人不「存在」不「不存在」，其神「不有不無」。這是說明
佛教之「有無」（即空有）觀，不是「唯心」的主張。然依侯
氏的觀點，僧肇「和一般的佛教學者一樣，堅持唯心主義的世界
觀」[53]，是「否定世界可知性的懷疑論者」[54]。在侯氏看來，僧
肇《肇論》「不僅否認客觀事物變化的真實性，而且也否認客觀
世界存在的真實性」；最後陷於「物我俱一」的唯心主義，並在

[51]　侯外盧主編：《中國思想通史》（三），頁451。
[52]　侯外盧主編：《中國思想通史》（三），頁455。
[53]　侯外盧主編：《中國思想通史》（三），頁455。
[54]　侯外盧主編：《中國思想通史》（三），頁456。

認識論上得出「智照無功」、否認認識作用的「直覺論」[55]。

　　相較於湯用彤與馮友蘭的論述方式，侯外廬參酌龍樹學說，從「中論」品評《肇論》，雖然他得到的結論是：僧肇是唯心主義者、是懷疑論者，但不可否認的，侯氏的觀點，已逐漸貼近《肇論》的思想。也因此，侯外廬對於《肇論》與玄學關聯問題，不同於湯用彤的見解，他指出：

> 從僧肇的現存著作看來，他擷取龍樹中觀學說，發揮了中土般若學的玄學命題，在形式上是魏晉玄學的遺緒，而在內容上則更多地滲透著印度的佛學思想。[56]

侯氏非「中觀學」之專家，但是他看出中觀學才是僧肇《肇論》創作的源頭，並且是其思想的所在，這反應了侯氏較湯用彤在此一課題有較敏銳的思考。

三、唐君毅「知識論」的角度

　　唐君毅〈僧肇之物性義，及般若體性義，與老莊之致虛〉[57]，是關於《肇論》的討論。唐氏歸納《肇論》四論之旨為「言動靜」、「言有無」、「言能證之般若」與「言所證之涅槃」。唐氏評〈不真空論〉，頗能切中佛教「緣起」思想；論〈般若無知論〉，點出般若不同於常人之惑智；至於〈涅槃無名

---

[55] 侯外廬主編：《中國思想史綱》，頁177。
[56] 侯外廬主編：《中國思想通史》（三），頁457-458。
[57] 唐君毅《中國哲學原論原性篇》還蒐集多篇佛學論文，包括：〈般若宗即空言性，與唯識宗即識言性、及即種姓言性〉、〈佛心與眾生之佛性〉、〈華嚴之性起與天台之性具，及其相關連之問題〉、〈禪宗與佛學他宗，及惠能壇經之自性義與工夫〉等文。

論〉則未論及[58]。

　　對於〈物不遷論〉，唐氏從「知識論」角度切入，且評論較多。他從「知識論」的角度論〈物不遷論〉[59]，指出：

> 今僧肇論物之動靜之性問題，則初純為就吾人知之所對之物，而問其是否真有此「動靜之相」可說？……吾人亦可說：此中之問題，亦即吾人於物所知之動靜二相，或於物所得之動靜二觀念，是否可同時應用於一物之上，而見即動即靜之問題。此問題之本性，實乃人所認知者是否即真實之問題。此中動靜之觀念之意義，初為知識論的，而非存在論的。故與存在論上言寂感生成以及體用等，實初不相干者。[60]

唐氏認為，〈物不遷論〉討論的是「人所認知者是否即真實之問題」；不過，「吾人之認識上所見之動靜二相，是否可不見其分別；或於一物之具動相者，亦見其具靜相，以使此二相之分別，得相與而俱泯」，所以〈物不遷論〉討論的是「知識論」問題。

　　以此觀點，唐氏批評湯用彤把〈物不遷論〉之「即動即靜」視為「即體即用」，是不當的[61]。他又說：「非謂人超拔出『去』與『動』之觀念後，有馮友蘭中哲史所謂曾存在者之常在也。」[62]

---

[58]　唐君毅：《中國哲學原論原性篇》（臺北：學生書局，1979年2月四版），頁195-196。

[59]　黃百儀也認為唐君毅站在認識論的立場，認為僧肇是要人即動見靜，以進而超越動靜（見氏著：《僧肇〈物不遷論〉思想研究》，東海大學哲研所碩士論文，1991年5月，頁4-5）。

[60]　唐君毅：《中國哲學原論原性篇》，頁196-197。

[61]　唐君毅：《中國哲學原論原性篇》，頁197。

[62]　唐君毅：《中國哲學原論原性篇》，頁197-198。

批駁馮友蘭以《肇論》是「存在」的看法。

對於〈不真空論〉，唐氏以為「僧肇之言萬物之即色而空，乃自當前所對萬物之非真有、非真無而說」，是「待緣而生」之緣起而「有」（緣起有）、緣起而「無」（自性無）；「非不從緣起，而非真有」，「既能由緣起，而知其非真無」[63]。唐氏之說，頗為中肯，然用「即色而空」說僧肇〈不真空論〉，有與支道林「即色義」相混之嫌。

此外，對於〈般若無知論〉，唐氏也是就「知識論」而言，他以為〈般若無知論〉「則是直就此能即動而見靜，即色而觀空之智慧心或般若自體而說。」[64]也就是說，般若「能照」（般若自體）與「所照」（即色而觀空之智慧心）之聖智不同於常人惑取之知。然此「聖智」（無知）即是「無分別智」，此關鍵點，唐氏並未加以闡明。

唐氏從「知識論」論《肇論》，並批評湯用彤「即體即用」之「玄學」觀點，但仍處處不忘以《肇論》與「老莊之言」相提而論。唐氏認為〈物不遷論〉之「即動求靜」與莊子之「與化為常」，在「境界」上有其相通處，他說：

> 順莊子之教，則人能與變化同流，人心即能不滯於「故」。不滯於故，則自然無執，亦無求昔今之事；則萬物萬化，吾亦與之萬化，而心與境恆兩兩相孚以俱行，即亦可順變而不失於變，而「與化為常」。此境界，實又與僧肇所謂即動求靜者無別。[65]

---

[63] 唐君毅：《中國哲學原論原性篇》，頁199。
[64] 唐君毅：《中國哲學原論原性篇》，頁200。
[65] 唐君毅：《中國哲學原論原性篇》，頁198-199。

「動」即「化」，「靜」為「常」，就境界而言，「即動求靜」
和「與化為常」確有其相通處。

　再者，對於〈不真空論〉之「即萬物之自虛」與莊子之「無
有無無」（由「無有」達「無無」），唐氏以為兩者在「工夫」
上亦有相接處，他說：

> 莊子之「無有無無」之工夫，雖非即萬物而觀其自虛之觀
> 法，亦無假虛以虛物之論，然亦為一假虛以虛心之工夫。
> 有此工夫者，自亦能即其心之虛而觀萬物之自虛。此又即
> 僧肇論有無之旨與莊子之言相通接處。[66]

亦即僧肇〈不真空論〉所謂「即萬物之自虛」，乃即諸法立處為
「空」。此與莊子由「無有」達「無無」在工夫上有會通之處。

　唐氏以老莊思想比擬《肇論》，與馮友蘭、侯外廬之區分
玄學與佛學，自又不同。唐氏之〈僧肇三論與玄學〉更進而討論
《肇論》與玄學的關係[67]。他認為，僧肇《肇論》之不同於六家
七宗及玄學家者，在於「能兼通般若宗之經論與魏晉之玄理中求
之」[68]。言下之意，《肇論》與玄學淵源深厚。

　綜上所述，近現代學者對於《肇論》的研究成果，湯用彤
「玄學」的角度，似乎凸顯《肇論》不能自外於玄學，《肇論》

---

[66] 唐君毅：《中國哲學原論原性篇》，頁200。

[67] 唐君毅〈僧肇三論與玄學〉就四部分討論：（一）僧肇之〈物不遷〉義
　與玄學義；（二）〈不真空論〉言有無真俗義及王弼郭象之有無義；
　（三）〈般若無知論〉言心知與中國固有思想中言心知之異同；（四）
　執見之起源、一般藝術哲學之觀照心與佛家觀照心、悲憫（載張曼濤
　編：《現代佛教學術叢刊》第48冊，《三論典籍研究》，臺北：大乘文
　化出版社，1979年8月初版，頁209-234）。

[68] 唐君毅：〈僧肇三論與玄學〉，頁209。

依然是玄學。而馮友蘭對於《肇論》思想多少有些掌握，雖言簡而意賅，但從「存在」論《肇論》，企圖釐清佛學之「有」、「無」，與玄學之「有」、「無」的不同，仍有其深度。侯外盧雖則不脫「馬列思維」，以「唯心主義」視《肇論》，但其參引龍樹中觀的論述，已逐漸貼近《肇論》。唐君毅雖然從「知識論」的角度盱衡《肇論》，但對於《肇論》之於玄學的關係問題則與湯用彤雷同。

第六章　近現代佛教界之《肇論》觀
——「般若」與「中觀」的判攝

　　相較於先前的陳・慧達以來之註疏家從「中觀」到「天台」、「華嚴」的詮釋，明末〈物不遷論〉之融攝「各宗思想」的論述，以及近現代學者採取「哲學角度」論《肇論》，近現代佛教界之呂澂與印順則又回歸佛教思想評述《肇論》。呂澂與印順雖然都沒有關於《肇論》的專篇研究，只在相關論文中略為討論，但呂澂從「般若」加以詮釋，印順回歸「龍樹中觀」，實為《肇論》研究史之另一重要里程碑。

第一節　呂澂「般若」的論述

　　呂澂是近現代攻治佛學的著名學者。作為歐陽竟無（1871-1943）的得意弟子，民國七年，呂氏應其師之邀，至南京金陵刻經處籌辦支那內學院，專心致力於佛學研究。由於他精通英、日、梵、巴利等多種文字，擅於應用各種文獻資料，故所著如《雜阿含經刊定記》、《西藏佛學原論》、《印度佛學源流略講》、《中國佛學源流略講》等書，對於佛學的歷史研究與理論分析均有貢獻。

　　受到支那內學院「回歸印度佛教」精神的影響，呂氏從佛教思想的歷史發展來考覈佛教內涵的轉變，以唯識為治學之重點，

而宗主於印度安慧的唯識[1]。他對中國佛教多所針砭，其中以對
於《大乘起信論》、《楞嚴經》和《梵網經》等之批判尤力[2]。
而他關於《肇論》之研究，雖僅有《中國佛學源流略講》之〈關
河所傳大乘龍樹學〉一文，但所發言論，卻是擲地有聲。

　　不同於湯用彤的「玄學」觀點，呂氏認為《肇論》雖然未能
完全擺脫玄學的影響，運用了玄學的詞句，思想也與玄學劃不清
界限，如在〈不真空論〉裏有「一氣以觀化」、「物我同根，是
非一氣」等同於玄學的說法[3]，但《肇論》的思想實以「般若」
為中心，而且能從認識論角度深入闡述，得著「龍樹學」的精
神[4]。呂氏對於《肇論》，除〈宗本義〉外，皆提出過他個人精
要的看法。

　　首先，對於僧肇〈物不遷論〉所說之「不遷」，他認為是針
對小乘執著「無常」的人而說，並非反對佛家所主張的「諸行無
常」的理論；「物不遷」只是僧肇解釋「無常」所建立的新命題
而已[5]。他引用陳‧慧達《肇論疏》所云：「今不言遷，反言不
遷者，立教（指《肇論》本意），只為『中根』執『無常』教者
說」之說而闡述之。其文云：

　　　　依佛家無常說，應該講遷，現在反講不遷，正是針對聲
　　　　聞、緣覺執著無常，不懂得真正的意義者而言。……防

---

[1]　溫金柯採訪整理：〈印順導師談呂澂〉（《法光》第1期，1989年1月）。
[2]　參見藍吉富：《二十世紀的中日佛教》（臺北：新文豐出版公司，1991
　　　年10月初版），頁199-212。
[3]　呂澂：《中國佛學源流略講》（臺北：里仁書局，1985年1月初版），頁
　　　109。
[4]　呂澂：《中國佛學源流略講》，頁109。
[5]　呂澂：《中國佛學源流略講》，頁111。

止人們執著「常」，所以說「去」；防止人們執著「無
常」，所以說「住」。……這就說明，僧肇之所謂不遷，
並非主張「常」來反對「無常」，而是「動靜未嘗異」的
意思。[6]

依呂氏的觀點，僧肇說「不遷」是為「對治」聲聞、緣覺不了解
「無常」的真義，而執有一個「無常」，所以說「不遷」，並非
主張「不遷」之「常」，以反對「遷變」之「無常」。

　再者，呂氏指出，〈物不遷論〉不僅反對小乘之執著「無
常」，也在反對小乘「說一切有部」[7]主張「三世實有」[8]之「法
體恆有，三世實有」的說法。呂氏所言「說一切有部」主張之
「法體恆有，三世恆有」，即部派佛教重要典籍《阿毘達磨大
毘婆沙論》[9]所云：「三世諸法，因性果性，隨其所應，次第安

[6] 呂澂：《中國佛學源流略講》，頁110-111。
[7] 從一味和合的「原始佛教」演進到「部派佛教」，首先是「大眾部」與
「上座部」。「上座部」又分化為「（上座）分別說部」與「上座（分
別說部分出以後的說一切有系）」二部，同「大眾部」合為三部。「上
座（說一切有系）」又分為「說一切有部」與「犢子部」等。傳說中共
有十八部，「說一切有部」是從「上座部」分化出來（參見印順：《印
度佛教思想史》，臺北：正聞出版社，1988年9月二版，頁38-46）。
[8] 釋悟殷認為，部派佛教的時間觀，有兩大系統：「三世實有」與「現在
實有」。因為時間本身含有，從過去到現在、未來的「相續性」，以
及從未來到現在，再到過去的「剎那性」。從剎那上分別假實，對於過
去、未來是有是無的見解不同，就形成了「三世實有」或「現在實有」
的異見（參見氏著：《部派佛教——實相篇、業果篇》，臺北：法界出
版社，2001年3月初版，頁8）。
[9] 唐·玄奘譯：《阿毘達磨大毘婆沙論》，凡二百卷，相傳係貴霜王朝迦
膩色迦王與脅尊者，招集五百阿羅漢集結而成，為部派佛教教理之集
大成者。本論之內容，係收集諸論師對說一切有部佛教根本聖典《發智
論》之註釋，系統地總結「說一切有部」之理論主張，並對大眾部、法
藏部等之觀點進行批判。其中心論題為「三世實有」與「法體恆有」。

立。體實恆有，無增無減；但依作用，說有說無。」[10]這段文字說明有部主張，一切法恆住自性，不增不減，三世一如，謂「法體恆有」；因緣和合，由恆住自性的法體上現起的作用生滅，安立三世。未有作用名「未來」，正有作用名「現在」，作用已滅名「過去」，故「三世實有」[11]。「一切有部」的這種主張，與龍樹學所強調「八不緣起」[12]之「不來亦不去」的理論相違。因此，呂氏以為，〈物不遷論〉之「不從今以至昔」，都是針對有部「相用有異，法體則一」，所作的破斥[13]。此處有部「相用有異，法體則一」之說，意即一切法本自成就，從未來到現在，由現在到過去，雖有三世的變異，而法體在三世中，始終是如此的。

另外，呂氏進一步認為，僧肇為解釋中觀「性空」思想，立「不真空」這一新命題。他對僧肇所謂的「不真」、「空」，解說如下：

> 什麼是「不真」？「不真」指「假名」。論中一再提到：「諸法假號不真」，「故知萬物非真，假號久矣」。什麼是「空」？萬物從假名看來是不真，執著假名構畫出來的諸法自性當然是空。所謂「不真空」就是「不真」即「空」。[14]

---

[10] 唐‧玄奘譯：《阿毗達磨大毗婆沙論》卷七六（《大正藏》第27冊），頁395下-396上。

[11] 釋悟殷：《部派佛教──實相篇、業果篇》，頁8。

[12] 龍樹《中論》之「八不緣起」，乃就「存有」、「時間」、「空間」與「運動」四個範疇為說明世間的根本而普遍的法則。

[13] 呂澂：《中國佛學源流略講》，頁111。

[14] 呂澂：《中國佛學源流略講》，頁111。

言下之意，呂氏以為僧肇所說之「不真空」乃屬「假名空」。這就如吉藏所云：「假名空，原出僧肇〈不真空論〉。」[15]其實這是關河古義「即假為空」之「初重二諦」──「假有為俗」，「即空為真」的說法。

　　不僅如此，呂氏也認為，僧肇之〈不真空論〉除了破斥當時關河流行之三家說──「本無」、「即色」、「心無」外，該文之「即萬物之自虛，豈待宰割以求通哉」，其用意在申明萬物本自空性，非待分析而空，亦在批駁小乘之「析色明空」。其文云：

> 宰割，指小乘的分析而言。小乘講空，是「析色明空」，以為事物由極微積成，經過分析，才見其為空無，這就是「待宰割」以求空。說不真即空，就是講萬物原本是空，不待分析。[16]

「空」是佛法的特色，但因認識之深淺而有不同。小乘學者在事事物物的觀察上，利用分析的方法，理解事物假合的無體空，以為色法是一微一微的，心法是一剎那一剎那的，所以雖然說空，結果還是不空。這就是所謂的「分析空」。而所謂「觀空」，可以名為唯識空，也就是在感情的苦樂好惡上，以為一切法常是隨觀念而轉的。

　　此外，大乘中觀以為諸法自性即空（自性空），非小乘之待「分析」而後空。因此，呂氏進而指出僧肇所云：「是以聖人乘千化而不變，履萬惑而常通者，以其即萬物之自虛，不假虛而虛

---

[15] 唐・吉藏：《中觀論疏》（《大正藏》第42冊），頁29中-下。

[16] 呂澂：《中國佛學源流略講》，頁113。

物也」[17]之「萬物自虛」，即就萬物之「法性自空」而說。

關於〈般若無知論〉，呂氏以為該文反映出僧肇初期對般若的理解。其撰作要點在解釋般若之作為「無相」與「無知」的性質[18]。他說：

> 般若之能照，即在於無知；般若之所照，即在於無相。無知、無相，即「虛其心，實其照」。因為心有所取著，就會有不全之處，若無所取著（「不取」）構成的知即是「無知」、「虛」。諸法看起來有種種形象，但都是建立在自性空上的，所以究竟還是「無相」。照到「無相」，就與實際相契合而成為「無知」。[19]

所謂「無相」，即是所說的「實相無相」。體證「所照」之「無相」，在於「能照」之「無知」，即所謂之「無漏聖智」、「現證般若」、「如如智」、「無分別智」。簡言之，證悟了的般若，我們稱之為「實相般若」，這「實相般若」在佛法中又被稱為「無分別智」。呂氏以為僧肇以「般若無知」稱之，雖言簡意賅，但文字上沒有徹底發揮，所以不免引起劉遺民與慧遠的質疑[20]。

般若之「無知」，應作何解，論說紛陳，呂氏認為後來學者將般若自照的性質說成「無分別」，而又不同於木石之無知和執心之無記等等，比單純以「無知」作解釋清楚得多[21]。呂氏這

---

[17] 後秦・僧肇：《肇論》（《大正藏》第45冊），頁153上。
[18] 呂澂：《中國佛學源流略講》，頁113。
[19] 呂澂：《中國佛學源流略講》，頁114。
[20] 呂澂：《中國佛學源流略講》，頁114。
[21] 呂澂：《中國佛學源流略講》，頁115。

個批評是極為「中肯」的，「般若無知」之「無知」，說的就是「無分別智」。再者，他也以為僧肇所說的：「以聖心無知，故無所不知；不知之知，乃曰一切知」，「是八地以上能夠任運後得智的階段。」[22]根本智（般若）證真，後得智（方便）達俗，後得智是根本智的妙用。所謂「無所不知」大概就是八地以上任運而用、無功用行的「後得智」的展現。

　　至於〈涅槃無名論〉，本是根據姚興與姚嵩問答「涅槃」所說的話加以發揮而成，呂氏把全文作了歸納，他以為姚興對涅槃的看法有三：（一）涅槃不應分為有餘、無餘；（二）得涅槃理應有一過程；（三）涅槃應有得者。在僧肇看來：（一）得涅槃者還有三乘的差異，因此所得涅槃應該有別；（二）得涅槃應有過程，先漸後頓；（三）涅槃應有得者之看法乃「人之常情」，如果理解涅槃真義，就不會有這種分別[23]。涅槃是佛教所揭櫫的理想境界，這境界有無層次可言？又如何證得？又是誰證得？誠如呂氏所說，僧肇在〈涅槃無名論〉中回答了姚興的問題，也提出他個人的看法。

　　歸結上述呂澂論述之特點，呂氏認為〈物不遷論〉在於破斥小乘之執著「無常」者，與小乘「說一切有部」主張「三世實有」之「法體恆有，三世恆有」的說法，與澄觀所言之「濫同小乘（即「部派佛教」）」、鎮澄之〈物不遷論〉「性住說」非大乘「性空」思想且為「外道常見」的觀點，大異其趣。呂氏著重於僧肇跟隨羅什提倡大乘佛法的思想背景，指出了《肇論》批判「小乘」的精神。此外，呂氏指出僧肇以「不真空」為命題的〈不真空論〉，是為「假名空」，批判了「本無」、「即色」與

22　呂澂：《中國佛學源流略講》，頁115。
23　呂澂：《中國佛學源流略講》，頁115-116。

「心無」之三家外，更在於評破小乘之「分析空」。至於〈般若
無知論〉乃在說明般若之「無相」與「無知」，而所謂「無知」
即為「無分別知」，其「無所不知」即八地以上「後得智」之
無功用行。而〈涅槃無名論〉實僧肇針對姚興問題而發之作，
說明涅槃之層次、證悟之過程，以及佛教「有業報而無作者」的
觀點。

第二節　印順的《肇論》論

　　印順並沒有針對《肇論》而作的專篇研究，除早期〈三論
宗史略〉[24]，與署名「啞言」[25]之〈震旦三論宗之傳承〉[26]二文
外，主要的評論散佈於其《中觀今論》、《中觀論頌講記》、
《中國禪宗史》與《初期大乘佛教之起源與開展》等書中。這
些論述雖然不多，但印順回歸龍樹中觀學，從龍樹思想評《肇
論》，在《肇論》研究史有其新的視野和建樹。相較於陳・慧達
以來註疏家從「中觀」而「天台」、「華嚴」的詮釋，明末高
僧大德〈物不遷論〉融攝「各宗思想」的論辯，以及近現代學者
「哲學」的角度，印順研究《肇論》之取向與立論根基的主要特

---

[24]　印順：〈三論宗史略〉（載張曼濤編：《現代佛教學術叢刊》第47冊，
　　《三論宗之發展及其思想》，臺北：大乘文化出版社，1978年9月初
　　版），頁5-17。

[25]　印順說：「出家來近十年了，部分的寫作，都沒有保存；還有些不成熟
　　的作品，有些連自己也忘了（署名「啞言」的〈三論宗傳承考〉，可
　　以保留）！」（見氏著：《平凡的一生》增訂本，臺北：正聞出版社，
　　1994年7月初版，頁152）。

[26]　印順：〈震旦三論宗之傳承〉（載張曼濤編：《現代佛教學術叢刊》第
　　47冊，《三論宗之發展及其思想》，臺北：大乘文化出版社，1978年9月
　　初版，頁91-108）。

色，可歸為兩方面：（一）回歸「龍樹中觀學」與（二）從「緣起觀」立論，以下分別論述之。

一、回歸「龍樹中觀學」

僧肇《肇論》之於羅什所傳龍樹中觀學，關係既深遠且密切。羅什《大品般若經》譯出後，僧肇即撰寫〈般若無知論〉，而繼〈般若無知論〉所論述之〈不真空論〉與〈涅槃無名論〉也多處引用羅什所譯之《中論》、《摩訶衍論》（即《大智度論》）等[27]。故回歸「龍樹中觀學」以檢證《肇論》思想是否切於龍樹中觀學，應為可行之路徑。

近現代中國佛教界，對於龍樹思想有比較徹底討論的，應非印順莫屬。他被譽為是「大小共貫的性空論者」[28]、「全面而有條理地對《阿含》、《般若》、《中觀》的空義加以綜貫闡揚的第一人」[29]。印順闡析龍樹思想之著述主要有《中觀今論》與

---

[27] 例如，〈物不遷論〉即有二處引用者，其文云：「《中觀》云：觀方知彼去，去者不至方。」（《大正藏》第45冊，頁151上）又云：「《摩訶衍論》云：諸法不動，無去來處。」（頁151中）。〈不真空論〉有五處引用者，其文云：「《中觀》云：物從因緣故不有，緣起故不無。」（頁152中-下）又云：「《中觀》云：物無彼此。」（頁152下）再云：「《中論》云：諸法不有不無者，第一真諦也。」（頁152上-中）另云：「《摩訶衍論》云：諸法亦非有相，亦非無相。」（同上，頁152上）又再云：「《摩訶衍論》云：一切諸法，一切因緣故應有；一切諸法，一切因緣故不應有。一切無法，一切因緣故應有；一切有法，一切因緣故不應有。」（頁152下）而〈般若無知論〉則有一處引用者，其文云：「《中觀》云：物從因緣有，故不真；不從因緣有，故即真。」（頁154上）。

[28] 釋聖嚴：〈近代中國佛教史上的四位思想家〉（載印順編：《法海微波》，臺北：正聞出版社，1988年6月二版），頁320。

[29] 游祥洲：〈從印順導師對空義闡揚談起〉（載藍吉富編：《印順導師的思想與學問》，臺北：正聞出版社，1986年6月重版），頁29。

《中觀論頌講記》等。此外，他早年之《印度之佛教》第十二章
〈性空大乘之傳法〉與晚年之《印度佛教思想史》第四章〈中觀
大乘──「性空唯名論」〉等，也有關於龍樹思想的辨析[30]。另
者，《空之探究》一書，更從「《阿含》的空」、「《般若》的
空」論述到「『龍樹』的空」[31]。還有，他晚近付梓之《《大智
度論》之作者及其翻譯》一書，更是有意回應、批駁當代學者以
為《大智度論》非出自龍樹的著作。

印順回歸印度佛教[32]，以「印度之佛教」為其治學方向之
起點，希望藉此找回佛教發展的真實面貌[33]。他提出「性空
唯名論」、「虛妄唯識論」與「真常唯心論」之「大乘三系
說」與印度佛教之各期說[34]，突破傳統中國佛教天台與華嚴的判

---

[30] 印順：《印度佛教思想史》（臺北：正聞出版社，1988年9月二版），頁
119-152。

[31] 印順：《空之探究》卷首〈序〉（臺北：正聞出版社，1985年8月出版），
頁2。

[32] 1942年，印順依多拉那他（Taranatha）《印度佛教史》及一部龍藏完成
《印度之佛教》。印順在該書〈自序〉中說：「自爾以來，為學之方針
日定，深信佛教於長期之發展中，必有以流變而失真者。探其宗本，明
其流變，抉擇而洗鍊之，願自治印度佛教始。察思想之所自來，動機之
所出，於身心國家實益之所在，不為華飾之辯論所蒙，願本此意以治印
度之佛教。」（見氏著：《印度之佛教》，臺北：正聞出版社，1987年9
月二版，頁3）。

[33] 蓋佛教於東漢明帝傳到中國以來，經過近二千年的流轉，再加上中國文
化的陶鑄、銷融，難免失去本來面目。因此回歸印度佛教，勘察印度佛
教史的流變，是宏觀整個佛教發展面貌的可行而又有效的途徑。

[34] 茲將印順《印度之佛教》的五期說與大乘三系說、《原始佛教聖典之集
成》的四期說、《說一切有部為主的論書與論師之研究》的三期說等四
種印度佛教史的分期與《原始佛教聖典之集成》所提四悉檀的判攝的對
應關係，列為「印度佛教史的分期與判攝對應關係一覽表」，如下：

教[35]，以及「圓融」、「一貫」的傳統佛教思維，有助於後人對
經典性質的釐清。

印順認為，龍樹性空般若學，到了羅什翻譯龍樹著作後，
才漸為中國人所識。羅什及其弟子僧肇等人，排斥「格義」的迂

五期	三系	四期	三期	四悉檀
聲聞為本之解脫同歸 菩薩傾向之聲聞分流		佛法	佛法	第一義悉檀
菩薩為本之大小兼暢	性空唯名論 虛妄唯識論	初期大乘佛法	大乘佛法	對治悉檀
如來傾向之菩薩分流	真常唯心論	後期大乘佛法		各各為人悉檀
如來為本之天佛一如		秘密大乘佛法	秘密大乘佛法	世界悉檀

[35] 天台家把釋迦牟尼一生說法的時間，按前後階段順序，判做五個時期：
華嚴時、阿含時、方等時、般若時、涅槃法華時。這種論點的思想前
提，在於認定一切佛經皆為佛說。八教則為「化儀四教」與「化法四
教」。「化儀四教」指頓教、漸教、不定教、秘教，四種不同的教義方
式；「化法四教」指藏教、通教、別教、圓教，四種不同的教義內容。
印順對於天台宗「五時八教」的判教加以評論，印順說：「古德是以一
切經為佛說，依佛說的先後而判的，如古代的五時教，《華嚴經》的三
照，如作為出現於歷史的先後，那是不符實況的！然天台所判的化法四
教，賢首所判的五教（十宗），從義理上說，與印度佛教思想史的發
展，倒相當接近的。」（見氏著：《契理契機之人間佛教》，臺北：正
聞出版社，民78年8月初版，頁10）印順認為天台五時教的說法，不合佛
教演變的歷史真相；至於化法四教，如果從義理的角度來說，與印度佛
教思想史的發展軌跡，倒滿相應的。印順把印度佛教的演變分為四個時
期——佛法、初期大乘佛法、後期大乘佛法、秘密大乘佛法；他認為，
天台化法四教——藏教、通教、別教、圓教，與此四個時期的內涵相
近。（同上）。
藏教……佛法
通教……初期大乘佛法
別教……後期大乘佛法
圓教……秘密大乘佛法

腐，修正「六家」的偏失，宗主龍樹與提婆論典，闡明性空的中道，使大乘佛教的真義傳聞於中國，不再被三玄所蒙蔽[36]。但，可惜羅什傳衍的大乘學並沒有因此在中國佛教史上繼續發展下來，印順歸納其理由有四：（一）羅什過世不久，關中大亂，戰爭影響了思想的流傳；（二）羅什逝後，僧肇也隨即謝世，少了有力的發揚者；（三）真常思想的經典，如《涅槃經》與《金光明經》等，緊接著被大量的翻譯出來，地位漸高；（四）中國人的思想與印度有一重隔礙，認為一切菩薩的論典，一切大小的經典都是一貫的，種下性空大乘與真常大乘合流的趨勢[37]。

龍樹思想因「時代動亂」、「後繼無人」、「真常思想」經典的傳譯取代「般若」經典的事實，以及中國人認為「一切經論都是一貫」的思想特質，而逐漸模糊。

不僅如此，印順以為最接近龍樹思想，依「三論」而得名的「三論宗」，在過去亦式微：（一）重於止觀篤行的學者，多數被禪宗吸收；（二）重於教學的學者，多數失去攝山的風格（嘉祥大師也不免如此），落入「成論」大乘師，專重玄辯的覆轍。於是會昌法難以後，三論宗就消失於中國的佛教界了[38]。此外，集三論宗大成之大師——嘉祥吉藏（以下簡稱吉藏）（549-623），接受北方地論宗、南方攝論宗的影響不小，不但揉合了真常的經典，還以為龍樹中觀、無著唯識是一貫的。於是三論宗成了「綜合派」[39]，

---

[36] 印順：《佛教史地考論》（臺北：正聞出版社，1992年4月修訂一版），頁12。

[37] 印順：《中觀論頌講記》（臺北：正聞出版社，1992年1月修訂一版），頁37。

[38] 印順：《佛法是救世之光》（臺北：正聞出版社，1991年4月十三版），頁139。

[39] 印順：《中觀論頌講記》，頁39。

吉藏的思想已經不是單純的「空宗」，而是融入「有宗」的思想，帶有玄味[40]。因此，印順從中國三論宗轉為閱讀龍樹經論，更由於接觸到西藏所傳的空宗[41]，對於龍樹思想有了進一步的認識。

　　相較於上述所論之《肇論》註疏家，或明末之祖師大德，以及近現代之學者，印順以為一切經典皆發展而來，有其變化而非一貫，或為「性空唯名」，或為「虛妄唯識」，或為「真常唯心」，而中觀、天台、華嚴思想也有差別。因此，他對於經典與經典之間的出入、異同，有了「判攝」，對於宗派與宗派之間的變化，也加以「辨異」。而羅什所傳與僧肇所繼承的，不外是龍樹的中觀學，這是毫無疑問的[42]。因此，印順回歸龍樹中觀學論《肇論》。

二、從「緣起觀」立論

　　印順對於僧肇《肇論》並非逐章逐句的解讀，而是分別在《中觀論頌講記》、《中觀今論》、《初期大乘佛教之起源與開展》與《中國禪宗史》等書，隨著各書相關議題的討論，對《肇論》作「綜合式」的扼要評論。這些評論主要是依據「緣起觀」立論，從而指出《肇論》與「玄學」、「說一切有部」的關係。

---

[40] 印順：《中觀今論》（臺北：正聞出版社，1992年4月修訂一版），頁1。

[41] 印順以為，三論宗深受老莊影響，請法尊法師翻譯西藏所傳龍樹《七十空性論》。（見氏著：《平凡的一生》增訂本，頁23-24）。印順又說：「法尊法師是我的老學長，讀他從藏文譯出的：《菩提道次第廣論》，《辨了義不了義論》，《密宗道次第廣論》，《現觀莊嚴論略釋》，月稱的《入中論》等，可說得益不少！空宗為什麼要說緣起是空，唯識宗非說依他起是有不可，問題的根本所在，才有了進一步的理解。」（見氏著：《華雨集》第五冊，臺北：正聞出版社，1993年4月初版，頁11）。

[42] 湯用彤雖以「玄學」論《肇論》，但他也說：「什公學宗般若，特尊龍樹。」（見氏著：《漢魏兩晉南北朝佛教史》，臺北：駱駝出版社，1987年8月出版，頁314）。

　　首先，印順認為僧肇與羅什相處最久，於龍樹中觀學「所得應為獨厚」[43]。對於《肇論》的看法，印順在早期〈三論宗史略〉一文中說：

> （一）〈物不遷論〉，明幻相流轉無常，即是不生不滅；
> （二）〈不真空論〉，謂空乃虛假義，以虛假即空；
> （三）〈般若無知論〉，般若智體，非吾人心思口議之所謂知，而是普照一切無知無不知的大智；（四）〈涅槃無名論〉，顯一切法，無色於外，無心於內，即是無能無所，非內非外，而離諸名相的強名涅槃。[44]

在此，印順提綱挈領的指出《肇論》四篇論文的中心思想。

　　其後，印順在《中觀論頌講記》討論《中論》之〈觀去來品〉時，對〈物不遷論〉所談「動靜」問題，有了評論，他說：

> （〈物不遷論〉）就是開顯緣起的即靜即動，即靜常動的問題。一切法從未來來現在，現在到過去，這是動；但是過去不到現在來，現在在現在，並不到未來去，這是靜。三世變異性，可以說是動；三世住自性，可以說是靜。所以即靜是動的，即動是靜的，動靜是相待的。從三世互

---

[43] 印順〈震旦三論宗之傳承〉說：「什公嘆曰：『秦人解空第一者，僧肇其人也。』似肇公雖與融、叡等同列什公門下，其相處最久（十餘年），所得或亦獨厚。『什亡之後，追悼永亡，翹思彌屬，乃著〈涅槃無名論〉』，其師資之關係，亦遠非他比。」（載張曼濤編：《現代佛教學術叢刊》第47冊，《三論宗之發展及其思想》，臺北：大乘文化出版社，1978年9月初版，頁96）。

[44] 印順：〈三論宗史略〉，頁10。

相觀待上，理解到剎那的動靜不二。但這都是在緣起的
假名上說，要通過自性空才行，否則，等於一切有者的見
解。[45]

印順這段論議可以歸納為三點：其一，〈物不遷論〉探討的是
「即靜即動」、「即靜常動」的「動靜問題」；其二，「動靜不
二」要從「緣起」、「自性空」說；其三，不從「緣起」立論，
等於「一切有者」（一切有部）之見。

　　第一點在說明〈物不遷論〉的主題，而第二、三點則是從
「緣起」觀盱衡《肇論》。這些觀點乃針對〈物不遷論〉有關
「動靜」論而來。僧肇〈物不遷論〉云：

　　《放光》云：法無去來，無動轉者。尋夫不動之作，豈釋
　　動以求靜？必求靜於諸動。必求靜於諸動，故雖動而常
　　靜。不釋動以求靜，故雖靜而不離動。[46]

此「雖動而常靜」、「雖靜而不離動」，即是「即靜即動」、
「即靜常動」的「動靜問題」。在印順看來，〈物不遷論〉開顯
從「三世變異性」、「三世住自性」之「即動即靜」、「即靜常
動」之論說，以及「三世互相觀待」之「動靜不二」的道理，都
要建立在「緣起」上，透過「自性空」才是；否則，等同「一切
有者」的見解。

---

[45] 印順：《中觀論頌講記》，頁82-83。
[46] 後秦・僧肇：《肇論》，頁151上。

　　〈物不遷論〉這種「動靜觀」不是魏晉玄學思想[47]，而是龍樹《中論》「八不緣起」中「不來亦不去（出）」的「運動」問題。僧肇開宗明義引《道行經》：「諸法本無所從來，去亦無所至」[48]與《中觀》（即《中論》）：「觀方知彼去，去者不至方」[49]二文，說明「即動而求靜」即「物不遷」之理。因此，不是從《莊子》而來，也不因魏晉玄學而有。

---

[47] 「動靜」不是當時玄學家討論的焦點，但實是《中論》「八不緣起」中「不來亦不去（出）」有關「運動」的主題。許抗生則認為，僧肇〈物不遷論〉之「動靜觀」不是從「緣起性空」而發，也不是受「小乘佛教」的影響，而是與中國名辯思想之「飛鳥之影不動」的思維方式類似，同時也與魏晉玄學思想的影響有關。魏晉玄學家王弼崇尚「靜」，認為「本體」的「無」是絕對的（「寂然至無，是其本」），「末有」的現象是動的。郭象則主張「日新說」（「忽已涉新」），有否定「靜」的傾向。僧肇處於王弼、郭象之後，企圖調和這兩種思想的對立，提出「動靜未始異」，「動即是靜」的「物不遷」說。這是魏晉時代思潮演變趨勢的產物，是僧肇深受魏晉玄學思想影響的結果，與佛教本身反而關係不大（參見氏著：《僧肇評傳》，南京大學出版社，2001年12月再版，頁290）筆者以為，許氏的說法與事實不符。

[48] 關於「來去」的問題，是佛教經典討論的課題之一。例如，《雜阿含經》之〈勝義空經〉云：「眼（等），生時無有來處，滅時無有去處。如是眼（等）不實而生，生已盡滅，有業報而無作者。」（《大正藏》第二冊，頁92下）眼等諸根是從緣而生滅的，生滅是「無所從來」、「無所造集」的。《雜阿含經》之〈撫掌喻經〉載：「比丘！諸行如幻，如炎，剎那時頃盡朽，不實來實去。」（頁72下）說明諸行現象界的一切事物，剎那生滅，來無所從，去無所至，虛偽不實。《雜阿含經》亦有琴音的比喻，其文云：「有王聞未曾有好彈琴聲，極生愛樂。……王語大臣：我不用琴，取其先聞可愛樂聲來！大臣答言：如此之琴，有眾多種具，謂有柄，有槽，有麗，有絃，有皮，巧方便人彈之，得眾具因緣乃成音聲。……前所聞聲，久已過去，轉亦盡滅，不可持來。爾時，大王作是念言：咄！何用此虛偽物為！」（頁312下）琴是虛偽的，短暫的、可變的，琴音是從眾緣生的。

[49] 後秦・僧肇：《肇論》，頁151上。對於僧肇〈物不遷論〉中「觀方知彼去；去者不至方」，龍樹《中論》有相似的句子：「已去無有去。未去亦無去。離已去未去，去時亦無去。」印順解讀道：「這首頌，是總依三時的觀門中，明沒有去法。說到去，去是一種動作，有動作就有時

　　然僧肇這種「動靜」觀是否切中龍樹中觀學，印順在《中觀今論》一書，對〈物不遷論〉有了進一步的評騭，他說：

> 僧肇的〈物不遷論〉，約三世以觀一切，即動而靜，流行
> 不斷為動，動而不失為靜，常與無常，僅是同一的不同看
> 法。以現在不到未來，所以不常；但過去在過去，不到現
> 在未來，豈非是常？……但稱之為常，且擬為法性常，即
> 會落入從體起用的過失。[50]

依印順的觀點，首先，「常」與「無常」，僅是「同一」的「不同」看法[51]；其次，以「常」概稱「動靜」，且擬為「法性常」，將會「落入從體起用的過失」。所謂「同一」的「不同」看法，表示「不同」的背後可能是「同一」的「緣起論」（「自性空」），抑或「同一」的「實體說」。印順以為僧肇〈物不遷論〉擬為「法性常」，雖非有意，但可能有「從體起用」之嫌。

間相，所以必然的在某一時間中去。一說到時間，就不外已去，未去，去時的三時。若執著有自性的去法，那就該觀察他到底在那一時間中去呢？是已去時嗎？運動的作業已過去了，怎麼還可以說有去呢？所以『已去無有去』。未去，去的動作還沒有開始，當然也談不上去，所以『未去』時中，也是『無去』的。若說去時中去，這格外不可。因為不是已去，就是未去，『離』了『已去未去』二者，根本沒有去時的第三位，所以『去時亦無去』。這對三時中去，作一根本的否定。」（見氏著：《中觀論頌講記》，頁84-85）呂澂以為，僧肇〈物不遷論〉與〈不真空論〉也許是在羅什生前所寫，其中引到《中論》都只取其大意，似乎尚未見到羅什臨死前一年所譯之《中論》譯本（見氏著：《中國佛學源流略講》，頁108）。

50　印順：《中觀今論》，頁140。
51　印順也舉蘇東坡〈前赤壁賦〉所說：「自其變者而觀之，天地曾不能以一瞬；自其不變者而觀之，物與我皆無盡也。」（見氏著：《中觀今論》，頁140）說明此「同一」的「不同」看法之意義。

上述印順的批評是針對僧肇〈物不遷論〉「常住」、「常靜」而來。〈物不遷論〉云:

> 《摩訶衍論》云:「諸法不動,無去來處。」斯皆導達群方,兩言一會,豈曰文殊,而乖其致哉?是以言常而不住,稱去而不遷。不遷,故雖往而常靜。不住,故雖靜而常往。雖靜而常往,故往而弗遷。雖往而常靜,故靜而弗留矣。[52]

〈物不遷論〉以「常而不住」、「去而不遷」、「往而常靜」、「靜而常往」、「往而弗遷」等描述事物「動靜」的現象。對於〈物不遷論〉「動而常靜」、「即動而靜為常」的理論,印順把它與「說一切有部」、《般若經》作了比較。他說:

> 僧肇〈物不遷論〉,所說動而常靜的道理,與薩婆多部(一切有部)說相合。但以即動而靜為常,不合薩婆多部說,也與《般若經》義不合。[53]

薩婆多部的時間觀是「三世諸法,……體實恒有,無增無減;但依作用,說有說無。」[54]薩婆多部以為,「體」是「恆住自性」(法體恒存)、「用」是「有生有滅」(三世實有)。〈物不遷論〉「動而常靜」與薩婆多部「體」是「恆住自性」、「用」是

---

[52] 後秦・僧肇:《肇論》,頁151中。
[53] 印順:《初期大乘佛教之起源與開展》(臺北:正聞出版社,1988年1月四版),頁740-741。
[54] 唐・玄奘譯:《阿毘達磨大毘婆沙論》卷七六,頁395下-396上。

「有生有滅」之說相契，但「即動而靜為常」與薩婆多部有自體而存在於時間中的，只能稱為「恆」，而不能說是「常住」之說不合。此外，與《般若經》「即動而靜」、「即靜而動」的說法也有出入。

依印順的觀點，佛法的「諸行觀」、「變動（當體即靜）觀」是從「緣起」而說。從「即生即滅」的觀點言，諸法是徹底的動，徹底的靜。從生與有而觀之，即是動。從滅與無而觀之，即是靜。即生即滅，即有即無，即極動而極靜，即新新不住而法法不失[55]。因此，從「緣起立論」，不以「常」而論，才不會落入「從體起用」的過失[56]。印順以為〈物不遷論〉有落入「從體起用」之嫌的說法，可以湯用彤視《肇論》是「玄學」得到印證，而湯氏的見解除了從「魏晉玄學」的性質而論外，大概也受《肇論》這種隱約有「從體起用」觀點的影響而來。此外，印順所述〈物不遷論〉之「動而常靜」的提法與「說一切有部」相合，也符應於唐代澄觀所評「物各性住，濫同小乘（即「部派佛教」）」[57]的質疑。

〈不真空論〉是僧肇針對當時玄學與六家七宗未能正確釐清「性空」而提出來的，其主要內容在於評破當時六家七宗最具代

---

[55] 印順：《中觀今論》，頁140。
[56] 印順舉證說：「望文生義的盲目修證者，有以『見鳥不見飛』，為見道的，這誤解即動而靜的緣起如幻觀，以為親證法性寂滅了。依佛法說：見道乃體見法法寂滅無自性，那裡是不見飛（動相）而見鳥。從即般若起方便智，那應了達無自性的──即生即滅的如幻行相，應該即法法不失而見鳥之飛動才對。故見鳥不見飛，不過是從自性妄見中幻起的神秘直覺，稱之為見到了神，倒是最恰當的！」（見氏著：《中觀今論》，頁140-141。）從緣起如幻如化的角度來看，「見落葉不動」、「見鳥不見飛」，並未親證法性寂滅。
[57] 唐・澄觀：《大方廣佛華嚴經隨疏演義鈔》卷三一（《大正藏》第36冊），頁239中。

表之「心無」[58]、「即色」[59]與「本無」[60]三宗的般若學，並對佛教的「空」加以解說。

對於〈不真空論〉所論之「空」，印順在〈三論宗史略〉中，以為僧肇〈不真空論〉主張「空乃虛假義，以虛假即空」[61]。印順這個說法，主要是根據僧肇〈不真空論〉「諸法假號不真」而來。僧肇〈不真空論〉云：

> 欲言其有，有非真生；欲言其無，事象既形。象形不即無，非真非實有，然則不真空義，顯於茲矣！故《放光》

---

[58] 「心無宗」的主要人物是支愍度與竺法蘊，其基本觀點是：「無心於萬物，萬物未嘗無。」（後秦・僧肇：《肇論》，頁152上）以為「空」是心不執著於萬物，而萬物本身並非是無。僧肇認為，「此得在於神靜，失在於物虛」（同上），沒有認識到外界事物本身的虛假性。

[59] 「即色宗」以支道林為代表，主張「明色不自色，故雖色而非色」，以為人們所見的色法，是條件組合而有的，不是獨立自存自有的，所以不是真實的存在，是「非色」。僧肇品評此「直言色不自色，未領色之非色。」（後秦・僧肇：《肇論》，頁152上），不知「色」本身就是「空」的道理。

[60] 「本無宗」所破的是道安「本無宗」或竺法汰的「本無異宗」，向來說法不一。關於本無宗與本無異宗的論點，吉藏《中觀論疏》說：「一者釋道安明本無義，謂無在萬化之前，空為眾形之始。夫人之所滯，滯在末有，若詫心本無，則異想便息。……次琛法師云：本無者，未有色法，先有於無，故從無出有。即無在有先，有在無後，故稱本無。」（《大正藏》第42冊，頁29上）據湯用彤的考證，吉藏《中觀論疏》所提「琛法師」另有其人（戴氏著：《漢魏兩晉南北朝佛教史》，頁252-252）。寶唱《名僧傳抄》〈曇濟傳〉引曇濟的《六家七宗論》說：「第一本無立宗曰：……無在元化之先，空為眾形之始，故稱本無。非謂虛豁之中能生萬有也。」（《卍續藏經》第134冊，頁18上）然從僧肇〈不真空論〉而言，兩者應都為僧肇所批判。僧肇指「本無宗」，「情尚於無，多觸言以賓無，故非有，有即無，非無，無亦無。」（《大正藏》第45冊，頁152上）認為「本無宗」不管有與無，都是「無」。僧肇認為，「此直好無之談」（同上），佛教所言「空」不是「無」（都沒有）。

[61] 印順：〈三論宗史略〉，頁10。

云：諸法假號不真，譬如幻化人，非無幻化人，幻化人，非真人也。[62]

印順以為僧肇所謂「諸法假號不真」，諸法是「假名有」而不是真「自生」，以「不真」故說「空」，是為「假名空」。這種提法屬於「關河古義」[63]，即假為空，是著重於「初重二諦」[64]——假有為俗，即空為真[65]。

在《中觀今論》，印順對於僧肇〈不真空論〉從「假」說「空」的理論提出批評。他說：「如不約緣起假名相待義以說生滅——肇公有假名空義（即〈不真空論〉），即又會與有部的三世各住自性義混同。」[66]在印順看來，僧肇的〈不真空論〉直標「假名空」，並非從「緣起」故說「空」，與有部「三世各住自性義」有混同之嫌。

依印順的觀點，緣起是佛法的核心，說明一切「此有故彼有」、「此滅故彼滅」的道理，從「緣起」說「性空」，才不會與「說一切有部」的「三世各住自性義」混同。

然而，僧肇也有從「緣起」故說「空」的觀點，其〈不真空論〉所引用的《中觀》與《摩訶衍論》，即是從緣起說性空。〈不真空論〉云：

---

[62] 後秦・僧肇：《肇論》，頁152下。
[63] 關河古義之說，在吉藏之前有所謂的「古三論」，就是指羅什門下僧肇、道融的「關河舊說」；吉藏始集三論教義的大成，因此他的三論學說被稱為「新三論」。
[64] 「初重二諦」主張「有是世諦，空是真諦」，此乃依吉藏主張「四重二諦」之說而來。
[65] 印順：《佛法是救世之光》，頁129。
[66] 印順：《中觀今論》，頁140。

　　　《中觀》云：「物從因緣故不有，緣起故不無。」尋理即
　　其然矣！所以然者，夫有若真有，有自常有，豈待緣而後
　　有哉。譬彼真無，無自常無，豈待緣而後無也。若有不自
　　有，待緣而後有者，故知有非真有。有非真有，雖有不可
　　謂之有矣。不無者，夫無則湛然不動，可謂之無。萬物若
　　無，則不應起，起則非無，以明緣起故不無也。故《摩訶
　　衍論》云：「一切諸法，一切因緣故應有；一切諸法，一
　　切因緣故不應有。」[67]

　　所謂「待緣而後有者，故知有非真有」，說的是「緣起故有」；
「有非真有，雖有不可謂之有」，論的是「緣起有故非自性
有」。有是因緣有，而無自性，故不是真有；是假有的存在，但
不是絕然的空無。印順直從僧肇「不真空」之命題而論，故有「肇
公有假名空義，會與有部的三世各住自性義混同」的顧慮，但循
〈不真空論〉的內容，僧肇並非不知「空」從何而說的道理。

　　　印順對於向來爭議較少的〈般若無知論〉就無評論，他僅
說：「般若智體，非吾人心思口議之所謂知，而是普照一切無
知無不知的大智。」[68]也就是說，「般若」是「無知無不知的大
智」。僧肇徵引《放光般若經》云：「般若無所有相，無生滅
相。」又引《道行般若經》說：「般若無所知，無所見。」[69]「有
所知」就「有所不知」，這是屬於經驗層次的「惑取之知」[70]，非
「般若之知」。故「般若無知」是一種「聖人境界」[71]，不可用

---

[67] 後秦・僧肇：《肇論》，頁152中-152下。
[68] 印順：〈三論宗史略〉，頁10。
[69] 後秦・僧肇：《肇論》，頁153上。
[70] 後秦・僧肇：《肇論》，頁153下。
[71] 「聖人境界」是當時玄學爭論的問題之一，王弼透過「有無」來會通名

「知」稱之，故稱「無知」[72]。

基本上，僧肇〈涅槃無名論〉之內容，除前言〈表上秦主姚興〉說明此文因姚興之問而作外，其正文則假託「有名」與「無名」的「九折十演」[73]，透過「涅槃非有，亦復非無，言語道斷，心行處滅」[74]，解答姚興有關涅槃有餘或無餘等問題。

印順早期對僧肇〈涅槃無名論〉一文曾歸納說：「（涅槃無名論）顯一切法，無色於外，無色於內，即是無能無所，非內非外，而離諸名相的強名涅槃。」[75]在《中國禪宗史》他有了進一步的評論。他說：

> 傳為僧肇所作〈涅槃無名論〉，不從修證契入的立場，說明涅槃的有餘與無餘，而從涅槃自身去說明有餘與無餘，多少有了形而上（玄學）的傾向。[76]

此處印順所批評的「從涅槃自身去說明有餘與無餘」，指向僧肇〈涅槃無名論〉討論「有餘涅槃」與「無餘涅槃」，僅是形容「涅槃」如何如何而已，未從「修證契入」立場而論。

僧肇〈涅槃無名論〉描述「涅槃」之文如下：

> 經稱有餘涅槃無餘涅槃者，秦言無為，亦名滅度。無為

教與自然，說明聖人的修養境界。

[72] 後秦・僧肇：《肇論》，頁153下。

[73] 後秦・僧肇：《肇論》，頁157中。九種問難十種推論的討論，「折」是駁斥，「演」是推論。

[74] 後秦・僧肇：《肇論》，頁157下。

[75] 印順：〈三論宗史略〉，頁10。

[76] 印順：《中國禪宗史》（臺北：正聞出版社，1987年4月四版），頁119。

者，取乎虛無寂寞，妙絕於有為。滅度者，言其大患永滅，超度四流，斯蓋是鏡像之所歸，絕稱之幽宅也。……夫涅槃之為道也，寂寥虛曠，不可以形名得，微妙無相，不可以有心知，超群有以幽升，量太虛而永久，隨之弗得其蹤，迎之罔眺其首，六趣不能攝其生，力負無以化其體，潢漭惚恍，若存若往，五目不睹其容，二聽不聞其響，冥冥窈宮，誰見誰曉，彌綸靡所不在，而獨曳於有無之表。[77]

僧肇以為「涅槃」即中土所謂「無為」、「滅度」。他形容「無為」是「取乎虛無寂寞，妙絕於有為」，說明「滅度」是「大患永滅，超度四流」；也以「寂寥虛曠，不可以形名得，微妙無相，不可以有心知」形容「涅槃」。在印順看來，僅從「涅槃自身」說「涅槃」，不從「修證契入」說「涅槃」，多少有「形而上（玄學）」的傾向。

印順所謂「從修證契入的立場」說，即佛教從「緣起」說「性空」，從「生死」說「涅槃」。印順以為，「要了解涅槃，最好從生死說起。」[78]不明白生死，也就不會理解涅槃。所謂「從修證契入」說，也就是由生死業報、輪迴說起，指出業報由根本「我見」而來。「我見」不破，生死問題永遠不能解決[79]。所謂「先得法住智，後得涅槃智」，先於緣起因果、生死還滅的道理，有深刻的信解，然後以緣起相有而觀察性空[80]。此亦即

---

[77] 後秦・僧肇：《肇論》，頁157中下。
[78] 印順：《學佛三要》（臺北：正聞出版社，1994年12月重版），頁214。
[79] 印順：《學佛三要》，頁223。
[80] 印順：《中觀今論》，頁237。

《雜阿含經》卷十八「舍利弗言：『涅槃者，貪欲永盡，瞋恚永盡，愚癡永盡，一切諸煩惱永盡，是名涅槃』。」[81]從「三毒與一切諸煩惱斷盡」說「涅槃」。

僧肇不從生死說「涅槃」，然在〈涅槃無名論〉之前言「表上秦主姚興」中，他引用姚興答姚嵩的一段話說：

> 夫眾生所以久流轉生死者，皆由著欲故也。若欲止於心，即無復於生死。既無生死，潛神玄默，與虛空合其德，是名涅槃矣！[82]

這是從「生死流轉」說，並指出生死煩惱在「著欲」，此最大之「欲」，從「知見」上說就是「我見」，從「情感」上說就是「我愛」。若「欲止於心」，即「我見」破，則無生死；不生不滅，即入「涅槃」。這是引用姚興所說，僧肇僅指出：「滅度者，言其大患永滅。」[83]可知，僧肇不是很徹底的從「生死」說「涅槃」。

很明顯的，印順對《肇論》的評論，不管是「動靜」、「性空」與「涅槃」，蓋從佛法「緣起（即「生死緣起」）」的角度切入。他認為，緣起為佛法的核心，佛法的一切深義、大行都是由觀察因緣（緣起）而發見的。龍樹中觀學亦從「緣起立論」，且貫通「緣起即空」的道理。龍樹的空貫通了《般若經》的假

---

[81] 佛光大藏經編修委員會編：《佛光大藏經》之《雜阿含經》（二）（高雄：佛光出版社，1989年11月再版），頁779-780。

[82] 後秦・僧肇：《肇論》，頁157上-中。此段文字即見於姚興答姚嵩書信，收於唐・道宣編：《廣弘明集》卷十八（《大正藏》第52冊，頁229下-230上）。

[83] 後秦・僧肇：《肇論》，頁157下。

名、空性及《阿含經》的緣起、中道[84]。而佛所以說緣生法是空，目的在使眾生於緣起法中，離一切自性妄見，以無自性空的觀門，體證諸法寂滅的實相。這即是緣起有的性空，是修證而得的。

印順回歸經典，立足於其深廣的龍樹中觀學論《肇論》，疏解《肇論》研究史上晦暗不明，看似與部派佛教相合或與大乘經論衝突、矛盾的種種問題。他隱約點出《肇論》沒有「從緣起」談「動靜」、「性空」與「涅槃」，所以還隔一層，有「玄學」的意味、有「一切有部」的影子。在印順看來，「緣起」說明一切「此有故彼有」、「此滅故彼滅」。因此，從「緣起」開顯「動靜不二」、「即動即靜」之理，從「緣起」故說「空」，從「生死（緣起）」說「涅槃」，才算真正掌握龍樹學的正義[85]。

總結上面的討論，呂澂雖認為《肇論》不乏玄學的陰影，但是其思想還在於「般若學」，故他依據「般若」觀點詮釋之，點出《肇論》批判小乘的精神與立場。印順對於龍樹中觀思想之理解，資料上的掌握較多元，陳述上也沒有僧肇玄學時代「繳繞」之弊，從龍樹中觀學「緣起觀」立論的精神切入《肇論》，以為僧肇的思想與三論宗契合，《肇論》思想「切近龍樹學的正義」[86]，但在「論述」上未能徹底從「緣起觀」立論，有其不足[87]。

---

[84] 龍樹貫通《阿含經》與《般若經》的思想，可以《中論》「觀四諦品第二十四」中最有名的「空假中偈」（三是偈）為代表，該偈言：「眾因緣生法，我說即是空，亦為是假名，亦是中道義。」這一偈頌意指：一切「眾」多「因緣」所「生」的「法」，「我」佛「說」他就「是空」。雖說是空，但並不是否認一切法。這空無自性的空法，「亦」說「為是假名」。離戲論的空寂中，空相也是不可得。

[85] 相較於梶山雄一〈僧肇における中觀哲學の形態〉說：「肇僧不外是玄學與中觀的混合主義。」（塚本善隆編：《肇論研究》，京都：法藏館，昭和29年，頁206）印順的解說更形清晰。

[86] 印順：《中觀論頌講記》，頁36。

[87] 黃國清〈小乘實有論或大乘實相論？──分析明末三大師的〈物不遷

　　平心而論，《肇論》思想，從陳·慧達以降歷代諸家之註疏，到明末各家的論辯，經過近現代湯用彤、馮友蘭、侯外廬與唐君毅等人的研究，《肇論》思想的內涵，不斷從各觀察點被揭示出來。而近現代呂澂之根據「般若」學以及印順之回歸龍樹中觀學論衡《肇論》，使《肇論》的旨趣、理論，有新的發現、突破。

論〉解釋立場〉一文，有關〈物不遷論〉是「小乘實有論」或「大乘實相論」的討論，他以為：「《肇論》諸篇的論說精闢，唯獨〈物不遷論〉可謂小醇而大疵，部分文字或有表意上的問題，但深悟性空之旨的僧肇當不會以實有論來觀世間諸法。因此，純粹從語言文獻或邏輯思辯的層面來非難〈物不遷論〉，挑剔部分內容的表面字義問題，雖非全無根據，卻有以部分來概括全篇之嫌，且該部分恐非全篇的立論核心所在。」（《中華佛學學報》第12期，1999年7月，頁407）。

第七章　結論

　　綜觀上面各章的分析、討論，可知由於《肇論》思想深邃，義理奧妙，頗富爭議性與影響性，故長久以來，備受學術界與佛教界的「青睞」。在爭議性方面，該書〈宗本義〉與〈涅槃無名論〉的作者問題，論者意見紛歧，莫衷一是，尤以〈涅槃無名論〉受到的討論為最；而該書之義理、旨趣，同樣富於爭議性，如是否為魏晉「玄學」派之一？或超脫玄學闡發佛教「中觀學」？抑後來發展之「天台」、「華嚴」？歸為「大乘」？或屬「小乘」？或淪為「外道」思想？在歷代研究著作中皆各有其觀點。在影響性方面，可從該書對於後世三論宗與禪宗之深遠影響、後代陸續付梓之《肇論》註疏本，以及近現代不斷問世之《肇論》研究專著等，得到明證。

　　有關《肇論》之〈宗本義〉與〈涅槃無名論〉的作者問題，晚近橫超慧日與賴鵬舉等人的研究取徑，可以說已從湯用彤目錄學與考證學的研究角度，進入思想內涵與時代議題的探究。這種研究方向充分展現僧肇《肇論》所探討的問題與其同時代佛學著作的相關性及連續性。

　　本書為了進一步釐清〈宗本義〉的作者問題，將其內容與僧肇的重要著作《注維摩詰經》進行比較。筆者發現，僧肇〈宗本義〉所探討的問題及所闡揚的義理，毋寧是僧肇《注維摩詰經》思想的縮影。〈宗本義〉精要地把大乘精神——「空有」、「三乘等觀空性得道」、「般若與方便」等思想作了切要的說明，這些都是佛教「大乘思想」，也是龍樹《大智度論》與《中論》極

力闡發的論題，與僧肇《注維摩詰經》闡發之思想一致。

〈涅槃無名論〉作者之討論，湯用彤的觀點雖然逐漸不受重視，但是湯氏的決疑之功，仍不容小覷。邇來逐漸傾向該作是僧肇所撰無疑，從日本學者橫超慧日到國內學者賴鵬舉，都十分肯定為僧肇所撰，前者從姚興與姚嵩之往返書信說起，後者從羅什與慧遠《鳩摩羅什法師大義》論述，在在佐證〈涅槃無名論〉為僧肇所作。這種研究思路突破了湯用彤目錄學與考證學的限制，以時代思想問題為觀察路徑，開啟另一「視窗」，提出《肇論》研究史的新成果。而本書對此課題之探討，係參考前述學者的研究成果進一步推論之，從〈涅槃無名論〉與《長阿含經‧遊行經》之關係，以及備受關注的「頓漸」問題切入，進而肯定〈涅槃無名論〉作者確為僧肇無疑。這些也都屬於《肇論》研究史橫切面的開展。

再者，有關《肇論》思想詮釋的問題。在註疏方面，從陳‧慧達《肇論疏》、唐‧元康，經宋‧淨源、遵式、悟初道全，到元、文才《肇論新疏》，各有其「註釋觀」。他們的詮釋立場，或根據「中觀思想」的詮釋，或隨天台、華嚴思想的興起而融入「天台」與「華嚴」的論述，在各歷史階段發皇。要言之，陳‧慧達與唐‧元康等人概從「中觀思想」詮釋《肇論》。慧達認為《肇論》之〈不真空論〉，倡言「世法不真，體性自空」，旨在凸顯中觀「畢竟空」。同樣的，元康亦採取佛教「空」義註解《肇論》。而對於《肇論》所論「二諦」的詮釋，已從「初重二諦」之「有無」，變成「二重二諦」之「非有非無」，在在可見詮釋角度的演化。

宋元諸《肇論》註疏家有不同的詮釋觀點與發展，宋‧遵式融入「天台」思想述說《肇論》；宋‧淨源與元‧文才則引進

「華嚴」思想註解《肇論》。基本上，這與《肇論》是分屬不同的佛學系統，天台為「真空妙有」、華嚴傾向「真常唯心」，《肇論》為「性空唯名」。但諸註疏家與研究者，根據自身學養及時代思潮，致力於闡述、彰顯《肇論》的旨趣，對於《肇論》研究的面貌與內涵之充實，皆有一定的貢獻：不但豐富了《肇論》的思想，也呈顯了各時代所發展出來的思潮。

在論辯方面，明末《肇論》〈物不遷論〉之論諍，以鎮澄為核心之爭辯，包括真界、道衡、龍池幻有與憨山等人，論證觀點也相當紛歧。其錯綜複雜之論辯較前人之註疏觀點，有過之而無不及。這些祖師大德彼此之間引用相同的經典，而意見卻大相逕庭。在經典印證中，同樣以「聖言量」為論證判準，但詮釋觀點卻各有出入，或以「真常」思想，或以「性空」思想理解〈物不遷論〉。

扼要來說，鎮澄受澄觀之啟迪，進而提出〈物不遷論〉「性住」不合大乘「性空」之說，而引起當時高僧大德的反駁。雙方諍論的焦點是「性住」或「性空」的問題。鎮澄引用《大品般若經》與《華嚴經》的經義，強調佛教的精義是「性空」而非「性住」；密藏道開、雲棲袾宏、道衡、真界、龍池幻有、憨山等人，或直指「不遷」為「真實義」，或引用《法華經》「法住法位，世間相常住」之旨，或採取中觀學「緣生無性」的觀點，或主張「性空為不了義經」，天台三諦乃「即真即俗」之真諦，或標舉華嚴「動靜不二」論〈物不遷論〉。明末〈物不遷論〉之論辯，中觀、天台與華嚴思想盡出，不僅是前人《肇論》註疏觀的翻版，而且使《肇論》研究的議題更為集中、更加激化。惟《肇論》思想並不因明末這一場論辯而清晰，反而增添了不少的問題。

　　近現代學者湯用彤、馮友蘭、侯外廬與唐君毅等人，主要從「哲學角度」切入，先後呈顯出另類之詮釋格局。諸氏因不同之學養與角度，所持之理念各異，故結論紛陳。其中最為大家所關注的還是《肇論》與玄學的關係問題。

　　首先，湯用彤以為《肇論》仍屬玄學之系統，為「有無」、「體用」問題的最高峰。湯氏從「玄學」立場論《肇論》，他認為《肇論》的重要理論，如「齊是非」、「一動靜」，能取莊子之說，獨有會心，而純粹運用之於本體論，對於體用之問題已挺向「有無」問題之頂端。他的觀察有別於先前相關《肇論》之註疏觀或〈物不遷論〉之論辯。

　　其次，馮友蘭、侯外廬與唐君毅分別以「存在」、「唯心主義」、「知識論」的角度盱衡《肇論》。馮氏以「存在」的角度理解《肇論》，在他看來，《肇論》討論的「有」、「無」，不是玄學的論述，是就「存在」之真實情形而論。而侯氏採取「唯心主義」評判《肇論》，認為《肇論》不僅否認客觀事物變化的真實性，而且也否認客觀世界存在的真實性，陷入「物我俱一」的「唯心主義世界觀」。唐氏則認為，〈物不遷論〉討論的是「人所認知者是否即真實之問題」，所以〈物不遷論〉實是一「知識論」。這些著述也都多少回應了《肇論》與「玄學」之關係問題。

　　同時期之近現代佛教學者，呂澂與印順則回歸印度佛教解說《肇論》。呂澂從「般若學」加以詮釋，印順則溯源「龍樹中觀學」，是為《肇論》研究史之重要開展階段。呂氏不同於湯用彤的「玄學」觀點，他認為《肇論》雖不乏玄學的陰影，但是其思想還在於「般若學」，故根據「般若」觀點詮釋之，點出《肇論》批判小乘的精神與觀點。他並以為《肇論》的思想以

「般若」為中心，而且能從認識論角度去闡述，得著「龍樹學」的精神。

在這之中，印順以龍樹中觀學的探究觀點，可以說是《肇論》研究從「異化詮釋」回到「系統中觀」的展現。印順回歸「龍樹中觀學」，從「緣起觀」論衡《肇論》，在《肇論》研究史有其特色：

其一，釐清傳統對《肇論》之異化的詮釋。

中國人認為一切菩薩的論典都是一貫的，以致形成性空大乘與真常大乘合流的趨勢[1]。這種現象顯現在整個《肇論》研究史之過程，尤其是從陳‧慧達以下之《肇論》註疏，以及明末〈物不遷論〉的論辯，其背後基礎都建立在「一切經論皆佛說」的前提下，思想系統混淆，故同樣是回歸經典，但結論卻南轅北轍。印順破除「一切經論皆佛說」的迷失，楬櫫「性空唯名」、「虛妄唯識」與「真常唯心」的大乘三系的思想系統，釐清天台、華嚴與中觀等思想系統，解除傳統對於《肇論》詮解的迷思。

其二，解決歷代有關〈物不遷論〉與「小乘」（即「部派佛教」）思想關係的問題。

從唐‧澄觀到明末鎮澄對於《肇論》的評論，僧肇〈物不遷論〉與「小乘」或「外道常見」若即若離，似乎脫不了關係。印順立足於其深廣的「緣起觀」論《肇論》，並看出《肇論》染有「一切有部」色彩，以致無法準確說明「動靜」、「性空」等義。依印順的觀點，「緣起」開顯「動靜不二」、「即動即靜」之理，從「緣起」說「空」，才算真正掌握龍樹學的正義。在印順看來，僧肇未從「緣起」立論，在論述方法上有其缺失，也使

---

[1] 印順：《中觀論頌講記》（臺北：正聞出版社，1992年1月修訂一版），頁37。

得《肇論》與「小乘」思想之關係為之混淆。前人對此課題的諍辯與質疑，到此或可迎刃而解。

其三，辨析佛學與玄學的不同。

僧肇對於龍樹「中觀學」的解說往往拘泥於「玄學」的語言，甚或在論述上不離玄學「有無」或「聖人境界」等議題。雖然說《肇論》旨在闡發佛教義理，非為玄學而來，但與玄學關係「曖昧不清」。慧達〈肇論序〉雖曾批評時人所說僧肇用「老莊」資《肇論》[2]的說法是「巨蠹之言」、「未之足拾」[3]，但近現代學者湯用彤、唐君毅等人，仍大多以玄學視《肇論》。在這方面，印順辨析了佛法與玄學的不同，建立佛法與玄學在道理上的分別，指出中觀學在中國初期發展的真相。這些見解，可供佛學家與玄學家作不同角度探究的參考。

其四，凸顯印順在中國中觀思想史之地位。

僧肇與印順在中國佛教史上，都是龍樹思想的信奉者與研究者。由於羅什過世與僧肇早逝，使得僧肇本身對龍樹「中觀」思想之理解受到限制。相較於僧肇，印順雖生於後世，不得親炙傳播龍樹學的羅什，僅能閱讀流傳下來的經典，但在三次長期「閱藏」後，深得佛教思想之精髓，而在研究上，先溯源印度佛教，再回頭檢視中國祖師大德的思想，著書立說，從而發現僧肇《肇論》對龍樹中觀學未從「緣起」立論的缺失。印順對於龍樹中觀思想的表達，沒有玄學式的「繳繞」之弊，有助於後人對於龍樹思想的理解。

印順回歸中觀之研究，為《肇論》之研究打開新的視窗。近來有關《肇論》之研究，如蔡纓勳《僧肇般若思想之研究》、

---

[2]　後秦・僧肇：《肇論》（《大正藏》第45冊），頁150中。
[3]　後秦・僧肇：《肇論》，頁150中。

翁正石《僧肇之物性論——空及運動之討論》、江燦騰《晚明佛教叢林改革與佛學諍辯之研究——以憨山德清的改革生涯為中心》[4]、黃百儀《僧肇〈物不遷論〉思想研究》、涂豔秋《僧肇思想探究》以及羅因《僧肇思想研究——兼論玄學與般若學之交會問題》，都引用印順研究龍樹中觀學的著作《中觀今論》與《中觀論頌講記》等書[5]。這說明了印順有關龍樹「中觀」的詮釋，有助於理解《肇論》的思想。

---

[4] 江燦騰自言佛教研究方法上深受印順的啟迪，建立了觀察與判斷佛教思想史的「精神眼」（江燦騰：《現代中國佛教史新論》（高雄：淨心文教基金會，1994年4月初版，頁13）。江氏在《晚明佛教叢林改革與佛學諍辯之研究——以憨山德清的改革生涯為中心》中，解決關於晚明〈物不遷論〉之諍辯，有運用印順「大乘三系說」，以破除前人「一切經論皆佛說」的迷思。基本上，晚明僧侶對於佛經並沒有「性空唯名論」、「虛妄唯識論」與「真常唯心論」的區分，往往抓住經典中的某一思想即大肆發揮，沒有經典與經典衝突與否的意識。江燦騰應用印順對經典的判擇，見出其中問題之所在。江氏對於明末〈物不遷論〉的辨析即應用印順對經典的判擇，因此，對「鎮澄異議觀點的思想特質」有了「判準」。他認為鎮澄「以『如來藏』思想為詮釋的核心」。他說：「他（鎮澄）又將此一『涅槃佛性』的思想，和《圓覺經》的『圓覺妙心』，以及《楞嚴經》的『妙真如性』等同起來。視為『實相常住』，是『真實有體，非空也』。『不遷』的意義，此說方為『真實』。而《法華經》的『是法住法位，世間相常性』，即這一思想的最佳詮釋。在近代的佛教學者分類中，上述經典，都屬於『如來藏』的思想，是受印度本土『梵我論』的影響，所形成的具有本體論色彩的佛教思想。在晚明時期，因此一佛經發展史的研究結論尚未出現，所以鎮澄的看法，仍屬傳統下的看法。就這一點言，他和其他晚明佛教學者的看法，並無二致。」（見氏著：《晚明佛教叢林改革與佛學諍辯之研究——以憨山德清的改革生涯為中心》，臺北：新文豐出版公司，1990年12月初版，頁244）江燦騰運用了印順如來藏「真常唯心」論的判攝，所以對於晚明的諍論有了較明確的論斷。

[5] 蔡纓勳：《僧肇般若思想之研究》（國立臺灣師範大學國研所碩士論文，1984年，頁5）、翁正石：《僧肇之物性論——空及運動之討論》（香港：新亞研究所碩士論文，1986年6月，頁215）、江燦騰：《晚明佛教叢林改革與佛學諍辯之研究——以憨山德清的改革生涯為中心》（頁310-311）、黃百儀：《僧肇〈物不遷論〉思想研究》（東海大學哲

　　此外，即使受印順影響「痕微跡弱」的後起學者，也都逐漸傾向以「佛學」的角度申論《肇論》。例如，龔雋以為，《肇論》在「語詞」上與魏晉玄學有其「連續性」，「思想」方面則有其「斷裂性」，因此不能完全以「玄學」視之[6]。可見，印順較能全面從「中觀學」的角度闡述《肇論》的創舉，在《肇論》研究史上，應具有其「開展性」。

　　總結而言，龍樹中觀學在中國不發達，以三論為名的三論宗也不興盛，代之而起的是中國化的天台宗與華嚴宗，再加上古師大德沒有經典發展的觀念，以為一切經論都是一貫的，因而在《肇論》研究上，各依己學而詮釋之，雖然豐富了《肇論》研究史的思想內涵，但在理解上也多多少少產生偏差現象。

　　在《肇論》研究史上，從陳・慧達以降，包括唐・元康、宋・遵式、宋・淨源、宋・悟初道全與元・文才，明末〈物不遷論〉的祖師大德鎮澄、憨山、真界、雲棲祩宏、道衡、密藏道開與龍池幻有等，以及近現代學者湯用彤、馮友蘭、侯外廬、唐君毅、呂澂與印順，在《肇論》研究史上皆佔有其重要地位。

　　要言之，本書有關《肇論》之〈宗本義〉與〈涅槃無名論〉的作者問題，除了針對《肇論》之〈宗本義〉與〈涅槃無名論〉的作者是否為僧肇提供另類思考外，也彰顯《肇論》與其前後時代之佛教思想問題的交涉與承續，是《肇論》研究史橫切面的呈現。而從陳・慧達的《肇論疏》到當今印順有關《肇論》的研

　　研所碩士論文，1991年5月，頁107）、涂豔秋：《僧肇思想探究》（臺北：東初出版社，1995年9月初版，頁384）、羅因《僧肇思想研究——兼論玄學與般若學之交會問題》（國立臺灣大學中文所碩士論文，1996年5月，頁2）。

[6]　龔雋：〈僧肇思想辯證——《肇論》與道、玄關係的再審查〉（《中華佛學學報》第14期，2001年9月出版），頁135。

究，經歷四個階段的縱貫研究，可以發現，從「中觀」、「天台」、「華嚴」到「哲學」的詮釋角度皆有之。僧肇承受羅什所譯印度龍樹的中觀學，闡揚龍樹的中觀思想，因此，後人在理解《肇論》思想時，回歸龍樹中觀學應是必要之工夫。可以說，在整個《肇論》研究史上，印順回歸龍樹中觀學以論《肇論》有其中肯處。

參考書目

一、史料部分

後漢・安世高譯：《佛說大安般守意經》，《大正藏》第15冊。

後漢・安世高譯：《陰持入經》，《大正藏》第15冊。

吳・支謙譯：《佛說維摩詰經》，《大正藏》第14冊。

東晉・慧遠問、羅什答：《鳩摩羅什法師大義》，《大正藏》第45冊。

東晉・瞿曇僧伽提婆譯：《中阿含經》，《大正藏》第1冊。

東晉・瞿曇僧伽提婆譯：《增一阿含經》，《大正藏》第2冊。

東晉・佛陀跋陀羅譯：《達摩多羅禪經》，《大正藏》第15冊。

後秦・羅什譯：《摩訶般若波羅蜜經》，《大正藏》第8冊。

後秦・羅什譯：《大智度論》，《大正藏》第25冊。

後秦・羅什譯：《中論》，《大正藏》第30冊。

後秦・羅什譯：《十二門論》，《大正藏》第30冊。

後秦・羅什譯：《百論》，《大正藏》第30冊。

後秦・僧肇：《肇論》，《大正藏》第45冊。

後秦・僧肇：《注維摩詰經》，《大正藏》第38冊。

後秦・佛陀耶舍與竺佛念譯：《長阿含經》，《大正藏》第1冊。

後魏・菩提流支譯：《十地經論》，《大正藏》第26冊。

北魏・曇鸞：《往生論》，《卍續藏經》第71冊。

北魏・曇鸞註解：《無量壽經優婆提舍願生偈註》，《大正藏》

第40冊。

劉宋・劉義慶：《世說新語》，臺南：唯一書業中心，1975年9
　　月出版。

劉宋・求那跋陀羅譯：《雜阿含經》，《大正藏》第2冊。

梁・寶唱：《名僧傳抄》，《卍續藏經》第134冊。

梁・僧祐：《出三藏記集》，《大正藏》第55冊。

梁・慧皎：《高僧傳》，《大正藏》第50冊。

陳・慧達：《肇論疏》，《卍續藏經》第150冊。

隋・法經等撰：《眾經目錄》，《大正藏》第55冊。

隋・吉藏：《中觀論疏》，《大正藏》第42冊。

隋・吉藏：《二諦義》，《大正藏》第45冊。

隋・吉藏：《大乘玄論》，《大正藏》第45冊。

唐・實叉難陀譯：《大方廣佛華嚴經》，《大正藏》第10冊。

唐・玄奘譯：《阿毘達磨大毘婆沙論》，《大正藏》第27冊。

唐・元康：《肇論疏》，《大正藏》第45冊。

唐・道宣編：《廣弘明集》，《大正藏》第52冊。

唐・道宣編：《大唐內典錄》，《大正藏》第55冊。

唐・法經等撰：《眾經目錄》，《大正藏》第55冊。

唐・智昇：《開元釋教錄》，《大正藏》第55冊。

唐・圓照：《貞元新定釋教目錄》，《大正藏》第55冊。

唐・澄觀：《大方廣佛華嚴經疏》，《大正藏》第35冊。

唐・澄觀：《大方廣佛華嚴經隨疏演義鈔》，《大正藏》第36冊。

唐・圭峰宗密：《禪源諸詮集都序》，《大正藏》第48冊。

唐・智顗：《摩訶止觀》，《大正藏》第46冊。

唐・道掖集：《淨名經集解關中疏》，方廣錩主編《藏外佛教文
　　獻》第二輯，北京：宗教文化出版社，1996年8月出版。

唐‧法藏：《華嚴經探玄記》，《大正藏》第35冊。

日本‧安澄：《中論疏記》，《大正藏》第65冊。

宋‧惟白禪師編：《建中靖國續燈錄》，藍吉富主編《禪宗全
　　書》第4冊，臺北：文殊出版社，1988年4月初版。

宋‧遵式：《注肇論疏》，《卍續藏經》第96冊。

宋‧遵式：《肇論疏科》，《卍續藏經》第96冊。

宋‧曉月：《夾科肇論序注》，《卍續藏經》第96冊。

宋‧淨源：《肇論中吳集解》，王德毅主編《叢書集成續編》第
　　46冊，臺北：新文豐出版公司，1989年。

宋‧淨源：《肇論集解令模鈔》，北京：中國社會科學院哲學研
　　究所圖書室所藏複製本。

宋‧悟初道全集：《夢庵和尚節釋肇論》，塚本善隆編《肇論研
　　究》，京都：法藏館，昭和29年。

宋‧永明延壽：《宗鏡錄》，《大正藏》第48冊。

宋‧志磐：《佛祖統紀》，《大正藏》第49冊。

宋‧贊寧：《宋高僧傳》，《大正藏》第50冊。

元‧文才：《肇論新疏》，《大正藏》第45冊。

元‧文才：《肇論新疏游刃》，《卍續藏經》第96冊。

明‧紫柏著、憨山閱：《紫柏尊者全集》，《卍續藏經》第126冊。

明‧憨山：《肇論略註》，《卍續藏經》第96冊。

明‧憨山著、福善目錄、通炯編輯：《憨山老人夢遊集》（一），
　　臺北：新文豐出版公司，1995年10月初版。

明‧道衡：《物不遷正量論證》，《卍續藏經》第97冊。

明‧鎮澄：《物不遷正量論》，《卍續藏經》第97冊。

明‧真界：《物不遷論辯解》，《卍續藏經》第97冊。

明‧龍池幻有著、圓悟等編：《龍池幻有禪師語錄》，藍吉富主

編《禪宗全書》第53冊，臺北：文殊出版社，1989年12月
　　初版。

明・如惺：《大明高僧傳》，《大正藏》第50冊。

明・蕅益：《閱藏知津》，大藏經刊行會編《法寶總目錄》第3
　　冊，臺北：新文豐出版公司，1983年1月修訂版。

清・清世宗御選：《御選語錄》，《卍續藏經》第119冊。

清・郭慶藩：《莊子集釋》，臺北：華正書局，1985年8月初版。

清・西懷了惪、興宗祖旺、景林心露等著，簡凱廷點校，廖肇亨
　　校訂：《明清華嚴傳承史料兩種：《賢首宗乘》與《賢首傳
　　燈錄》》，臺北：中研院文哲所，2017年2月初版。

二、近人研究專書

丁福保編著：《修訂新版大藏經總目錄》，臺北：新文豐出版公
　　司，1983年1月再版。

方東美：《中國大乘佛學》，臺北：黎明文化，1986年6月再版。

方廣錩編：《藏外佛教文獻》（二），北京：宗教文化出版社，
　　1996年8月。

冉雲華：《中國禪學研究論集》，臺北：東初出版社，1990年7
　　月初版。

牟宗三：《佛性與般若》，臺北：學生書局，1984年9月修訂
　　四版。

印順：《原始佛教聖典之集成》，臺北：正聞出版社，1986年2
　　月四版。

印順：《如來藏之研究》，臺北：正聞出版社，1986年5月二版。

印順：《說一切有部為主的論書與論師之研究》，臺北：正聞出

版社，1987年2月四版。

印順：《空之探究》，臺北：正聞出版社，1987年3月三版。

印順：《中國禪宗史》，臺北：正聞出版社，1987年4月四版。

印順：《印度之佛教》，臺北：正聞出版社，1987年9月二版。

印順：《初期大乘佛教之起源與開展》，臺北：正聞出版社，
1988年1月四版。

印順：《法海微波》，臺北：正聞出版社，1988年6月二版。

印順：《印度佛教思想史》，臺北：正聞出版社，1988年9月二版。

印順：《佛法是救世之光》，臺北：正聞出版社，1991年4月十
三版。

印順：《中觀論頌講記》，《妙雲集》上編5，臺北：正聞出版
社，1992年1月修訂一版。

印順：《佛法概論》，《妙雲集》中編1，臺北：正聞出版社，
1992年1月修訂二版。

印順：《以佛法研究佛法》，《妙雲集》下編3，臺北：正聞出
版社，1992年2月修訂一版。

印順：《般若經講記》，《妙雲集》上編1，臺北：正聞出版社，
1992年3月修訂一版。

印順：《中觀今論》，《妙雲集》中編2，臺北：正聞出版社，
1992年4月修訂一版。

印順：《性空學探源》，《妙雲集》中編4，臺北：正聞出版社，
1992年4月修訂一版。

印順：《佛教史地考論》，《妙雲集》下編9，臺北：正聞出版
社，1992年4月修訂一版。

印順：《華雨集》（五），臺北：正聞出版社，1993年4月初版。

印順：《平凡的一生》增訂本，臺北：正聞出版社，1994年7月

初版。

印順：《學佛三要》，《妙雲集》下編2，臺北：正聞出版社，
　　1994年12月重版。

印順述義，昭慧整理：《大智度論之作者及其翻譯》，臺北：東
　　宗出版社，1992年8月初版。

西蓮文苑編：《肇論研究論文集》，七十四年西蓮淨苑般若研討
　　會論文集。

任繼愈：《中國佛教史》（二），北京：中國社會科學出版社，
　　1985年11月出版。

江燦騰：《人間淨土的追尋—中國近世佛教思想研究》，臺北：
　　稻香出版社，1989年11月初版。

江燦騰：《晚明佛教叢林改革與佛學諍辯之研究—以憨山德清的
　　改革生涯為中心》，臺北：新文豐出版公司，1990年12月
　　初版。

江燦騰：《現代中國佛教史新論》，高雄：淨心文教基金會，
　　1994年4月初版。

呂澂：《中國佛學源流略講》，臺北：里仁書局，1985年1月初版。

呂澂：《呂澂佛學論著選集》，山東：齊魯書社，1986年5月出版。

李潤生：《僧肇》，臺北：東大圖書公司，1989年6月初版。

李國玲編著：《宋僧錄》，北京：線裝書局，2001年12月初版。

佛光大藏經編修委員會編：《佛光大辭典》，高雄：佛光出版
　　社，1989年4月四版。

佛光大藏經編修委員會編：《佛光大藏經》之《雜阿含經》
　　（二），高雄：佛光出版社，1989年11月再版。

邱敏捷：《印順導師的佛教思想》，臺北：法界出版社，2000年
　　1月再版。

侯外廬主編：《中國思想通史》（三），北京：人民出版社，
　　1957年5月初版。

侯外廬主編：《中國思想史綱》，臺北：五南出版社，1993年。

洪修平：《肇論》，高雄：佛光出版社，1996年8月初版。

洪修平：《論僧肇哲學》，佛光山文教基金會編《中國佛教學術
　　論典》第19冊，高雄：佛光出版社，2001年3月初版。

唐君毅：《中國哲學原論原性篇》，臺北：學生書局，1979年2
　　月四版。

涂艷秋：《僧肇思想探究》，臺北：東初出版社，1995年9月初版。

高峰了州著，釋慧嶽譯：《華嚴思想史》，臺北：中華佛教文獻
　　編撰社，1979年12月初版。

翁正石：《僧肇之物性論──空及運動之探討》，香港：新亞研究
　　所碩士論文，1986年6月。

孫尚揚：《湯用彤》，臺北：東大圖書公司，1996年6月出版。

孫炳哲：《《肇論》通解及研究》，佛光山文教基金會編《中
　　國佛教學術論典》第19冊，高雄：佛光出版社，2001年3月
　　初版。

陳寅恪：《陳寅恪全集》，臺北：里仁書局，1979年12月出版。

陳松柏：《竺道生頓悟思想之研究》，國立高雄師範大學國文所
　　碩士論文，1989年1月。

陳廣芬：《慧遠思想中般若學與毗曇學之關涉》，國立中山大學
　　中文所碩士論文，1993年1月。

郭朋：《隋唐佛教》，山東：齊魯書社，1980年。

郭朋：《中國佛教思想史》，福建：人民出版社，1995年9月。

郭忠生譯：《維摩詰經序論》，南投：諦觀雜誌社，1990年9月
　　初版。

許抗生：《僧肇評傳》，南京：南京大學出版社，2001年12月再版。

賀麟：《當代中國哲學》，南京：勝利出版社，1945年。

湯用彤：《魏晉玄學論稿》，賀昌群等著《魏晉思想》甲編五種，臺北：里仁書局，1984年1月。

湯用彤：《漢魏兩晉南北朝佛教史》，臺北：駱駝出版社，1987年8月出版。

湯用彤：《湯用彤全集》，河北：人民出版社，2000年9月出版。

馮愛群編輯：《唐君毅先生紀念集》，臺北：學生書局，1979年5月初版。

馮友蘭：《中國哲學史綱》，出版地及年月不詳。

馮友蘭：《中國哲學史新編》，臺北：藍燈文化公司，1991年12月初版。

黃百儀：《僧肇〈物不遷論〉思想研究》，東海大學哲研所碩士論文，1991年5月。

塚本善隆編：《肇論研究》，京都：法藏館，昭和29年。

新文豐編審部：《新編卍續經總目錄索引》，臺北：新文豐出版公司，1983年1月再版。

楊惠南：《龍樹與中觀哲學》，臺北：東大圖書公司，1988年10月初版。

楊惠南：《吉藏》，臺北：東大圖書公司，1989年4月初版。

蔡纓勳：《僧肇般若思想之研究》，國立臺灣師範大學國研所碩士論文，1984年。

劉建國：《中國哲學史史料學概要》，吉林：人民出版社，1983年5月初版。

劉貴傑：《僧肇思想研究》，臺北：文史哲出版社，1985年8月

初版。

劉貴傑：《華嚴宗思想史》，臺北：五南圖書出版公司，2021年6月初版。

魏道儒：《中國華嚴宗通史》，江蘇：古籍出版社，2001年5月。

藍吉富編：《印順導師的思想與學問》，臺北：正聞出版社，1986年6月重版。

藍吉富：《二十世紀的中日佛教》，臺北：新文豐出版公司，1991年10月初版。

羅因：《僧肇思想研究—兼論玄學與般若學之交會問題》，國立臺灣大學中文所碩士論文，1996年5月。

蘇州大學圖書館編：《中國歷代名人圖鑑》，上海：書畫出版社，1989年9月出版。

釋悟殷：《中國佛教史略—原典資料彙編》，臺北：法界出版社，1997年9月初版。

釋悟殷：《部派佛教—實相篇、業果篇》，臺北：法界出版社，2001年3月初版。

Richard H. Robinson著，郭忠生譯：《印度與中國早期中觀學派》（Early Madhyamika in India and China），南投：正觀雜誌社，1996年12月出版。

三、近人研究論文

元弼聖：〈僧肇之二諦義及其影響—以〈不真空論〉為中心〉，《正觀》第3期，1997年12月。

石峻：〈讀慧達「肇論疏」述所見〉，張曼濤主編《三論典籍研究》，《現代佛教學術叢刊》第48冊，臺北：大乘文化出版

社，1979年5月初版。

印順：〈三論宗史略〉，張曼濤主編《現代佛教學術叢刊》第47
　　冊，《三論宗之發展及其思想》，臺北：大乘文化出版社，
　　1978年9月初版。

印順：〈震旦三論宗之傳承〉，張曼濤主編《現代佛教學術叢刊》
　　第47冊，《三論宗之發展及其思想》，臺北：大乘文化出版
　　社，1978年9月初版。

牧田諦亮：〈肇論の流傳について〉，塚本善隆編《肇論研
　　究》，京都：法藏館，昭和29年。

忽滑谷快天：〈達摩以前中土之禪學〉，張曼濤主編《禪宗史實
　　考辨》，《現代佛教學術叢刊》第4冊，臺北：大乘文化出
　　版社，1977年1月初版。

林朝成：〈《注維摩詰經》方便義析論──僧肇般若學性格的釐
　　定〉，國立成功大學中文系主編《魏晉南北朝文學與思想學
　　術研討會論文集》第四輯，臺北：文津出版社，2001年10月
　　初版。

洪修平：〈佛教般若思想的傳入和魏晉玄學產生〉，《南京大學
　　學報》，1985年增刊。

唐君毅：〈僧肇三論與玄學〉，張曼濤編《現代佛教學術叢刊》
　　第48冊，《三論典籍研究》，臺北：大乘文化出版社，1979
　　年8月初版。

梶山雄一：〈僧肇における中觀哲學の形態〉，塚本善隆編《肇
　　論研究》，京都：法藏館，昭和29年。

游祥洲：〈從印順導師對空義闡揚談起〉，藍吉富編《印順導師
　　的思想與學問》，臺北：正聞出版社，1986年6月重版。

溫金柯採訪整理：〈印順導師談呂澂〉，《法光》第1期，1989年

1月。

黃國清：〈小乘實有論或大乘實相論？—分析明末三大師的〈物不遷論〉解釋立場〉，《中華佛學學報》第12期，1999年7月。

楊惠南：〈智顗的「三諦」思想及其所依經論〉，《佛學研究中心學報》第6期，2001年。

廖明活：〈僧肇物不遷論質疑〉，《內明》第126期，1982年9月。

劉貴傑：〈宋元時代華嚴宗人的般若思想〉，《哲學與文化》第49卷4期，2022年4月，頁23-44。

鄭偉宏：〈呂澂老居士訪問記〉，《內明》第197期，1988年8月。

橫超慧日：〈涅槃無名論とその背景〉，塚本善隆編《肇論研究》，京都：法藏館，昭和29年。

盧鐘鋒：〈侯外廬與中國傳統思想文化的研究〉，《中國史研究》，1994年第1期。

賴賢宗：〈人間佛教的宗教社會學與現代性問題—以太虛、印順問題詮釋差異為線索〉，《思與言》第32卷第1期，1994年3月。

賴鵬舉：〈中國佛教義學的形成—東晉外國羅什「般若」與本土慧遠「涅槃」之爭〉，《中華佛學學報》第13期，2000年5月。

釋諦觀：〈三諦三觀說的來源與發展〉，《海潮音》第34卷第5號，1953年5月。

釋聖嚴：〈近代中國佛教史上的四位思想家〉，印順編《法海微波》，臺北：正聞出版社，1988年6月二版。

釋悟殷：〈人間菩薩的活水源頭〉，弘誓文教基金會主辦《人間佛教薪火相傳—印順導師思想之理論與實踐學術研討會論文集》，1999年10月23、24日。

釋道昱：〈禪觀法門對南北佛教的影響〉，《正觀》第22期，

2002年9月。

龔雋：〈僧肇思想辯證—《肇論》與道、玄關係的再審查〉，
《中華佛學學報》第14期，2001年9月。

附錄：〈涅槃無名論〉及其背景

橫超慧日著、邱敏捷譯註

一、序說

　　佛教以涅槃作為終極的理想。涅槃是佛所證悟，是佛教教理的立腳與施設之所在，也是僧人修行所追求的目標。因此，如何具有涅槃相，如何具有涅槃德，對佛教徒來說是最大的課題。涅槃是佛教信仰的理想境界，自古以來，不管何時何地，對於涅槃應該持有一定程度的理解。

　　然而，當理想離開現實就無法成立。假如對於現實認識動搖，理想性格亦受影響。唯一不變的是，關於涅槃相貌的理解不免與時推移。在印度，開始有說一切有部諸派、初期大乘中觀與瑜伽派等，都有獨自的涅槃觀；在中國，地論宗的慧遠《大乘義章》中有涅槃義，三論宗的吉藏《大乘玄論》中也有涅槃義，其他天台、法相、華嚴諸宗同樣有主張涅槃說的特色。諸學派、諸

宗派的成立，係由於有不同的涅槃觀，而不同的涅槃觀是由於對現實認識不同。對涅槃只要能把握明確的觀念，對於現實人生的認識就能有所體會。這就是佛教存在所能發揮的價值之所在。

在中國佛教思想史上，最早提出以涅槃為主題，並力說「自創的主張」的著作是〈涅槃無名論〉。這本書從宋‧陸澄《法論目錄》著錄為僧肇撰述以來，至今仍舊被堅信不疑。最近對於其撰者是否為僧肇，被學者提出懷疑，但是在中國約從南北朝的末期起，該作便被當為僧肇論文集《肇論》中的一部分而被研究，如隋‧吉藏身為關內權威學者，即屢屢引用僧肇的〈涅槃無名論〉。作者是否是僧肇，雖然這個問題並不重要，但是不管如何，這本書是南北朝初期的創作，是無庸置疑的。其實不必拘泥作者何人。廣泛的說，這本書不論在中國佛教史或中國哲學史都是極有意義的論著，值得被重視。

如上所述，佛教給予自己理想的課題，並用真摯的態度予以探討，豁顯了佛教對於人生問題真切的思考；一方面這又是有關中國佛教最初的精密論點，確實是表示它在中國佛教思想上的崇高地位。在這之前有思想家支道林，又有宗教家道安。作者是僧肇的話，與他同時代的人鳩摩羅什、慧遠、竺道生，這些學界的指導者、教界的耆宿，作為新時代的先驅者，個個在後世留名，然而以涅槃作為核心，由撰者整理佛教學上諸種重要的教義，以成就此一大作，則是前述諸家尚未提出的。這證明佛教在中國思想界中是獨立的。

這本書的價值不僅在對比前後歷史，它又是代表那個時代的成果，同時也是當時思想界活躍的精神象徵。中國固有的思想與外國宗教的起源，世俗超脫的哲學與經世濟民的政治，傳統誇示的舊住民族與實力發揮的新來胡族，在這樣對立抗爭中政權反

覆輪替，而文化活動在兵火威脅中未曾間斷。人人心中充滿著追求政權的統一與評判思想的優劣，希望在相對世界中發現絕對真理。在這本書中，我們看到的絕對思想、對證精神與一統理念，就是這個心願的結晶。

　　然而，全面研究〈涅槃無名論〉是不容易的事。涅槃的意義在傳到中國之前已經複雜的展開，成立階段不同、所屬宗派不同、經論無秩序的流佈，加上不明瞭〈涅槃無名論〉撰述背景的基礎文獻，以及必須檢討「用中國道家古典用語研究佛教的課題」這一民族思維的影響等等，隨著關於該作者生活的國家的研究資料之不足，使得考察甚為困難。筆者才力微薄，不能期待完璧，只希望從教學史的一角出發，而有助於此書的了解。

二、本書創作的由來

　　〈涅槃無名論〉撰述的緣由，明顯的是，撰者僧肇上表文給秦王時所作。而「涅槃無名之說」則為後秦之主姚興回答同族安城侯姚嵩所發表；而「涅槃問題」，僧肇曾在羅什門下潛心聽習了十餘年，之後感慨其師羅什過世，不能叩問。因秦王與羅什相契，故僧肇對於秦王「涅槃無名之說」，忍不住地闡明其幽旨。僧肇仿效孔子作十翼，引用眾多經論翼贊秦王，利用九折十演的順序作〈涅槃無名論〉。根據這些說法，此論，原來是後秦朝廷為了竭力擁護佛法，以姚興與其弟姚嵩兩人之間交換論義為基礎，姚興請教羅什之高徒僧肇對兩人學說之意見，僧肇贊同姚興的說法，遂著作此書。首先，必須釐清姚興、姚嵩兩人的立場，並進一步了解兩人之間交換的意見為何。兩人往復文書收於《廣弘明集》十八卷，就順序而言，以這些資料為基礎，看論義的起

源與焦點。往復文書之內容[1]如下。

（一）、與安城侯姚嵩義述佛書姚興

　　　通三世論諮什法師答後秦主姚興書鳩摩羅什

　　　通不住法住般若

　　　通聖人放大光明普照十方

　　　通三世

　　　通一切諸法空

（二）、謝後秦主姚興珠像表姚嵩

　　　上後秦主姚興佛義表

（三）、答安城侯姚嵩姚興

（四）、重上後秦主姚興表姚嵩

（五）、重答安城侯姚嵩姚興

　　從這些書信可知，兩人之間的通信是由秦王開始，往復之數共有五回，其中最後的兩回，一回是姚嵩稱揚秦王的回答，一回是秦王姚興回應姚嵩的稱揚。他們共同討論的內容是就理論理，與身分無關。因此，事實上，從秦王提出的佛教見解，和面對姚嵩的質疑，以及秦王駁辯、回答姚嵩的三回往返書信，可知其意見。最初從秦王送給姚嵩的書信，問題雖然分為四條，但因為其中一條關於「三世有無」的問題，是先前秦王曾諮問羅什，從羅什得到回答；另外，秦王本身的見解，之前與羅什交換意見時寫

---

[1]　此目次與臺北新文豐出版社出版之唐・道宣編：《廣弘明集》卷十八（頁262下-266下）相符。本註文之出處則以《大正藏》第52冊（頁228上-230上）為本。

在文書上的，共四款，一起送致。按照這些，通三世之說已得到
羅什的裁決、認可，不用再討論。故秦王與姚嵩之間討論的問題
是：關於「不住般若」、「放光神變」與「諸法空」等三條。在
進入這些議論的內容前，首先闡述議論的端緒。

　　依照最初秦王給姚嵩的書簡來看，秦王姚興曾經書寫、記
載有關佛教教義的見解，並想獲得羅什的評論。不久因為家裏發
生不幸，所以無法清楚地說明道理，同時因為羅什也發生不測，
之後又有事故與軍事不斷發生，有關佛理的探討遂維持原狀。此
次姚興派遣使者贈送佛像，並寫信寄給姚嵩時，意外地從箱中發
現自己以前所撰有關佛教的著作。姚興把這些書信送給姚嵩，希
望姚嵩多指正其不足之處[2]。前面關於聖人通達三世的問題，姚
興曾陳述己見，諮問羅什，並得到羅什的回應，現在一併送給姚
嵩。以上的書信是論難的開始。由書信可知：第一，秦王送佛像
給姚嵩，而且利用這時候提示佛義。根據姚嵩的謝表，可知佛像
是皇后遺言囑示建造的。因為根據皇后的遺囑所建，而且也是秦
王平素禮敬的佛像，所以把佛像送給姚嵩，讓他也禮敬佛像。在
秦王書簡中說：「因家有變故，故不能再深究佛理。」[3]毫無疑
問，是指皇后過世。提示佛義，同時對已故皇后追悼、供養，是
家族感情裡極自然的事，最初並未想爭論佛理。第二，秦王提出
的佛義，原想得到羅什的指導並記載下來。由於羅什的變故，因

---

[2] 姚興〈與安成侯嵩書〉云：「吾曾以己所懷疏條摩訶衍諸義，圖與什公平
詳厥衷，遂有哀，故不復能斷理，未久什公尋復致變。自爾喪戎相尋，無
復意事，遂忘棄之。近以當遣使送像，欲與卿作疏，箱篋中忽得前所條本
末。今送示卿，徐徐尋撫，若於卿有所不足者，便可致難也。」（唐·道
宣編：《廣弘明集》卷十八，《大正藏》第52冊，頁228上）。

[3] 案姚興〈與安成侯嵩書〉云：「吾曾以己所懷疏條摩訶衍諸義，圖與什
公平詳厥衷，遂有哀，故不能復斷理。」（唐·道宣編：《廣弘明集》
卷十八，頁228上）。

而未能完成，所以送給同族中具佛教造詣的姚嵩。所謂羅什的變故，即指羅什過世。姚興希望從羅什得到指導，並記載下來，這件事值得注意。姚興提示給同族的姚嵩，並希望在羅什死後，還可以從其高徒（僧肇）得到回應，這是很自然的事。如此一來，秦王在最後表示本身信任於羅什之高徒僧肇，而僧肇贊同其旨趣而撰述〈涅槃無名論〉，這之間的原委被首肯是極自然的。

有關秦王姚興與姚嵩的異見，以下介紹其大要。首先是關於三世，雖然三世的有無，諸法師之間沒有一定的說法[4]，但是依姚興之見，三世一統，循環為用[5]，過去、未來眼睛看不見，而理常在。由於三世相不斷，有如經典所說，聖人肯定三世，不容懷疑。對於姚興的意見，羅什讚美道：「雅論大通甚佳。」[6]全面肯定秦王之說，廣泛引用佛教學上的教理論證三世有無，不言自明。關於這些，秦王的意見是，過去雖滅，其理常在，其存在方式非如阿毘曇注家所說：「五陰塊然。」恰如說腳履地時，即使真腳往前，其足跡尚存。「未來有」亦然。不能從木中見火，但是因緣合和時火即出來，所以說火在木中[7]。這些都符合大乘空觀，可以說是由羅什肯定，絕不是虛構，同時也受羅什所傳中觀教學的影響。秦王的三世論比通俗的因果報應更進一步，是一個完成度很高的理論。

---

[4] 案姚興〈與安成侯嵩書〉云：「諸法師明三世或有或無，莫適所定。」（唐・道宣編：《廣弘明集》卷十八，頁228上）

[5] 案姚興〈與安成侯嵩書〉云：「三世一統，循環為用。」（唐・道宣編：《廣弘明集》卷十八，頁228中）。

[6] 唐・道宣編：《廣弘明集》卷十八，頁228中。

[7] 案姚興〈與安成侯嵩書〉云：「過去雖滅，其理常在。所以在者，非如阿毘曇注言五陰塊然。喻若足之履地，真足雖往，厥跡猶存。當來如火之在木，木中欲言有火耶？視之不可見，欲言無耶？緣合火出。」（唐・道宣編：《廣弘明集》卷十八，頁228中）。

　　為了方便討論，以下先說明第二聖人放光的問題。秦王認
為，因為聖人應粗以粗，應細以細，所以只有對大菩薩示現神
變、放大光明，對世間凡人來說，沒有這回事[8]。姚嵩則認為，
聖人一心[9]，眾生平等，如果僅說對大菩薩有光明神變，這是不
可解的。依秦王觀點，類屬聖人，超脫變現，自在應現，所謂神
變就是如此。而姚嵩引用經說作為反對的資料[10]，若眾生幸得遇
到光明，必得無上道，這眾生一定包含菩薩，不應該解釋為佛的
光明照耀的只是菩薩而不是眾生，應該說有菩薩的地方的眾生見
得到光明。在這之中，後者所指，對眾生這字義的解釋很細密；
前者的解明是聖人適應眾生、種種變現，這不是說反對聖心的唯
一平等。正合《般若經》的「空」的精神，且能體現僧肇「無為
而無不為」的精神。

　　接著說明，第一「不住般若」與第四「一切諸法空」，這兩
者是相互關連的問題。「不住般若」是從行的立場說《般若經》
的空；「諸法空」不外從修證的立場說《般若經》的空。合此兩
者考察，秦王的主張如下：眾生因為執著，所以不能達到道的階
梯，佛教旨在去執，所謂「不住般若」就在說此道理。有如不繫
之舟，無所倚之處，遺忘一切分別，則能合於理[11]。對此，姚嵩

---

[8]　案姚興〈與安成侯嵩書〉云：「過去雖滅，其理常在。所以在者，非如
　　阿毘曇注言五陰塊然。喻若足之履地，真足雖往，厥跡猶存。當來如火
　　之在木，木中欲言有火耶？視之不可見，欲言無耶？緣合火出。」（唐
　　・道宣編：《廣弘明集》卷十八，頁228中）。

[9]　案姚興〈與安成侯嵩書〉云：「（聖人）故應粗以粗，應細以細應，理固然
　　矣！所以放大光明現諸神變者，此應十方諸大菩薩將紹尊位者耳，若處俗
　　接粗，復容此事耶？」（唐・道宣編：《廣弘明集》卷十八，頁228下）。

[10]　姚嵩〈上後秦主姚興佛義表〉云：「應彼雖殊，而聖心恆一。」（唐・
　　道宣編：《廣弘明集》卷十八，頁229中）。

[11]　姚嵩〈上後秦主姚興佛義表〉云：「如《華手經》，初佛為德藏放大光
　　明，令諸眾生普蒙其潤。又《思益經》中網明所問，如來三十三種光

以為：不著只說自心遺忘，有如說，布施的時候，施者、受者與施物三者不可得，如果不把一切看作幻化即空，是不徹底的。然而秦王不贊同這種三事不可得與無所著，是沒有分別的說法。依我之見，姚嵩認為三事不可得比無所著的境地更高，同時比無我空更深入。即使在觀念上可以區別，在體驗上兩者必須歸一。基於以上的說法，我以為秦王有可取之處。然而以下有關諸法空的論點，姚嵩的質疑具有極深的啟發。

　　不管如何，秦王認為道以無為為宗，因為無為，則沒有什麼可以再討論的。無為是證悟的境地，覺悟是「無所有、無所為」的世界。姚嵩警告，這簡單的解答，是很危險的。至理不是用說的，假如討論至理，必須尋找其根本。道的無為應該以何為體？如果道以無為為宗，被認為是神妙的話，《老子》第四章：「象帝之先。」所謂至極是不能說的。如果以秦王的「道以無為為宗」來說，正是神妙無為，假如「無為」意味無有，因為從「無有」不能生「有」，何者能生「有」，應該追求其因。道不說是不二、絕對的根源，如此一來，以「有」為宗，或以「無」為宗就失去意義，因為「有無」如長短，是相待的，如同斷見、常見。對有無之中的「有」或「無」而言，不免都是邊見[12]。

明，一切遇者皆得利益。《法華經》云：佛放眉間相光亦使四眾八部咸皆生疑。又云：處闇眾生，各得相見。苟有其緣雖小必益，苟無其因雖大或乖。故《般若經》云：若有眾生遇斯光者，必得無上道。」（唐・道宣編：《廣弘明集》卷十八，頁229中）

[12] 姚嵩〈上後秦主姚興佛義表〉云：「夫道者以無為為宗，若其無為，復何所耶！至理淵淡，誠不容言。然處在涉求之地，不得不尋本以致悟。不審明道之無為為當以何為體？若以妙為宗者，雖在帝先而非極；若以無有為妙者，必當有不無之因。因稱俱未冥，詎是不二之道乎？故論云：無於無者，必當有於有。有無之相譬，猶脩短之相形耳！無理雖玄，將恐同彼斷常。常猶不可，況復斷耶！然則有無之肆，乃是邊見之所存。」（唐・道宣編：《廣弘明集》卷十八，頁229中）。

　　姚嵩又引用《中論》論究，並以「由於臣闇昧，未悟宗極，唯願仁慈重加誨諭」[13]作結。在前面，秦王以為道是無所有，其理由為何，由於用語簡略，無法深得其意。如果那是何晏所謂的〈無名論〉（《列子・仲尼篇》張湛註所引），正是不超越有包含有，而是對於有跟無的問題。現在根據姚嵩的質問，無所有是能分別的知，不應該是有無相待的無，這件事是明顯的。姚嵩追求超越有無的高層次的概念，是清楚的。顯而易見，受到《中論》無所得思想的暗示，秦王的「涅槃無名說」之主張，乃根據這個而來。

　　承蒙姚嵩的提問，秦王自知必須稍微修正。在前面，因為道以「無為」為宗，主張無所有，當無所有被解釋成有無相待之無時，傷害了道的絕對性，因為無為是超越有無，沒有分別的世界。為了表現超越有無的道理，修改成「無寄」，說無所有時，無為被看作實體，肯定無為本體，是很容易的。所謂無為，指離開所寄分別，故改為「無寄」。原來秦王所持的信念是：眾生因著欲，而生死流轉。心假如不著欲，就免生死，也就體空。心不著欲，就是無為、無寄，也就是空。因此，心無寄無著，與諸法實相合一時，在那境地之外，沒有所謂的涅槃。如果涅槃如所寫的那樣的話，涅槃對道而言，不能說是「有」或是「無」。這裏所說的涅槃無名之說，是究竟之意，因為涅槃是無所著的體驗的世界，站在分別的立場，不能表現之，不能體會其真實。

　　秦王知道，根據姚嵩的理由，改「無為」為「無寄」，能表達自己的本意，於是在前言坦率地闡述訂正的原因，他說：「所謂無為不是有，意謂凡事默默尋求，或許有點難。」[14]而且為了

---

[13] 唐・道宣編：《廣弘明集》卷十八，頁229下。
[14] 姚興〈重答安城侯姚嵩〉云：「吾所明無為不可為有者，意事如隱尋

更徹底的旨趣，姚嵩引用《中論》來討論，所謂的無是兼有無、不捨棄有無，指聖人的境界。相反地，不是指拒絕有無的無。現在明白，涅槃不是無的實體的世界，是無寄、無著、無欲的境地。涅槃除以上所述外，其第一義是空，聖人是不存在的，而且否定一切的存在，這種說法容易被誤認為是虛無說。秦王的第三封信，在最後回答姚嵩時，他說：「然而諸家，通達第一義，廓然空寂，沒有聖人。我常常想這說法與事實大相逕庭，不近人情。假如沒有聖人，知道無者是誰？」[15]這個闡述，說明其間的問題。

綜上所論，秦王「三世說」、「放光神變說」、「不住般若說」、「諸法空說」，大概得之於大乘般若的真義。對於姚嵩的問難，秦王沒有些微屈從，只是最後有關涅槃無名之說，經過姚嵩的質問，使他的本意更明確了。也就是說，對於覺悟的世界的具體相的說明，更為清楚。在這之中，不少是受到問者的啟發。僧肇隨著秦王的說法，從專家的見地創作〈涅槃無名論〉，立志解明涅槃思想。這麼說來，姚嵩與秦王的問答，在佛教史學上是有其絕對的意義。

三、〈涅槃無名論〉的先驅

〈涅槃無名論〉被撰作的直接動機是，僧肇對秦王的說法有共鳴。這件事前面已論述。然而，這本論著不是從頭到尾都祖述

求，或當小難。」（唐・道宣編：《廣弘明集》卷十八，頁230上）。

[15] 姚興〈重答安城侯姚嵩〉云：「然諸家通第一義，廓然空寂無有聖人。吾常以為殊太遼遠，不近人情。若無聖人，知無者誰也？」（唐・道宣編：《廣弘明集》卷十八，頁230上）。

姚興之說而已，姚興的說法只給了端緒。實際上，僧肇〈涅槃無名論〉是以涅槃為中心，而全面地論述佛教學上有關涅槃的理、行、證的重要問題。那些涅槃觀念不離理、行、證之關係。

現在沒有餘裕詳述涅槃思想的發展。在僧肇時代，關於涅槃這個語詞之複雜的義涵，有必要先解明、分析。所謂一體涅槃，是得真智菩提，從無明煩惱解脫的境地，得真智時即達到涅槃，菩提與涅槃兩者是同一境地的不同別名。然而得真智的時候，依煩惱業作為苦果的身體，不是直接就沒有。所以得涅槃後，身體依然存在，此稱為「有餘涅槃」，在身體也死，身心共歸於無時，即達到所謂灰身滅智的狀態，那就稱為「無餘涅槃」。

這不是佛教本來的用法，而是「說一切有部」的諸派分裂以後興起的說法。然而，使身心從有變無的說法，是站在實體的思維，大乘佛教興起後，否認實體，以為諸法建立在緣起上，主張自性空，因此涅槃的解釋就必須被修正。於是，大乘在這方面建立獨自的涅槃觀，《般若經》的涅槃觀是原始的，《大般涅槃經》的涅槃觀是闡發積極的構想。在僧肇的時代，《大般涅槃經》還未被翻譯，但因為說一切有部系的毘曇與大乘的《般若經》一併被翻譯、研究，涅槃思想在當時絕對是不簡單的。不但如此，在《般若經》中，有部系的所謂有餘、無餘兩涅槃說，也被當成第二個定義的意思來引用。在這方面，《般若經》本身的內部，涅槃的意義複雜化。根據這個，即使能清楚地知道大乘與有部的不同，若對歷史的發展過程沒有一定程度的認識，就不容易理解涅槃思想。何況對大乘與有部的關係缺乏了解，根據翻譯的經典相互對照，所謂涅槃如何，只是汲汲地尋求一般的解釋時；對於涅槃，學者當然不免困惑。以下是在羅什入關之前，以道安為學界代表，考察其涅槃觀。

　　〈涅槃無名論〉說:「泥曰、泥洹和涅槃,此三名前後異出,蓋是楚夏不同耳!」[16]又涅槃之稱:「秦言無為,亦名滅度。」[17]舉出音譯三名、義譯兩名。在這之中,道安引用「泥洹」、「泥曰」與「涅槃」。這三個名詞中,被引用最多的是「泥洹」這語詞,「大乘之舟楫,泥洹之關路」(〈陰持入經序〉)[18]、「至道之由戶,泥洹之關要」(〈比丘大戒序〉)[19]。所謂覺悟的涅槃,就稱為「泥洹」。稱「泥曰」,或稱「般涅槃」時,是無餘涅槃,即意謂聖者之死時所用,例如說:「佛泥曰後,外國高士鈔九十章為道行品。」(〈道行經序〉)[20]又如說:「佛般涅槃之後,迦旃延以十二部經浩博難用,撰著其大法為一部。」(〈阿毘曇序〉)[21]很明顯的,「泥曰」就是指佛的入滅,即死的意思。

　　道安稱「泥洹」一定是指覺悟的意思,「泥曰」及「般涅槃」常是死的意思。僅根據那些例子訂定原則,是有困難的,在經文又是如何?「無餘泥洹果而般泥洹」(《道行經》卷三〈漚惒拘舍羅勸助品〉第四)[22],「怛薩阿竭般泥洹後,取舍利起七

---

[16] 後秦・僧肇:《肇論》(《大正藏》第45冊),頁157中。

[17] 後秦・僧肇:《肇論》,頁157中-下。

[18] 東晉・道安:〈陰持入經序〉卷六(梁・僧祐:《出三藏記集》卷六,《大正藏》第55冊),頁45上。

[19] 東晉・道安:〈比丘大戒序〉卷十一(梁・僧祐:《出三藏記集》卷六,《大正藏》第55冊),頁80上。

[20] 東晉・道安:〈道行經序〉卷七(梁・僧祐:《出三藏記集》卷六,《大正藏》第55冊),頁47中。

[21] 東晉・道安:〈阿毘曇序〉卷十(梁・僧祐:《出三藏記集》卷六,《大正藏》第55冊),頁72上。

[22] 後漢・支婁迦讖譯:《道行般若經》卷三(《大正藏》第8冊),頁438上-443中。

寶塔」（《道行經》卷二〈功德品〉第三））[23]，或者「至諸佛
般泥曰，一一等意，穿地藏骨，立七寶塔」（支謙譯《維摩詰
經》卷下〈法供養品〉第十三，此品中也有「世尊般涅槃後」的
說法）[24]，又有如：「如來夜半至無餘界當般泥洹」（《正法華
經》卷一〈光瑞品〉第一）。「般泥洹」、「般泥曰」是被用在
佛入滅，沒見過「泥洹」、「泥曰」被分開使用的例子。

　　然而，僅說「泥洹」，常常是指覺悟。例如：「何謂為等，
謂我等泥洹等，所以者何，此二皆空。」（《維摩詰經》卷中
〈諸法言品〉第五）[25]這意思非常明白。不過，在這裏，卻有道
安把「泥洹」與「泥曰」分開使用的例子。在這以前，稱「泥
洹」時，指煩惱滅盡的開悟，然稱「泥曰」時，並無入無餘涅槃
之死的意涵。對安世高譯的《陰持入經》，道安為了向竺法濟與
支曇講述而作的《陰持入經注》之中的一節，經所謂兩種無為，
即是說有餘、無餘的兩種涅槃。道安的註解如下：

> 欲度世是為尚有餘，無為未度。
> 無為未度者，謂已泥洹未泥曰。
> 已無為竟，謂已得泥曰也。
> 命已竟畢，謂不復受生死壽命，便為苦盡，令後無苦。
> 彼以有是陰，亦持亦入，已盡止寂然，從後無陰亦持亦
> 入，無相連不復起。謂惡意滅，不復起生死，是為無餘，
> 謂惡意盡滅無微餘，已得度世無為畢，是為二無為（《正
> 藏》三十三卷一八頁中）。

---

[23] 後漢・支婁迦讖譯：《道行般若經》卷三，頁430下-438上。

[24] 吳・支謙譯：《佛說維摩詰經》卷下（《大正藏》第14冊），頁535中。

[25] 吳・支謙譯：《佛說維摩詰經》卷下，頁526上。

　　這本經文是說，即使達到無所著，陰持入的存續間，是有餘無為，命盡陰持入斷絕時，稱無餘無為。這是通常所說的有餘涅槃與無餘涅槃的分別。然而，對經文「有餘無為」與「無為未度」，道安註解為「已泥洹未泥曰」。那是已泥洹未泥曰的意思！如果是這樣，泥洹是有餘涅槃的覺悟，泥曰是無餘涅槃的死。這解釋當然有證據。支持這樣解釋的有陳‧慧達《肇論疏》。正如其書開頭所說：

　　　　道行譯音，泥洹是無為滅度，泥曰是滅訖盡也。《古淨
　　　　名‧法供養品》云：「佛般泥洹曰。」今經云：「諸佛
　　　　滅度。」正謂無餘為泥曰（《續藏》二編乙二三套四冊
　　　　四一三丁右下）。

　　道行譯音如何，現在不清楚。把無為滅度稱「泥洹」，滅訖盡稱「泥曰」的解釋，有吳‧支謙譯的《維摩詰經》稱「佛般泥曰」，羅什譯的《維摩詰經》稱「諸佛滅後」。在收集的這些例子中，我們能知道，稱「泥曰」，是指無餘涅槃。
　　然而，我對於上面「泥洹」、「泥曰」、「有餘涅槃」與「無餘涅槃」的解釋，是否正確，自己實在是還有疑念。不管怎麼說，在經典確實通常根據無餘無為之語，說無餘依涅槃，正是與說無身無餘涅槃（死）沒有不同。道安的註不如此解釋。他是用無餘解釋惡意盡滅無微餘，不是看作身體盡滅。雖然在經典「命已畢竟」，清楚的是指死的意思，但是道安不認為是指現在生死壽命盡，今後不再受生。如此一來，假如從他的觀點來看，「泥洹」必然不是根據身體的有無區別。如此，我在之前把泥洹當作覺悟，解釋泥曰為入滅，諸如此類的說法，必須收回。因為

慧達的《肇論疏》引用《維摩詰經》：「佛的般泥曰。」般涅槃是入無餘涅槃，正是死的意思，這也是般泥曰。因此，入無餘涅槃，用此「泥曰」之語，就是指無餘，或許言之過早。在竺法護譯的《須真天子經》（卷三的末尾）是：

> 菩薩隨諸習俗現泥洹道，知一切法，習而滅之，於泥洹行不般泥洹，於泥曰行不永泥曰，是故菩薩得入滅度法。[26]

經文把「泥洹行不般泥洹」與「於泥曰行不永泥曰」並列，要了解其原由很困難，但是一定用「泥洹」、「泥曰」來區別有餘、無餘，筆者是不敢苟同的。

　　從前述引用慧達的《肇論疏》中的道行譯音之文得到啟示，我認為所謂「泥洹」是無為滅度，作為名詞，即是指涅槃，所謂「泥曰」是滅盡，作為動詞，是度、超、悟的意思。如果作此解釋，道安在《陰持入經註》說「已泥洹未泥曰」，泥洹（無為）還未泥曰（未度）之意，已得泥曰是泥洹（無為）已泥曰（已度）之意，那恰好符合經典「無為未度」與「已無為竟」的解釋。而且，這樣的語法在梵語的文法上，是不存在的，或被質疑的。現在道安是根據自己的理解，使用漢文區別泥洹、泥曰，不問文法上得當與否。因而，以此方式理解，道安對於《陰持入經》之有餘、無餘的解釋如下：

> 泥洹是希望證，未泥洹是未證，是有餘。然而假如已證泥洹不再受生死之壽命。那是惡意滅盡，已證這泥洹，惡意

---

26 西晉・竺法護譯：《須真天子經》卷三（《大正藏》第15冊），頁109上。

　　滅盡無微餘，是無餘的意思。

　　上面的解釋假如無誤，道安在這方面通常不是根據有身、無身的分別，說有餘涅槃與無餘涅槃，泥洹（無為）只是悟（就是泥曰，就是度）與未悟（即是未泥曰，即是未度）的分別，泥洹本身絕對沒有有餘、無餘種種的差別。

　　不過，道安如此之解釋，其根據為何？我在《陰持入經》的註中，發現其根據：

> 空無所應得，空其心，淨其內，志與　違，故曰不應，不應邪也，得受不受，不受楣也。
> 愛已壞，壞盡，言愛欲已盡也。
> 已離已盡，離愛願盡，無三界之志，斯謂不願定。
> 為無為，謂欲無欲志寂，無三界想矣！《法鏡經》曰：不以意存求於泥洹，何況有勞想哉？斯無為之云矣！（《正藏》三十三卷二一頁下）。

　　經文說：「得空，不著空，已離愛，愛已盡，無為。」這不是說無為有餘、無餘的分別，只說空無所得，愛盡滅，無為。假如從經典說，無為有「有餘無為」與「無餘無為」，兩者之根柢相通。然而，無為是指愛欲滅盡，是生前修得。只在生前修得，死後修得則無意義。如此一來，道安所謂無為泥洹是生前修得，非死後泥洹。道安所謂無為，心空，欲愛盡，引用《法鏡經》的說法，認為存心求泥洹，則不得泥洹，何況勞想？此即無為。在這之前，欲度世尚有餘，與證無為一致。道安認為有兩種無為說，他的立場愈來愈明白。

　　說兩種無為，一方面解釋經文，又不承認有兩種無為，一方面知道有兩種無為，而且更進一步解釋，或者不知道兩種無為，僅根據唯一的無為解釋之。不論為何，一時難以確定，恐怕後者近於真實。道安在內容上，分別有五陰、六入、十二行相，其中雖然不難認定有大乘思想，如註解《陰持入經》，自由地引用大乘經典《明度經》（《小品般若經》的異譯）、《維摩詰經》、《法鏡經》（《大寶積經》的郁伽長者會的異譯）。表示不清楚大小乘的分別，而統一解釋之。通達大乘涅槃觀的道安，不可能不知道小乘有部的兩種涅槃說。

　　道安知道「泥洹無為」是空無所得，愛欲滅盡之境。存心求泥洹，尚不可得。譯「泥洹」為無為是後漢的安世高，其他大概譯作「泥洹」，只有吳・支謙在《大明度無極經》譯作「滅度」。安世高何故譯「泥洹」為「無為」。泥洹是assam-skrta，不能譯作無為。無為在《老子》是表示至極之道，這是眾所周知的道理。換句話說，《老子》的無為概念相當於佛教「泥洹」的概念，但不是說無為即表示「泥洹」的語義。因為譯語的由來已如此，格義時代的道安，無為的概念常常引用老子思想，這是可以理解的。例如：

　　　　階差者，損之又損之，以至於無為（〈安般注序〉）。[27]
　　　　真際者，無所著也，泊然不動，湛爾玄齊，無為也無不為
　　　　也（〈合放光光讚隨略解序〉）。[28]

　　這些是引用《老子》：「道常無為而無不為」（第三十七章）；「為學日益，為道日損，損之又損之，以至於無為，為無

---

[27] 梁・僧祐：《出三藏記集》卷六，頁43下。
[28] 梁・僧祐：《出三藏記集》卷七，頁48中。

為而無不為」（第四十八章）。

　　但是，道安不是直接根據《老子》的說法。無為是體得自然對象界的道，在魏晉時代是廣泛被重視的思想，郭象〈莊子序〉有：夫心無為則隨感而應，應隨其時，言唯謹爾。上文已明白表示，道安所謂無為，不是指逃避人生，虛無的生活態度。無為是無所著，故自己不動，而適應一切的外界，能呈現為無為的大用。無為是為了呈現為無為的大用。道安詳細之解說如下：

> 無為，故無形而不因；無欲，故無事而不適。無形而不
> 因，故能開物；無事而不適，故能成務。成務者，即萬有
> 而自彼；開物者，使天下兼忘我也。彼我雙廢者，守于唯
> 守也。故《修行經》[29]以斯二法而成寂，得斯寂者舉足而
> 大千震，揮手而日月捫，疾吹而鐵圍飛，微噓而須彌舞
> （〈安般注序〉）。[30]

　　無為不是消極的自足的心，無為可以說實在是無不為的根源之理，不是餘蘊。然而，無為在《般若經》是與法身、真際、空，境地相同。只是說法身、真際時，是悟境智不二，是對「悟」之對象的命名；說無為、空，不外是對主體的稱呼。

　　因此，假如執著法身、真際、空，就失去法身、真際、空的真。假如也執著無為，無不為就不可得，那樣的無為是違背無為。因此，道安是以無名表現之。所謂無名，是絕對之稱。對於「有」的「無」，是相對有名；超越有無，包含有無，是絕對的稱謂。當然也是斷思慮，所以是無名；絕對是一，沒有二、三之

---

[29] 西晉・竺法護：《須真天子經》卷三，頁109上。

[30] 梁・僧祐：《出三藏記集》卷六，頁43下。

別。沒有智愚之別，也沒有是非之分，沒有證與不證之差。如此，「無為泥洹」是無名之理。道安在這方面的確無為無名，即使沒有熟用泥洹無名，然而，可以確定即是此意。不應為異名所迷，而忽略其同體異名之實。假如了解法身、法性、真際、如、空、無為、泥洹，實是同一，這疑問就容易被理解。

如、法性、真際等語同義，在《般若經》常被連用，在此不特別舉出。泥洹與空是一，從《放光般若經・信本際品》所云：「泥洹者亦自至竟空。」可以了解。而且法身、法性的無名，在下面諸文可以見之：

> 般若波羅蜜者，無上正真道之根也。正者，等也，不二入也。等道有三義焉，法身也，如也，真際也，……如者爾也，本末等爾，無能令不爾也。……法身者，一也、常淨也，有無均淨，未始有名，故於戒則無戒無犯，在定則無定無亂，處智則無智無愚，泯爾都忘，二三盡息。……真際者，無所著也，泊然不動，湛爾玄齊，無為也無不為也（〈合放光光讚略解序〉）。[31]

> 何者，執道御有，卑高有差。此有為之域耳，非據真如遊法性，冥然無名也。據真如遊法性，冥然無名者，智度之奧室也；名教遠想者，智度之蘧廬也，然存乎證者，莫不契其無生而惶眩；存乎跡者，莫不忿其蕩冥而誕誹。道動必反，優劣致殊，眩誹不其宜乎？不其宜乎？（〈道行經序〉）。[32]

---

[31] 梁・僧祐：《出三藏記集》卷七，頁48上-中。
[32] 梁・僧祐：《出三藏記集》卷七，頁47上。

真如、法性、法身非普通之理，其乃悟之理，離悟即無，所以真如、法性、法身是絕對、無名，悟是絕對、無名，沒有區別，即不外泥洹、無為之無名。在中國古典中，道的概念，也是法理，但是人的文章、行為、理法等，以它為據，這或許才能開始被稱為道。而且，《老子》說：「道常無名」（第三十二章）、「道隱無名」（第四十一章），這是眾所周知的。道安的無名說，得之於《老子》，而運用於佛教學上。

然而，與「道常無為而無不為」同樣思想的是「道常無名」之說。道安不是直接從老子得到。原來，「無為」與「無不為」是相反的概念，同時並立，在理性立場上，是不被允許的。超越無為與無不為是悟的絕對的立場，在最初是可能的。開悟時，是無名。維摩默而不語，表示不二。此不二、絕對是斷名言的修證。「無為」與「無名」這兩個命題是相互不離的關係。根據強調無為學說的魏晉時代的思想家，以道即是無名，這是理所當然的。王弼說：

> 聖人體無，無又不可以訓，故不說（《三國志》卷二十八〈鍾會傳〉注所引〈王弼傳〉）。

道（無）被體證，不是言說能表達，此即無名之旨趣。何晏的「無名說」尚是相對於「有名」之「無名」，但是強調道的無名，此「無名」的觀點，即是道的性格，這是不容懷疑的。夏侯玄也說：

> 天地以自然運，聖人以自然用，自然者道也。道本無名，故老氏曰：「彊為之名。」仲尼稱：「堯蕩蕩無能名

　　焉。」（〈列子仲尼篇〉張湛注所引）

道即是自然，道本無名。隨後之郭象亦云：

　　夫物有自然，理有至極，循而直往則冥然自合，非所言
　　也，故言之者孟浪，而聞之者聽熒（《莊子‧齊物論》郭
　　象註）。

自然冥合境地，非言說所及。如此看來，道安無名說之由來，實
在有很深的淵源。

　　然而，不能把道安當作老莊思想的流派，他們有不同之處，
雖然以「道常無名說」作為佛教學上「法性無名說」之發表是存
在的，但不能忘記道安二十年熱情鑽研《般若經》的根柢。在前
引的道安〈合放光光讚隨略解序〉可以明顯得之。在佛教，道有
法身、如、真際三義，道是唯一絕對，不變自爾，而且無所著，
所以無為而無不為。此三義密不可分。絕對離開常住不變的自爾
不能存在，常住不變的自爾是不容我執。道安還不知《大般涅槃
經》，也不知道有關涅槃的三德（法身、般若、解脫）教說，由
於通達《般若經》法身、如、真際之說，而發現道的絕對性、自
爾性與無著性。

　　假如對比於涅槃三德說，《般若經》的法身與如，大概是
《涅槃經》的法身之德，《般若經》的真際，大概是《涅槃經》
的般若與解脫兩德。因而，道安的泥洹思想是從欲愛滅盡、空無
所得，說涅槃三德中的般若之德，其無為是當作現成無不為的大
用，顯示涅槃三德中的解脫之德。於是，從道的絕對性與自爾
性，解說涅槃三德中的法身之德。我們可以感受到道安對泥洹思

想頗有卓絕的見識。尚且進一步說，論述道的自爾性，本來在印度佛教tathata即是解說如實的理念，對於這個理念，假如當作「本末相等，無能令不爾也」之解釋，晉代的思想家們，根據自然說道，發現其間相通之理。例如，郭象在《莊子註》中說：

> 萬物必以自然為正，自然者不為而自然者也（〈逍遙遊〉）。
>
> 物各自然，不知所以然而然，則形彌異，自然彌同也（〈齊物論〉）。

現象千差萬別，形成的根柢是自然，常住不變，有普遍性。姑且不論道安本身是否意識到「自然」的道理。假如以佛教語彙來說「自然」的話，應該相當於「如」這個意思。

　　如此思維，在魏晉時代，中國思想特別是以老莊作為主流所展開的有關道的思想，由於道安的努力，佛教學完全能包攝之。而且，不單是以中國思想，也以印度思想的思考模式直接表現出來。印度佛教思想種種的角度論述，給與概念的線索，深化其思想，促進其進步。僧肇〈涅槃無名論〉九折十演，不論在內容或形式或思想上，能達到劃時代新世紀之著作，絕非偶然。

四、三乘十地的課題

　　在前節中，我們說，道安所謂泥洹的絕對性，無視於兩種涅槃說，無所著、欲愛盡滅之泥洹是顯示無為之語，是顯現無不為之大用，完成開物成務，其境地是冥然無名，斷絕一切的相對差別，為智度真諦的世界。而且，作為老莊的流派的魏晉思想，

立基於佛教學再組織思索的整理與深化，促進躍進，形成貢獻。
由於前秦道安的培養，在道安努力的基礎上，果然在後秦僧肇身
上開花結果。從來沒有被綜合的考察佛教教義上的差別階級之說
與無差別無階級之說的關連，現在提出有關涅槃作為課題的一部
分。因此我們為了理解〈涅槃無名論〉先前之預備知識，首先必
須考察以前有關差別與平等的見解。

　　根據佛典之大乘經典的說法，佛教的修行者有聲聞、緣覺
與菩薩三種，他們各有不同的作為，故得到不同的果報，所以在
佛教中有三種教說，此即所謂三乘說。有關三乘的起源與發展的
種種現象，現在不多加論述，唯先闡述其是非。說一切有部等認
為，雖然證得三乘同一的涅槃，然而過程與功能不同。大乘的
《般若經》則以為：三乘中的聲聞、緣覺二乘，不知真正的菩薩
道，被認為是片面而已。從三乘的真諦論述，三乘無差別。《般
若經》之涅槃說，採用有部的兩種涅槃說，又提倡獨自的涅槃
觀，三乘說也採用有部的差別思想，又以獨自的觀點論述平等。

　　綜合上述，假如從大乘般若來說，二乘是小乘的涅槃觀，只
是聲聞、緣覺的涅槃，大乘的涅槃是菩薩的涅槃，非徹底體悟不
能理解。換言之，空的同義語，只有大乘的涅槃才是真的，立足
於實有思想之小乘的涅槃是不真的，此有排斥小乘涅槃之意。然
而，《般若經》採用有部思想的第二義的意思，包含無餘涅槃，
對於直接理解經典者而言，感到不少困惑。即是，當作現實的修
行者的修道過程來看，雖然菩薩從初期得到涅槃沒有問題，但是
聲聞與緣覺過程如何？他們是悟小乘的涅槃觀，然而在究極方
面，聲聞在小乘涅槃就結束嗎？或進而進入大乘的涅槃呢？這幾
種說法在經典中，顯然都不是。《般若經》本身以論述大小乘涅
槃的真偽為目的，有些人以菩薩為名，期待、追求大乘的涅槃。

我們不得不說，提出這樣的問題已超乎想像。然而，假如就字面解釋經文，問題的提出也不是不可能。先前，二乘雖然脫離不了小乘的涅槃觀，但是，就真諦而言，三乘無差別，於是二乘最後進入大乘。因而，小乘的涅槃雖然是不真的，但作為過渡階段，是能被接受的。

總而言之，就《般若經》經說來理解，二乘一旦得小乘的涅槃果，進而進趣大乘，得大乘的涅槃果，是能被理解的。於是，聲聞經歷大小乘的兩種涅槃，另外，有從最初向菩薩大乘的涅槃。因此，佛教的修行者中形成二乘的迂迴之行的漸悟主義，與形成菩薩的直往之行的頓悟主義。如此，涅槃思想關連於三乘之別的解釋，也發展出悟的頓漸問題。

試著思考這個問題，一體頓悟是頓時覺悟，不經過次第階級得到，或經過段階逐次到達？如上述《般若經》的解釋，與頓悟同時，漸悟也可能。然而，漸悟的二乘，有關漸的語義尚必須被考慮。漸悟二乘，他們一旦經由小乘的涅槃，到達大乘的涅槃，意謂「漸」不過是「迂迴」的別名。他們不是漸次得大乘的涅槃的意思。假如說有關大乘的涅槃，大乘的悟，是否開悟，其間沒有階級，意思是說漸悟是不可得的。但是，二乘的涅槃與大乘的涅槃，同樣是涅槃的一種，兩者的不同，與其看作不完全或是完全，不如說二乘依次經由這兩個涅槃，從不完全的悟進入完全的悟，意指他們的悟是「漸次」。然而，這時，二乘的涅槃不真、不完全，他們證得小乘的涅槃，他們自身在這方面只不過因為他們的固執，對於悟大乘的涅槃，不予寄望。二乘的悟，畢竟還不是漸悟，而是頓悟。

有關三乘的「一異」，在大乘經典中，《法華經》關於此方面之討論有其特色。《法華經》以為三乘之別是佛陀的方便說，

真實是一，無有差別。因而，假如根據這種說法，以為聲聞有聲聞的涅槃，與大乘的涅槃不同，這說法就不被認同。然而，在《法華經》又另有一種說法，到達阿羅漢的聲聞，聽聞法華之教以後，成為菩薩道的修行者再出發。依照這些說法理解時，聲聞的迂迴漸悟是被承認的。這不僅與《般若經》有關，同時與前述回歸到同一問題。也就是說，就悟的性質而言，沒有辦法給與頓漸關鍵性的解釋。

在這方面，現在必要從別的觀點考察三乘的關係。大乘十地思想可以提供線索，值得注意。假如從大乘經典，菩薩到成佛積十種行，經過十地階級，此十地菩薩位，在華嚴系有：從初歡喜地到第十法雲地；在般若經系有：初七地是三乘共通位，從初乾慧地（《放光經》過滅淨地）以上到第七已辦地（《放光經》已作地），以及第八辟支佛地、第九菩薩地、第十佛地。不用說，解明三乘的關係要依照般若經系所謂三乘共通的十地。《放光般若經》的涅槃思想與三乘觀有關成為問題。在十地方面，關連三乘共通的十地，不用說，應該被檢討。不過，在《放光般若經》（卷六）的〈治地品〉，菩薩七住地得無生法忍，進入八住地。蓋菩薩在六住地，因為沒有辟支佛意，在七住地，沒有聲聞的「所作已辦」之想，得無生法忍，進入八住地。在八住地亦不住辟支佛的自足之念，神通遊化，次第進入第九地、第十地。

如此，十地是三乘共通的十地，菩薩修行的階位，不外基盤、施設於聲聞與辟支佛的階位。在現實，三乘是到七地不再前進之意。不過，即使菩薩七地得無生法忍，與聲聞、辟支佛達到不同的悟境，何以七地不能達到佛果？七地得無生法忍後，假如尚留三位的進修，此三位當然不包括聲聞、辟支佛的涅槃，必須從無生法忍展開且實證之。此可以看作是開示大乘菩薩的涅槃，

而與其說是經過無生法忍的後三位之行，完成菩薩道，不如說，不過是暫時敘列，在悟之上表現自在應化之用。如此看來，十地思想實在是說聲聞、辟支佛的修道過程，不是流入菩薩行必經之路。然而，假如再問三乘之中的聲聞、辟支佛如何進入菩薩行，不得不把七地無生法忍之說合併考慮。

那麼，先擱下以上的事實，考察中國佛教《法論目錄》法論第六帙的教門集所載之內容：

> 辯三乘論支道林無三乘統略釋慧遠問釋道安三乘并書竺法汰問三乘一乘什答問得三乘王稚遠法師答問辟支佛王稚遠法師答[33]

從這些目次可見，三乘一乘的問題到南北朝之初已經是學者相當關注的課題，對於東晉的支道林、前秦的道安、竺法汰、慧遠、後秦的鳩摩羅什等，這些專心於佛教學之學者而言，「三乘一乘」的問題是難解的課題。就支道林而言，他辯明佛家的三乘滯義，被記載在《世說新語》（文學篇）[34]。其〈辯三乘論〉記錄了當時的論述。

道安在〈大小品對比要鈔序〉之中，又說：

> 登十住之妙階，趣無生之徑路……。十住之稱興乎，未足定（之？）號。般若之智生乎，教跡之名。[35]

---

[33] 梁·僧祐：《出三藏記集》卷六，頁83下。

[34] 劉宋·劉義慶《世說新語·文學第四》云：「三乘佛家滯義，支道林分判，使三乘炳然。」（臺南：唯一書業中心，1975年9月，頁173）。

[35] 梁·僧祐：《出三藏記集》卷六，頁55上。

十住以無生法忍為中心，對求道修行階段的人而言，有承先啟後的意義。只是從這些文字不能得知三乘與十地的關係。作者未詳，但是從記述內容上，可知是支道林弟子所作之〈首楞嚴三昧經註序〉云：

> 首楞嚴者，沖風冠乎知喪，洪緒在乎忘言，微旨盡於七住，外跡顯乎三權。[36]

就此而言，《首楞嚴》以為七住得無生法忍是極點，八、九、十住三位是無生法忍的外跡，是權用。理解三權是三乘的教說，如果是這樣的話，《首楞嚴》托三乘的教說，究極是七住證無生法忍，體得知喪忘言的空。現在，迷惑的是，應該依從誰的解釋。同序接下來稱揚支道林之功，說：「啟于往數，位敘三乘。」十地是以三乘之中的聲聞階位作為基本施設。因而，三乘之別雖然是作為外跡的權教被闡述，但是有些人以七住得無生法忍為究竟，筆者認為這解釋是接近真實的。支道林徹悟經典的原意，對於聲聞、辟支佛經歷哪些路徑而進入菩薩位，有較合理的說明。

　　道安又如何看待此事？他說：「是乃三乘的大路，何莫由斯定也。」（〈十二門經序〉）[37]又說：「從始發意，逮一切智，曲成決著八地無染，謂之智也。」（〈道行經序〉）[38]道安對三乘十地相當關心，解釋兩者關係如何之具體資料，無從得知。道安恐怕是把十地當成菩薩的十地，因而，不認為聲聞是菩薩進入

---

[36] 梁・僧祐：《出三藏記集》卷六，頁49上。
[37] 梁・僧祐：《出三藏記集》卷六，頁46上。
[38] 梁・僧祐：《出三藏記集》卷七，頁47中。

十地的過程。對於支道林說七住無生法忍，道安八地無染，兩者似乎不同，但道安之說，是否是從七地得無生法忍，變成為八地無染之意？畢竟七、八地得無生法忍不過是前後之差而已。他又說：

> 執道御有，卑高有差，此為有為之域耳，非據真如遊法性，冥然無名也。據真如遊法性，冥然無名者，智度之奧室也（〈道行經序〉）。[39]

這是十地階級不在法性上說，因為至八地，根據無生法忍，得根本智，已經體悟真如法性。在那境地，沒有最早八、九、十地之別，也就是說，八地以上的菩薩在修行上是任運自然。此任運無功之行不過是暫時分配於八地、九地、十地之三地。就道安而言，十地不外是對尚未體得法性者的引導，與支道林十住之稱是起於未足定號，恰有同軌之理由。

支道林說：「微旨盡於七住。」道安說：「八地無染之智。」[40]支道林與道安兩人都說得無生法忍而開悟，但不說悟後之九、十地如何。然而，菩薩七地頓悟，不能說得悟的階級。他們不說聲聞趨向菩薩的迂迴行，只說菩薩的悟是頓悟。南齊·劉虬在〈無量義經序〉中，把支道林與道安當作是頓悟說的先驅，劉氏說：

> 得旨之匠起自支、安，支公之論無生以七住為道慧陰足，十住則群方與能，在跡斯異，語照則一；安公之辯異，觀

---

[39] 梁·僧祐：《出三藏記集》卷七，頁47上。
[40] 梁·僧祐：《出三藏記集》卷七，頁47中。

> 三乘者始簀之日稱，定慧者終成之實錄，此謂始求可隨根
> 而三，入解則其慧不二。[41]

不知其根據為何？但大體上，此看法與筆者之見一致。支道林以
七住得無生法忍，十住、七住是一，不同的是外跡。很明顯的，
這與前引「十住之稱興乎，未足定號」、「微旨盡於七住」之說
相同。道安以為三乘始行雖然有差異，但是最終目標同樣達到定
慧。像這樣的說法，的確沒有發現與它符合的文章。假如根據前
引〈道行經序〉的真如法性，冥然無名，卑高無差之說來看，一
切言歸於一。

　　以上之考察，三乘十地與法性涅槃是一的關係，乃根據支
道林與道安平日之研究考察而得。他們對於聲聞如何進入菩薩，
以及有關聲聞、辟支佛、菩薩的差別理由與同一理由，尚未究
明。僧肇的涅槃論對於三乘十地的關聯大力闡述，雖然有前輩的
先蹤，但是僧肇的創造性如何輝煌，是可見的。〈無量義經序〉
以為支道林與道安是竺道生頓悟義的先驅，後世的學者遂以為
〈涅槃無名論〉之無名家指的是僧肇，有名家指的是竺道生。這
觀點與僧肇〈涅槃無名論〉所說漸悟義是支道林、道安，恰恰相
反。然而，勉強說〈涅槃無名論〉的敵對是竺道生，假定這說法
成立，以下筆者將指出〈涅槃無名論〉絕非評論竺道生的頓悟，
〈涅槃無名論〉與支道林、道安的主張也不是相對的說法。這個
事實值得注意。

---

[41] 南齊・劉虯：〈無量義經序〉（《大正藏》第9冊），頁384上。

五、本書的大要

〈涅槃無名論〉開始是撰者僧肇上表給秦王姚興，接著以無名與有名的答難的方式論述之。〈上表文〉闡述本書撰述的緣由，相當於序文，只是在贊述涅槃的無名，不在綜論本文的論述內容。本文內容廣泛，前後由十九節完成。彰顯僧肇本身的立場以無名之名論說，表示難者的立場以有名之名論述。無名首先說明自己的綱要，之後由有名立難，無名回答，以此順序進行討論，前後合起來，有名的問難有九，無名的解明有十，僧肇稱之為「九折十演」。為了方便討論，先提供簡單要旨，顯示十九節的大意：

開宗第一（無名）——涅槃是絕稱的幽宅，有餘、無餘只是應物的假名。

覈體第二（有名）——涅槃絕稱，懷德者自斷。

位體第三（無名）——涅槃之道在有無之外。

徵出第四（有名）——有無之外，別無妙道。

超境第五（無名）——有無之所統是俗諦。涅槃是真諦，非有非無。

搜玄第六（有名）——不出有無，不在有無何謂。

妙存第七（無名）——玄道妙悟。真是有無齊觀，物我冥一，怕爾無朕，謂之涅槃。

難差第八（有名）——涅槃是一，何有三乘之道，無生法忍後之進修三位。

辯差第九（無名）——以人有三，而認為無為有三。無為非有三。

責異第十（有名）——我與無為，是一是異？

會異第十一（無名）──我即無為，無為即我。以未盡無為，故有三。（三鳥出網之譬）

詰漸第十二（有名）──二乘與菩薩俱心無為。未盡者何。

明漸第十三（無名）──無為雖然無二，結應該頓盡。智力不同，故所乘非一。（三箭中的，三獸渡河之譬）

譏動第十四（有名）──入無為境者禁止進修三位。（指南為北之譬）

動寂第十五（無名）──為即無為，無為即為。聖心是心想都滅，而亦理契。

窮源第十六（有名）──涅槃有始有終。經典說無始無終者何。

通古第十七（無名）──涅槃之道妙契，基於冥一。其間不容終始。

考得第十八（有名）──眾生是盡五陰之內，涅槃是五陰盡，得涅槃者誰。

玄得第十九（無名）──涅槃妙盡常數，不有得不無得。玄道絕域，以不得得之。

慧達將這十九節大分為三段。第一段，是從初到「妙存」第七，明果。第二段，是從「難差」第八到第「動寂」十五，明三乘之行理。第三段，是「窮源」第十六以下到結束，明本始涅槃。分成三段，甚為適切。現在避免逐次解說各節之繁瑣，依照上述的三段分法，闡述其大要。

第一段姚興的涅槃無名之說，從心停止著欲，冥合於空，名為涅槃。這樣涅槃無寄，故無名。明顯的是，大乘的涅槃說，尚未明說有餘、無餘二涅槃。然而，假如根據僧肇，涅槃絕有為，名無為，永滅生死大患，稱為滅度。因而，把涅槃分別為有餘、

無餘是錯誤的。雖然經典有有餘涅槃、無餘涅槃，惟作為悟的涅槃不過是在應眾生示現身的時候，安上之假名。涅槃沒有有餘、無餘的分別。因為涅槃是有無之稱的根源，涅槃本身必須超越有無。以有無統攝一切，只是俗諦方面；悟的涅槃是真諦，沒有有無相對的分別，有與無，沒有不同，主觀與客觀，沒有對立。有餘涅槃、無餘涅槃的分別，與涅槃之本質無關，只是假名。這些不僅姚興沒說明理由，道安尚且也未言明。雖然道安在解釋兩種涅槃之文時，以大乘的涅槃說轉述其意義，但是尚未到加以否定的程度。在《大乘大義章》（卷中〈羅漢受決〉）中，鳩摩羅什以為阿羅漢只得有餘涅槃，即使心是清淨，身口所作也不能沒有失念，進入無餘涅槃以後，身口業永滅[42]。或者菩薩以佛道不入涅槃，阿羅漢以聲聞法不入涅槃，這些有關大乘的涅槃與小乘的涅槃屢被討論。

然而，現在僧肇不排斥簡單、明瞭的兩種涅槃。大概羅什不可能不知道兩種涅槃說是小乘的涅槃。考慮《般若經》的複雜小乘包容的教相時，不得輕易排斥兩種涅槃說。而且僧肇一方面受羅什的影響，一方面受到道是無名之中國思想的傳統強烈的影響，與希望教義簡明化的中國學徒的性格，排斥有餘、無餘的涅槃，純粹強調大乘的涅槃。在此，能認定與道安的連繫，同時降至隋代，根據三論宗的吉藏（《法華玄論》卷二）說大小二涅槃的不同，二涅槃的分別是法身觀的不同，發現一乘三乘的不同被強調源流。

---

[42] 東晉・慧遠問、羅什答《鳩摩羅什法師大義》卷中云：「一切阿羅漢，雖得有餘涅槃，心意清淨，身口所作，不能無失念。……是人入無餘涅槃時，以空空三昧，捨無漏道，從是以後，永無復有身口業失。」（《大正藏》第45冊，頁133中）。

　　第二段「難差」第八以下到「動寂」第十五的八節，涅槃
是一，何故有三乘之別。又七住得無生法忍後，有八、九、十住
三位進修的問題。從這個問題延伸到頓悟、漸悟的兩個立場，兩
者被對照討論著。這段要旨是，涅槃是一，由於智力不同，煩惱
有斷盡或不盡的分別，稱為三乘。有三乘之分別，但不可根據這
個，以為涅槃有三。七住以後，八、九、十位的進修是從得無生
法忍後，在動寂無礙、為無為相即之上，形成任運無功用之行。
不可因為這樣而破壞涅槃是一。

　　因為「詰漸」、「明漸」太顯目，雖然在頓悟、漸悟之爭
這個背景，此論代表漸悟家的見解，但事實不是如此。僧肇論述
涅槃是一與三乘之別的關係，主張絕對漸悟，是無法想像的。何
況「詰漸」不是相當於竺道生的頓悟義。僧肇涅槃雖是一，但是
說明何故產生三乘的分別，除了立足在《般若經》的三乘思想，
說大乘的實相、大乘的涅槃外，說明三乘的由來是般若學者必要
的課題。支道林與道安已論究三乘問題，僧肇有此論述，絕對是
很自然的事。支道林與道安一方面試著解釋有關三乘與十地分別
的理由，一方面尚不能很有條理的整理、解釋，不再繼續解說。
然而，現在僧肇給與明快的理論，說三乘的斷惑不同，地方很多
參考《大智度論》（卷八十四），同時又見到在《大乘大義章》
中（卷上〈重問法身〉）羅什的解說。這些新的學養可能使舊的
課題得到明快的解釋，特別是「斬木尺寸之譬」與「三鳥出網之
譬」是三乘與涅槃關係極明顯巧妙之譬。所謂「斬木尺寸之譬」
是，人斬木時假如去一尺則沒一尺，去一寸則沒一寸，修短的分
別是在木的尺寸之上，無一寸無一尺則相同[43]。恰恰如此，聲聞

---

[43] 後秦・僧肇在《肇論》之〈涅槃無名論〉云：「如人斬木，去尺無尺，去
　　寸無寸，修短在於尺寸，不在無也。」（《大正藏》第45冊，頁160上）。

是結習未盡,如來是結習都盡,結習的盡與不盡以及其他原因,在智慧的深淺方面就有如來與聲聞的差別。然而,結習煩惱都盡,顯現的涅槃只是唯一。

而且「詰漸」、「明漸」與結習煩惱是否頓盡之區別,僧肇如《老子》所說,達到道、無為,要損之又損,以至於無為,不能頓盡。這觀點近於漸悟論者的主張。此後,頓漸二悟之爭興起,〈涅槃無名論〉往往為漸悟論者所用。因此,《肇論》的註釋者慧達以頓、漸二悟之論的想法,解釋此論,並引申此論為頓悟、漸悟之爭興起之後所作,也引起學者質疑此論是否為僧肇所作。關於這些容後詳細討論。筆者的意見與這些說法完全相反,現在暫不予闡述。

第三段在前段,悟涅槃者是根據智力與斷惑深淺不同,而有三乘的分別。即使分為三乘,涅槃本身沒有區別,只是唯一。當然涅槃是由人悟,離開人的悟,涅槃可以獨存嗎?雖然人悟與不悟是相對的,但是相對區別,就不得悟。所以悟是絕名相,是體驗。秦王姚興,廓然空寂,排斥諸家沒有聖人之說,反擊如果沒有聖人,知無者為誰?現在僧肇一方面贊成明詔,一方面論述玄道絕域,因此以不得得之,徹底警戒陷入有得之說。

六、〈涅槃無名論〉的撰者

在劉宋明帝時,陸澄於編纂之《法論目錄》,把〈涅槃無名論〉列為僧肇所撰,收於《法論》第二帙〈覺性集〉之中[44]。其後陳・慧達作《肇論疏》亦著〈涅槃無名論〉之義記[45],隋・

---

[44] 梁・僧祐:《出三藏記集》卷六,頁83上-中。
[45] 案可能是指〈般若無知論義私記下〉(《卍續藏經》第150冊,頁833上)。

吉藏《中論疏》（〈觀涅槃品〉）中稱僧肇〈涅槃論〉並引用此論，又舉出〈涅槃無名論〉中的一節〈妙存〉第七，稱為僧肇的〈妙存章〉[46]。吉藏在〈百論序疏〉引用此論之上表文，並說姚嵩的精解是引起天子姚興寫作涅槃無名義、僧肇創作〈涅槃無名論〉的端緒[47]。他在《法華玄論》（二卷）也明白指出僧肇的涅槃論有如來身的無生滅與無始終兩義，這些論義不見於涅槃、華嚴，而採用法華與般若，符合經意[48]。這就成為吉藏本身學說有力的證據。自古以來，《肇論》註釋者皆認為這是僧肇的撰述，不曾懷疑其真偽。

然而，近年來，在海外的研究者之間，對於這本書的撰者持懷疑態度，至少有學者不以之與《肇論》中其他〈物不遷論〉、〈不真空論〉、〈般若無知論〉三論，並列同視。

首先，在這方面詳細發表意見的是，民國二十七年（1938）刊行的湯用彤著《漢魏兩晉南北朝佛教史》（卷下、第十六章〈竺道生〉的項下），在他之後補述的是，在民國三十三年（1944）刊行的國立北平圖書館《圖書季刊》（新第五卷第一

---

[46] 隋·吉藏《中觀論疏》卷十云：「肇公涅槃論破非有非無云……，肇師妙存章亦同此意。」（《大正藏》第42冊，頁158上-中）。

[47] 隋·吉藏〈百論序疏〉云：「問姚嵩云：何能知其失？答：其人俗中精解義。曾著啟問天子姚興涅槃無名義。興答啟云：夫眾生所以流轉生死者，皆由著欲故也，若欲止於心，則無復生死，與空合其德，乃曰涅槃，豈容名數於其間哉？肇公述興涅槃無名義，故作〈涅槃論〉有九折十演也。」（《大正藏》第42冊，頁236上-中）。

[48] 隋·吉藏《法華玄論》卷二云：「以身無生滅，異凡夫、二乘之身；壽無始終，異凡夫、二乘之壽。以凡夫二乘之身為生滅所遷，壽則有始成終盡一期所壞，故如來身不生滅，壽無始終也。又肇法師涅槃論正明此二義。六趣無以攝其生，力負無以化其體，謂無生滅也。隨之不得其終，迎之罔眺其首，明無始終。肇公不見《涅槃》、《華嚴》，還採《法華》、《般若》以作斯論，故與經意符也。」（《大正藏》第34冊，頁377下）。

期）發表的石峻氏的〈讀慧達肇論疏述所見〉一文。近時又有 W.Liebenthal氏於1948年在Monumenta Serica的Monograph XIII，整理《肇論》的翻譯、研究、註疏。同時在公佈The Book Chao一書時，又發表獨自的見解。現在介紹這些學者的論旨與論據，並闡述筆者之意見。

首先，湯用彤以為〈涅槃無名論〉假如是僧肇所作，僧肇成了持漸悟說反駁頓悟說的最早者。但是這論文的筆力與〈不真空論〉等不相似，又有很多疑點，或許不是僧肇所作，下面舉出作為根據的理由。

（一）根據《肇論疏》等，均謂此論引及《涅槃經》。僧肇的死（414）是在大經出世（421）及《泥洹》六卷本的譯出（417至418）前。

（二）僧肇在羅什死後一年逝世。然而，此論開始的上秦王表中引用姚興〈與安成侯書〉所言，離什公去世已久。

（三）在〈無名論〉的十演中反駁的頓悟論，顯為竺道生之說。在九折中駁斥的漸悟說，則是支道林的七住頓悟說。然而，這作者是贊成七住說，呵彈大頓悟。道生之前沒有主張大頓悟者。道生在江南提倡此說，遠在僧肇死後。

（四）《大唐內典錄》（卷十）在列舉僧肇著作之時，謂：「涅槃無名九折十演論無名子（今有其論云是肇作，然詞力浮薄，寄名烏有）。」從這些闡述可知，前人已懷疑此論之作者。

（五）在此論中之「難差」以下六章分別反覆陳述頓漸，唯闡述理本無差，差別在人，此外了無精意。這些假如與漸悟論者王弘的陳述比較，辭力實浮誇，不是僧肇所作。

（六）反對頓悟的名僧是慧觀，他從關中回到江南後，作漸悟論

對抗竺道生與謝靈運。載於《名僧傳》之〈三乘漸解實
相〉一文，是慧觀所作，其內容相當於〈涅槃無名論〉的
第八、第九、第十的三節。實相之理是一，差別是由人產
生，因為慧觀所說的方法切實，比〈涅槃無名論〉更進一
層。在慧達的《肇論疏》也引用一段慧觀的言論，此是駁
斥謝靈運〈辨宗論〉中背南停北的比喻。

　　因此，湯氏認為〈涅槃無名論〉雖然不是出於僧肇的手筆，
但推論一定是宋初頓漸爭論時代的作品。現在考察這些論據，沒
有確切的證據否認這是僧肇所作。以下稍微陳述卑見。

（一）所謂〈涅槃無名論〉引用《涅槃經》是唐・元康的見解，
　　　如果這是事實，僧肇不知《涅槃經》，此論就不能說是他
　　　所作。然而，〈涅槃無名論〉之中沒有舉《涅槃經》之
　　　名，元康等指出從《涅槃經》而來的引文，也不能確認。
　　　假如這個前提不成立，以引用《涅槃經》為質疑之理由，
　　　則不得成立。元康將僧肇的〈上表文〉所云：「如似有
　　　解，然未經高勝之唱，不敢自決」[49]，解釋為：「雖然見
　　　新《涅槃經》本，但是未有高勝之人先講，因此不自決
　　　耳！」[50]正因元康認為僧肇已見過《涅槃經》，猜想僧肇
　　　引用此經。元康當初沒考慮年代先後的矛盾。雖然隋・吉
　　　藏尚且指說僧肇作〈涅槃無名論〉未見過《涅槃經》與
　　　《華嚴經》，但是《肇論》的註疏家元康一方面認為僧肇
　　　作〈涅槃無名論〉，一方面又說僧肇見過未出現的《涅槃

---

[49] 後秦・僧肇《肇論》云：「如似有解，然未經高勝先唱，不敢自決。」
　　（《大正藏》第45冊，頁157上）。
[50] 唐・元康《肇論疏》卷下云：「似是見新涅槃經本，未有高勝之人先
　　講，故云不自決耳！」（《大正藏》第45冊，頁190中）。

經》。然而，有關涅槃論義，以為參照《涅槃經》對研究者有益。這是先入為主的觀念，元康即犯這個過錯。其證據在「玄得」第十九：

> 且談論之作，必先定其本，既論涅槃，不可離涅槃而語涅槃也。若即涅槃以興言，誰獨非涅槃而欲得之耶？[51]

關於此文，元康解釋為：

> 且談論之作，必先定其本者，本宗也。既論涅槃，下依涅槃宗而說涅槃也。若就涅槃以興言，下若就涅槃本宗為言，則一切諸法體性皆空，皆是涅槃真體，復何得耶？[52]

如果此說成立，那麼這些本宗、涅槃宗、涅槃本宗等是什麼意思？〈涅槃無名論〉說：「首先定其本。」此本是談論之本，議論時先確立議論之本，趣旨就明白。然而，元康解釋《涅槃經》的本宗即是指《涅槃經》的根本義，討論涅槃以外，必須建立《涅槃經》的根本義。像這樣先入為主的觀念，其註釋亦受此影響，確定未引用《涅槃經》，強說引用《涅槃經》。可見，元康根據《涅槃經》解釋〈涅槃無名論〉，而且〈涅槃無名論〉確實不引用《涅槃經》就不可能解釋的例子，也找不到。例如：「七覺、八正」不出於《大品》、《涅槃》等經，這些

---

[51] 唐・元康《肇論疏》卷下，頁161中。
[52] 唐・元康《肇論疏》卷下，頁200上。

也不侷限於《涅槃經》（《續藏經》本七八頁左下）[53]。
「五陰永盡，譬如燈滅」，也常散見於諸經，不只見於
《涅槃經》第九卷（七九頁左下）[54]。

　　同樣地，「入於涅槃而不般涅槃」之文，與《維摩
經‧問疾品》的「住於涅槃，不永滅度」（支謙譯《維
摩詰經》：「觀泥洹行，不永泥洹。」）意思一致。這
些所謂也是《涅槃經》之文，實在難於斷定（八十頁左
下）[55]。以為「釋尊在說法途中得病」，在《涅槃經》第
十卷才被知道，這是不對的（八一頁右上）[56]。其他，元
康解釋「真解脫離於言數」為「這《涅槃經》中解脫的大
意非全文」（七九頁右上）[57]。解釋「涅槃非法非非法」
為「涅槃十九云：如來涅槃，非有非無，非有為非無為
等，今闡述彼之大意」（八二頁又下）[58]。這兩段文字，
就《般若經》而言，是理所當然，不必然只作為《涅槃
經》的大意。

　　同時，元康也自認，凡〈涅槃無名論〉引用經文時，
有標名、有不標名。標名時，是經的全文；不標名時，是

---

[53] 唐‧元康《肇論疏》云：「覺分為七，亦出《大品涅槃》等經。……正定
為八也，出《大品涅槃》等經耳！」（《大正藏》第45冊，頁193下）。

[54] 唐‧元康《肇論疏》云：「其猶燈盡火滅，膏明俱絕。《涅槃》第九
卷云：『一闡提人，見於如來畢竟涅槃，猶如燈滅膏油俱盡也。』」
（《大正藏》第45冊，頁194中）。

[55] 唐‧元康《肇論疏》云：「入於般涅槃而不入於涅槃，此《涅槃經》文
也。」（《大正藏》第45冊，頁195中）。

[56] 唐‧元康《肇論疏》云：「《涅槃經》云：佛正說法，至第十卷，中途
現病。」（《大正藏》第45冊，頁195下）。

[57] 唐‧元康《肇論疏》云：「經曰：真解脫者離於言數。此等諸文是《涅
槃經》中解脫大意，非全文也。」（《大正藏》第45冊，頁193上）。

[58] 唐‧元康《肇論疏》，頁196下-197上。

指諸經的大況，不必然指何經典。然而，一方面尚拘囿於《涅槃經》，單說「經云」而對照《涅槃經》，或者指定卷數。這是元康先入為主的觀念，是導致後人誤解的原因。

（二）雖然僧肇在羅什逝後一年去世，是立論的基礎，但這個年代是根據僧肇的歿年，即《高僧傳》所載的義熙十年（414），羅什卒年又是依據僧肇所作的〈羅什法師誄〉[59] 義熙九（癸丑）年，即是弘始十五年（413）。然而，有關羅什的卒年，從古有不同的說法，《高僧傳》採取弘始十一年（409）之說，其他不同之傳說有弘始七年、八年。如果羅什是在弘始十一年卒，僧肇在其後還活了五年。姚興、姚嵩的書問說什公去世很久，就毫無疑問了。不但姚興、姚嵩的書問說什公去世很久，就僧肇的〈上表文〉和姚興、姚嵩的往復書問來看，也是不容置疑。即使羅什卒於僧肇前一年，這也不能當成是決定本問題的關鍵。

（三）從〈涅槃無名論〉呵彈道生的大頓悟，認為此書不是僧肇的論據，此乃根據慧達《肇論疏》頓悟義之兩解──道生的大頓悟與支道林等的小頓悟。道生以前沒有提倡大頓悟，道生南歸後，開始主張大頓悟。大頓悟說，即理是一，悟亦是一，沒有階級。考察悟是否經過階級，當然是一部分的議論。在現實，如果沒有這種主張的人，就不應該有這種提案，也就沒有這類性質的問題。對於涅槃是一，如何說明三乘、十地階級不同的問題產生時，建立理

---

59 案後秦・僧肇〈鳩摩羅什法師誄〉云：「若人云暮，癸丑之年，年七十，四月十三日薨于大寺。」（唐・道宣編：《廣弘明集》卷二三，《大正藏》第52冊，頁264下）。

是一，否定三乘、十地的階級不同，當然有人有這想法。後來的註釋家，對發展後期之思想作分類解釋時，必要適當說明初期思想，如果對這些不充分注意的話，會犯意想不到的錯誤，這是應該警惕的。

（四）《大唐內典錄》題為無名子之作的〈無名論〉，所謂無名子是寄以烏有之名的意思。題為〈涅槃無名論〉，所謂有名、無名沒有任何意義的。然而，以辭力浮誇說不像是僧肇的作品，這也只是註疏者對〈涅槃無名論〉作者能力的懷疑。

（五）〈涅槃無名論〉的頓漸論議，比王弘等人所陳辭力浮誇，此乃假定僧肇應如大家所說，比王弘等居士的立論措辭重厚、強烈。王弘對於祖述道生頓悟說的謝靈運〈辨宗論〉，從漸悟的見地對他提出質問。假如知道道生的頓悟說及謝靈運的〈辨宗論〉，在教界如何引起回響的話，王弘強烈的措辭語調，當然可以理解。根據《廣弘明集》（卷十八），新論的道士竺道生折衷釋氏與孔氏之說，提倡一極至能、一悟頓了之說，教界開始集中質疑這個道理。法勗、僧維、慧鱗、竺法綱、慧琳等註釋家往返質問，接下來王弘提出質問。王弘的議論精密，有魄力，這不足為奇。

反過來，〈涅槃無名論〉原來就不是論爭的論書。分別以有名與無名為論議的形式而論述。在〈上秦王表〉，明顯贊成無名的意趣，陳述自己之所見。在現實沒有「有名論者」之說作為斥破之對象，即是有名論的頓悟義，也是論者為了闡明自己（無名）的立場而假想的對立對象。雖然先前，相對於姚興的「涅槃無名說」，姚嵩的立場可

能被稱為「涅槃有名說」，但是〈涅槃無名論〉中的有名的立論，主要不是以姚嵩為對象，這是明白可知的。因此，對於〈涅槃無名論〉的性質，責備其辭力浮薄，實在是先入為主的觀念，即是把此書當作與竺道生頓悟說論爭的書來看待。可以說，這是受到潛在意識的支配而作的評述。

（六）最後反對頓悟義的慧觀的論述，相當於〈涅槃無名論〉之中的一部分。然而，更進一步探討論旨，沒有確鑿的證據證明〈涅槃無名論〉是在竺道生與慧觀的論爭之後所作；相反的，變成此論是在道生與慧觀的論爭起來之前所作之證據。慧達的《肇論疏》引用慧觀之言，便把慧觀的漸悟說與〈涅槃無名論〉的漸悟說對照考察，據此直接推定〈涅槃無名論〉受慧觀的影響，是不當的。

根據以上論述理由，湯氏所提〈涅槃無名論〉撰者的疑點，大略消解。如果湯氏的假定不合理，其主張就不能成立。

以湯氏的疑點為主，放棄年代的考察的重點，石峻氏提出的疑義是，以僧肇其他三篇論文為思想本身之標準，考究〈涅槃無名論〉是否契合這些論點，這種論述有其特色。姑且不論湯氏論證年代的理由，茲介紹石氏的主要論據如下：

（一）假如根據本論中的〈上秦王表〉，僧肇本身在羅什之下，以時常聽習的涅槃義為先。然而，僧叡、僧肇在羅什門下以般若、三論之學被稱讚，但是現存著作中有關涅槃義者並不多。

（二）〈涅槃無名論〉為翼助秦王而作，僧肇之學與秦王之說應該相符。然而，對秦王排斥「廓然空寂，沒有聖人」之論是墮入淺薄有得之義。因而，此贊文不能說是僧肇所作。

（三）該論無名說即著者的立場，但是「神而無功」、「應而不
　　　為」、「六境之內，非涅槃之宅」等文辭，與僧肇的〈般
　　　若無知論〉等思想不合。

　　根據以上的理由，石峻對〈涅槃無名論〉為僧肇所作也持懷
疑態度。關於這些說法，筆者不表贊同。

（一）僧叡、僧肇的著作中沒有有關涅槃義之論述，其論據除了
　　　注意僧叡、僧肇多年聽習涅槃義之外，也假定他們的各種
　　　著作中，應該言及涅槃義才是。然而，討論涅槃的問題不
　　　一定要引用涅槃之語，《般若經》說的法性空是大乘的涅
　　　槃，法性空是僧肇其他三論的根本基調。〈涅槃無名論〉
　　　只是沒有明白說出與小乘的「有餘涅槃」、「無餘涅槃」
　　　的關連，而〈涅槃無名論〉實在是為統括、組織、論述那
　　　些問題而撰，較少使用涅槃之語，並不能斷定不關心涅
　　　槃。僧肇在《注維摩詰經》之中，往往論及涅槃，例如：

　　　　涅槃無生死寒暑飢渴之患，其道平等，豈容分別。
　　　　（〈弟子品迦葉章〉）[60]

　　　　小乘以三界熾然，故滅之以求無為，夫熾然既形，故滅
　　　　名以生，大乘觀法本自不然，今何所滅，不然不滅，乃
　　　　真寂滅。（〈弟子品迦旃延章〉）[61]

　　　　然則無知而無不知，無為而無不為者，其唯菩提大覺之
　　　　道乎？此無名之法固非名所能名也，不知所以言，故強

---

[60] 後秦・僧肇：《注維摩詰經》卷二（《大正藏》第38冊），頁348上。
[61] 後秦・僧肇：《注維摩詰經》卷二，頁354下。

名曰菩提，斯無為之道，豈可以身心而得乎？（〈菩薩品彌勒章〉）[62]

上面這些文字，已經顯示涅槃無名之思想的片段。

此外，僧叡在〈喻疑〉云：

什公時，雖未有大般泥洹文，已有《法身經》明佛法身即是泥洹，與今所出若合符契。此公若得聞，此佛有真我，一切眾生皆有佛性，便當如白日朗其胸襟，甘露潤其四體，無所疑也。[63]

法身即是泥洹，根據《般若經》論述法身，即論述泥洹。

（二）秦王排斥廓然空寂，是淺薄有所得之說，因此，認為此贊辭當然不是僧肇所作，石氏以下的論據就從這觀點懷疑〈涅槃無名論〉的撰者。然而，把秦王的論旨當作有所得，是主觀的判斷。僧肇再度稱歎「實是明詔」，以廓然無聖，一切的空寂作為勝義，排斥俗見。以這些理由懷疑僧肇所作，是不當的見解。

（三）最後對照〈涅槃無名論〉與〈般若無知論〉，發現兩者之間思想的不一致，這著眼點確實是值得注意的方法。實際上，這個方法應該是最可行的，但是石氏及其他人，並沒有充分的成果發表。石氏指出的理由是：因為停止在有無相對的無，沒有到有無齊觀的超越的立場，與主張無知而無不知的〈般若無知論〉等思想不一致。然而，這些語言

---

[62] 後秦・僧肇：《注維摩詰經》卷二，頁362下
[63] 梁・僧祐：《出三藏記集》卷六，頁42上。

假如不廣泛地前後統觀，以此等三、四文句作為〈涅槃無
名論〉全體的立場，簡單的論斷〈涅槃無名論〉與其他三
篇論文思想不一致，這是不可以的。

總而言之，雖然湯用彤與石峻同時懷疑〈涅槃無名
論〉是僧肇的撰作，但是那些論據不是不可動搖。湯氏與
石氏的看法如此，以下考察W.Liebenthal的見解。

W.Liebenthal修正湯用彤的偽作論，採取折衷的見解。
有如湯氏所指，從〈涅槃無名論〉中的第八節到第十三節
的部分，確實經過修正。儒童的化身後，佛如何進入三位
的修行，是在第八節提問[64]，在第九節與第十四節回答這
個問題[65]。進一步說，被稱為排斥涅槃有名的小乘教徒不
贊成頓悟說。如此，明顯的，本書在《涅槃經》出現之
後，《高僧傳》撰述以前被口述流傳下來。然而，〈上
秦王表〉原來就存在，所以可以肯定的是，〈涅槃無名
論〉是僧肇有關涅槃的文章，雖然現存的確實與《肇論》
其他三篇論文有部分的不同，但也有數個令人激賞的章
節。如果，創作者排斥頓悟說，為什麼此論文以涅槃的無
名為首？

總而言之，W.Liebenthal認為，雖然〈涅槃無名論〉在
《涅槃經》出現以後有些變化，但是其核心畢竟是依照僧

---

[64] 後秦・僧肇《肇論》之〈涅槃無名論〉云：「佛言，我昔為菩薩時，名曰
儒童，於然燈佛所，已入涅槃。儒童菩薩時，於七住初獲無生忍，進修三
位。若涅槃一也，則不應有三，如其有三，則非究竟。究竟之道而有升降
之殊，眾經異說，何以取中耶？」（《大正藏》第45冊，頁159下）。

[65] 後秦・僧肇《肇論》之〈涅槃無名論〉云：「無名曰：『然究竟之道，
理無差也。《法華經》云：第一大道無有兩正，吾以方便，為怠慢者於
一乘道分別說三。』」（《大正藏》第45冊，頁159下）。

肇的手記，只是對抗道生的頓悟義不是本書原來的目的。W.Liebenthal批判傳大頓悟、小頓悟的慧達《肇論疏》，又指出〈答劉遺民書〉與〈涅槃無名論〉在「開宗」第一的記述上相一致（寂寥虛曠不可以形名得）。與僧肇的其他著作相對照，可以得知僧肇的〈涅槃無名論〉的原型或是核心，而在《涅槃經》行世以後，此論文才被加以修正。特別考察從三乘共通的十地轉化到菩薩不共的十地的過程，六地以還是菩薩，至七地開始菩薩行。這觀點，雖然在支道林以後的全部學者都與這意見相同，但是根據僧肇（〈涅槃無名論〉的作者）與道生頓、漸二悟之爭的理由，就給道生的反對者以「小頓悟」之名，於是創作〈涅槃無名論〉第八節到第十三節的僧肇被視為小頓悟義的主唱者。然而，實際上，此數節是由漸悟義的創造者慧觀，或者他的徒弟書寫。根據誤解而對大頓悟、小頓悟加以區別，在歷史的考察上，最好不要引用。

　　W.Liebenthal批判湯氏著眼的資料，進一步研究教義，對於這種慧眼，筆者深表敬佩。

　　最後，有關撰者的真偽，略微陳述卑見。W.Liebenthal亦認為慧觀的漸悟論影響此論文，他注意到慧達的《肇論疏》及《名僧傳鈔》有關慧觀之說法，未脫湯用彤的暗示。然而，假如依照拙見，如在前面已論及的意見。也就是說，與慧觀的說法相一致，沒看到這本書一定受慧觀影響的證據，反而見到慧觀蒙受此論影響的證據。筆者的論證有三個理由：

（一）假如就涅槃與三乘、十地是無關係的問題來看的話，〈涅槃無名說〉是僧肇隨性著手執筆，那應該不會論及三乘十地的問題，也難怪被看作是後人的補綴。然而，因為三乘

的差別與十地的階級，與涅槃之唯一相反，這是般若學者
多年未決的問題，僧肇論述「涅槃無名」，進一步合併討
論三乘十地的問題，這是理所當然的。因為秦王姚興是居
士，不是佛教學的專家，沒想到三乘十地的教相的理論，
而師事羅什，通曉教相成為佛教學者的僧肇，根據先輩支
道林與道安等苦心詮解的問題，現在合起來統一解釋，這
是必要的課題，而且其又與《般若經》本身教理有關連。
甚至，考察頓悟、漸悟是起於三乘十地的解釋，不是從開
始就與〈涅槃無名論〉直接有關係。

從〈妙存〉第七，把涅槃看作彼此寂滅、物我冥一的
悟境。涅槃如書所說，三乘十地之別如何興起，「難差」
第八以下，又從「辨差」第九進到「責異」第十，從「會
異」第十一進轉到「詰漸」第十二。如此，作為頓、漸二
悟之開展，其間的推移非常自然，不覺有何唐突。雖然學
者以「難差」第八以下，「責異」第十及「詰漸」第十
二，特別地比較於頓悟論者竺道生之說。但是竺道生的頓
悟義如何興起、有何主張，載於《廣弘明集》與謝靈運的
〈辨宗論〉，假如與此所討論之理由相對照，在發生的起
源上，有很大的不同。

（二）認為慧觀的思想影響本書，根據這個事實，當然對於認定
本書著者是僧肇會有障礙，從本書的一部分推定全體是後
人繼續之作。然而，假如依照卑見，恰好相反。本書影響
道生之徒與慧觀等頓漸論爭，絕非在江南頓悟、漸悟論爭
時產生此論。解釋的方法，首先最重要的是，從文化地理
的背景來說，自然能理解。竺道生與慧觀在長安，同樣師
承羅什，他們回到宋都弘傳關中的新佛教。

因為經歷毘曇、律以及大乘經論洗禮的長安，經過前後兩秦後，成為佛教文化的淵叢，當時的佛教徒，即使在廬山或建康也不能無視於長安之學。然而，道生南歸之際，僧肇把〈般若無知論〉託他送到廬山，也因此有後來劉遺民與僧肇之間書信的交流。僧肇《注維摩詰經》也送到廬山，不用說，竺道生《注維摩》是在見了僧肇的註疏後寫的。僧肇的〈涅槃無名論〉即使不是直接，也同樣傳到江南，刺激道生的頓悟說，支持慧觀的漸悟說。如此想像推測，實在是不足為奇。見到僧肇《注維摩詰經》的道生，確實在僧肇之註疏上發揮其深旨，其努力的形跡被肯定，這些例子可以在最近有關《維摩詰經》的譯語及命名的由來等釋文上找到。道生在僧肇之上嶄露新意，慧觀與僧肇有步調一致的傾向，雖然兩者的經歷與個性不同。道生有忘象得意的天才的閃光，承東晉佛教的傳統，進一步提出頓悟；穩重的慧觀，傳廬山慧遠之流派，重視禪與律，著實在教理隨順習學，傾向漸悟。《高僧傳・慧觀傳》記載時人之評云：「通情則生融上首，精難則觀肇第一。」[66] 這稱讚語即使是象徵，但說慧觀在漸悟說方面與僧肇同軌，自然是可以的。

（三）判斷〈涅槃無名論〉是否在頓、漸二悟論議之前設立，注意到資料之一的「指南為北」之語。〈涅槃無名論〉「譏動」第十四說：在經典，雖然一方面說法身以上，心智寂滅，也復進修三位，積德彌廣。但這在一人身上，趣旨全然相反（心智寂滅與取捨為心），恰與指南為北，以曉迷

---

[66] 梁・慧皎編：《高僧傳》卷七（《大正藏》第50冊），頁368上。

夫，沒有不同[67]。針對這個說法，謝靈運在〈辨宗論〉對
僧維的三個回答中說：

> 且南為聖也，北為愚也。背北向南，非停北之謂；向南
> 背北，非至南之稱。[68]

　　慧達的《肇論疏》，引用慧觀的漸悟義也說：

> 釋慧觀師執漸悟，以會斯譬云，發出嵩洛，南形衡，去
> 山百里，彷彿雲嶺。路在崇朝，岑巖遊踐。今發心而向
> 南，九階為彷彿，十住為見岑，大舉為遊踐。若以足言
> 之，向南而未至，以眼言之，即有見而未明。但辨宗者，
> 得其足以為五度。況漸悟者，取其眼以為波若之，向南之
> 行而所取之義殊，猶不龜之能，而所用之功異之也。[69]

同樣是「背北向南」的問題。然而，對謝靈運而言，背北
的人不會停北，不能說無知是假知。然而又如向南者未到
南，不能以假知為真知。

---

[67] 後秦・僧肇《肇論》之〈涅槃無名論〉云：「有名曰：經稱法身以上，
入無為境，心不可以智知，……涉求則損益交陳，既以取捨為心，損益
為體，而曰體絕陰入，心智寂滅，此文乖致殊，而會之一人，無異指南
為北，以曉迷夫。」（《大正藏》第45冊，頁160中-下）。

[68] 唐・道宣編：《廣弘明集》卷十八，頁225下。

[69] 陳・慧達《肇論疏》卷上（《卍續藏經》第150冊，頁859下-860上）。湯
用彤云：「觀公之意，大舉遊踐，雖在登峰之後。而足發嵩洛，南趣衡
岳，自遠而近。以足言之，雖實未至。但以眼言之，則有所見。既有所
見，即是有所悟。然則悟有階級，亦不可否認也。」（見氏著：《漢魏
兩晉南北朝佛教史》，臺北：駱駝出版社，1987年8月，頁673）。

　　同時，慧觀缺乏明確之意，他大體上根據謝靈運的「向南背北」之譬而作，在解釋上即使也引用相同的向南，辨宗者在六度中得五度，未達智度即未得般若的意思；漸悟者以為得到般若，然而那般若尚未究竟。頓悟、漸悟兩系對「向南」二字理解的方法不同。果真如此的話，三者雖然各各有南北之語，但慧觀站在謝靈運的觀點上解釋，這是清楚的。〈涅槃無名論〉的「指南為北」，與謝靈運以及慧觀的「向南背北」之間，沒有直接的連繫。在〈涅槃無名論〉是矛盾的意思，在謝靈運與慧觀是指向悟的中途的有無步驟而言。雖然從「指南為北」的譬喻，也許很容易聯想到「向南背北」，但是假如先有「向南背北」的譬喻，而且這譬喻成為頓、漸二悟之爭重要的譬喻時，無視於這個「向南背北」的譬喻，而誤用「指南為北」的義理來作譬喻，是不可思議的。

　　根據以上的理由，筆者把〈涅槃無名論〉仍然當作僧肇的著作。而且其「有名」與「無名」是沒有預想現實頓悟論者與漸悟論者之對立，僧肇本身的涅槃觀是考察三乘、十地的差別及其不同的論理之思維的產物，看作是區分大頓悟與小頓悟，道生與慧觀的頓、漸二悟之爭的反映，是不合事實的。不站在歷史的觀點，可以說慧達的《肇論疏》的見解有誤。

國家圖書館出版品預行編目

《肇論》研究的衍進與開展 / 邱敏捷著. -- 再
版. -- 臺北市：致出版, 2023.03
　　面；　公分
　　ISBN 978-986-5573-54-6(平裝)

1.CST: 佛教教理

220.1　　　　　　　　　　112002433

《肇論》研究的衍進與開展

作　　者／邱敏捷
出版策劃／致出版
製作銷售／秀威資訊科技股份有限公司
　　　　　114 台北市內湖區瑞光路76巷69號2樓
　　　　　電話：+886-2-2796-3638
　　　　　傳真：+886-2-2796-1377
網路訂購／秀威書店：https://store.showwe.tw
　　　　　博客來網路書店：http://www.books.com.tw
　　　　　三民網路書店：http://www.m.sanmin.com.tw
　　　　　金石堂網路書店：http://www.kingstone.com.tw
　　　　　讀冊生活：http://www.taaze.tw

初版日期／2020年4月　　　定價／360元
再版日期／2023年3月

致 出 版　　　　　　　　　向出版者致敬